建築と植物

五十嵐太郎 編

INAX出版

目次

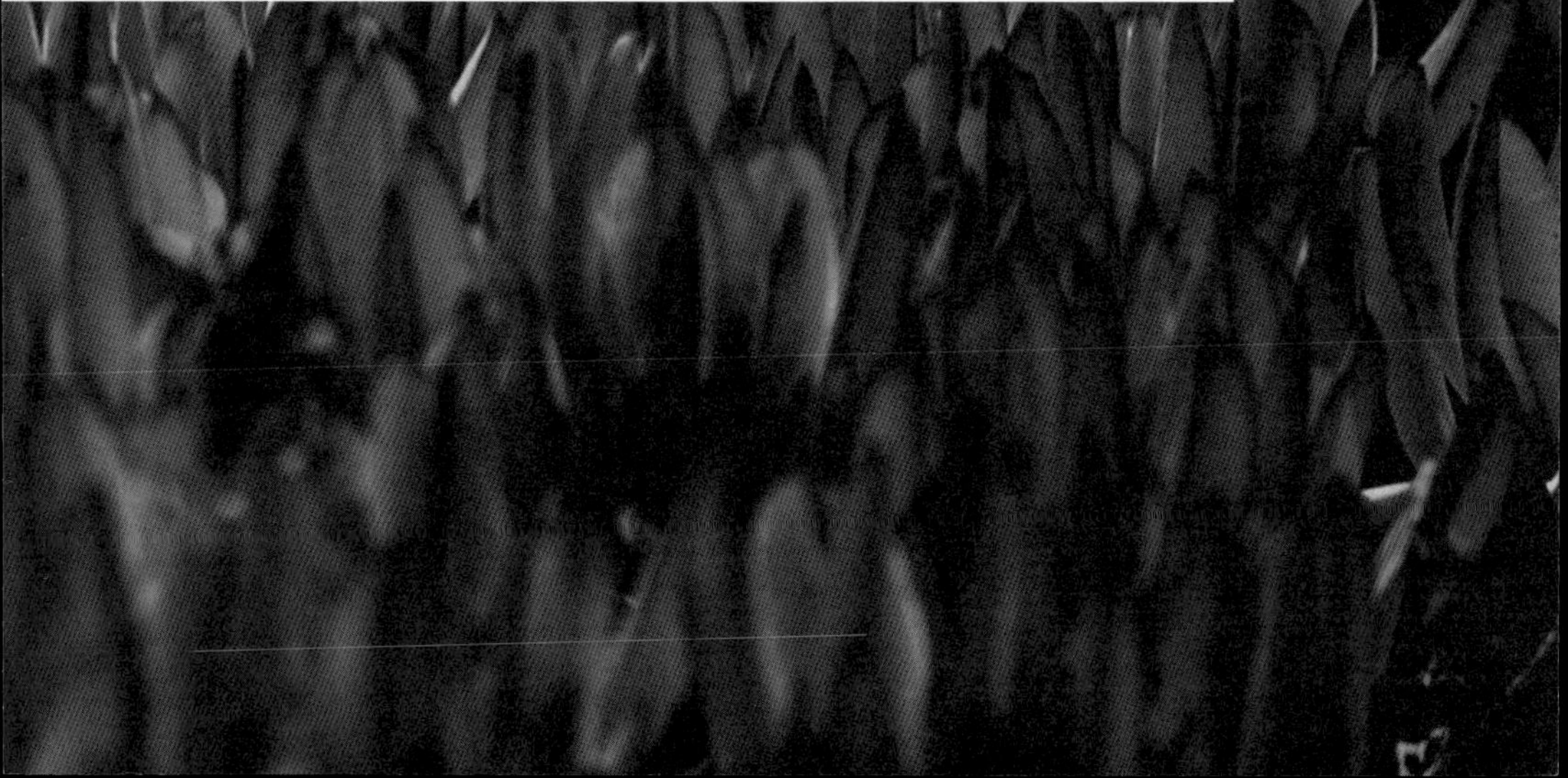

エクストリーム・ネイチャー

他者としての植物

五十嵐太郎

建築にとって植物は他者である。

荒野に立つモノリス。丘の上にそびえる神殿。そして天を突き刺すような大聖堂。いわば自然を征服することで、建築の原風景は構想された。われわれはいったんプロジェクトが始まると、敷地を整備するために、樹木をなぎ倒し、雑草を刈りとる。そして山林から伐採し、木材を入手したり、石切場から材料を切りだす。加工された自然に秩序を与えることで、建築は誕生するのだ。自然の風景と人工的な構築物は激しく対立する。ツリーハウスも自然と同化しているように見えるが、樹上の家は自然を利用しており、やはりかたちを変えたソフトな支配だろう。一方、建築が廃墟となるとき、時間の経過とともに植物が侵入する。蔦が巻きつき、苔におおわれ、樹木の成長が小さな裂け目から壁や床をじわじわと破壊し、暴力的な力によって、見捨てられた人工物が自然に還っていく。あらぶる野生によって、まるで建築に復讐するかのように。だが、その姿は苔や蔦の鮮やかな色に彩られ、逆説的に生き生きともしている。

「建築」の概念を生みだした西洋では、かつて木造でつくられていた素材の記憶を、石造になっても古典主義のディテールとして残すことになった。またウィトルウィウスの建築書が伝えるように、コリント式のオーダーでは、アカンサスの葉を柱頭のための装飾のモチーフとして取り入れている。エジプト建築における柱の装飾では、パピルスや椰子を参照した。たとえ、柱だけが外され、大英博物館において展示されたとしても、まわりの自然環境を写しとった建築の細部によって、われわれは異国の風景が想像できるだろう。アメリカでは、ワシントンの国会議事堂において、とうもろこしやタバコの葉を柱頭のデザインに組み込む。いかにも新大陸らしい植物のセレクションだろう。おそらく、抽象的な芸術とされる建築においても、人間の想像力は、そうしたまわりの具体的な自然から触発されてきた。

植物からインスピレーションを得て、建築の装飾に組み込むことは、世紀の変わり目に登場したアール・ヌーヴォーにおいて全面化した。エクトル・ギマールのパリの地下鉄の出入り口や、ヴィクトル・オルタの手がけたタッセル邸は、流れだすような植物的な装飾におおわれている。ユーゲント・シュティルも、ロマン主義を継承しながら、女性の身体を自然と有機的に融合させることをめざした。近代の工業化と都市化に対抗して、自然に回帰していく運動が勃興していたのである。すなわち、アール・ヌーヴォーでは、過去の歴史的な様式を参照することを断ち切る代わりに、自然をモチーフとしながら、「新しい芸術」を表現した。様式はあらゆる細部に至るまで約束事の世界である。それゆえ、非対称であり、曲線をともなって有機的にのびていく植物は、自由なデザインをめざすのには、格好の着想源となった。

建築の外部としての庭園

庭園は建築の外部に存在する。

建築が強く意識されるほど、それに欠如したものとして自然が要請される。庭園を構成する素材は、メタファーや形態の模倣ではなく、植物そのものだ。しかし、庭園は純粋な自然ではない。人工化された自然である。神話的な記述としては、『旧約聖書』における東方にもうけられたエデンの園がよく知られていよう。原風景としての自然である。そこから追放された人類は、失われた楽園をとり戻そうと、さまざまな庭を生みだした。

空中庭園のヴィジョンは、古代から現代にいたるまで、さまざまなかたちで反復しながら登場している。例えば、マッジョーレ湖のイゾラ・ベラ（美しき島）の階段庭園。イスラム世界では、とりわけ中央から四方に水が流れる四分園の形式を洗練させた。一方、植物園の歴史は、紀元前一五〇〇年頃のエジプトに登場した薔薇の塀に囲まれた四角い花園に始まるという。中国やローマでは、早くから有用植物や薬用植物の栽培を始めた。

ルネサンス期のイタリアでは、別荘の文化を中心に庭園が発達する。庭や植物園は、権力の象徴だった。一六世紀以降は、ピサ、パドヴァ、ライデン、オックスフォードなどに新しい植物園があらわれ、植物学の分類を反映する整然とした区画割が施されたり、自然史博物館とセットになった。世界を表象する百科事典としての幾何学的な植物園である。学問として再構成された自然。例えば、四分割の配置は、四大陸に対応していた。もっとも、ジョン・プレストによれば、円や正方形など、規則的なかたちを導入したのは、無秩序な世界に生きる人々が、堕落以前に神が創造した世界に秩序があったと信じていたからだという。現代のニューヨーク植物園は、世界一のデータバンクをもち、六〇〇万点の植物の標本を所有している。研究だけではなく、種の保存も重要なテーマになっている。

バロックの時代のフランスからは、ヴェルサイユ宮殿のように、自然を建築的な秩序に従わせる幾何学式の庭園が流布した。トピアリーによって植物は直線、円錐、三角に整えられる。刺繍や結び目を模したかのような人工的な花壇では、積極的に有機的な曲線を使う。もはや庭園は建築の外部ではない。ここでは建築の外部に存在した自然が、建築と同等の手法によって扱われる。

一八世紀になると、イギリスを中心に「自然」を巧みに模倣する風景式の庭園が登場した。それは「閉ざされた庭」と厳格な構成を崩し、ピクチャレスクな場面を演出していく試みである。盆栽も自然を偽装したちいさな庭だろう。近代におけるル・コルビュジエの「輝く都市」や一九世紀後半に出現したニューヨークの都市公園セントラル・パークも、都心に拉致された自然である。逆説的に超高密度の都市を形成することで、自然を再導入すること。それは森ビルの開発手法にも連なる。だが、理想の風景は、人の手によって維持しないと、庭園はすぐに荒れてしまう。

温室という建築的な装置

一般的に温室は、温帯の植物を保護したり、冬期も自国の植物の育成できるものと定義されている。つまり、建築的な装置によって、空間的、あるいは時間的に隔たりのある人工環境を現出させること。シュテファン・コッペルカムの『人工楽園』では、恒久的な温室のタイプを以下のように分類している。第一に実用本位の促成栽培室、第二に住宅を模した組石積造のオランジュリーであり、鉢を置くもの、そして第三に過渡期のタイプ。第四は植物学的な興味や観賞用として採集された植物を地面に植える温室であり、ヤシの木などを入れるために規模も大きい。全面がガラス張りの鉄骨造なので、南に向ける必要はない。第五に居間の拡張、あるいは市民の出会いの場としての公営のウィンターガーデン。そして第六に公営の娯楽施設としてのウィンターパレスである。

温室の起源をさかのぼると、ポンペイにおいて、透過性のある薄い石板でおおわれたとされた栽培室の遺跡が発見されている。一五世紀の大航海時代以降、ヨーロッパの海外進出とともに、とくに温室はアフリカ、インド、オーストラリアなど、異国の自然を積極的に内包するようになった。プラントハンターを海外に送り込み、採集箱に入れて、持ち帰る。新奇なものを所有し、商用にも使いたいという人々の際限なき欲望は、温室の技術を発達させた。木製の屋根やシャッターからガラスの囲いへ。植物は明るい陽光を求めるがゆえに、透明な空間を求める。一九世紀になると、曲線の温室を構想したジョン・クローディアス・ラウドン、部材のプレハブ化を推進したジョセフ・パクストン、鉄の構造を熟知したリチャード・ターナーなど、イギリスの技師が新しい可能性を開拓した。建築家のシンケルも神殿風の温室を設計しているが、むしろ新しい温室は、建築ならざるものとして登場したのである。もっとも、当時の温室の細部をよく観察すると、鉄の柱の上部に植物風の装飾を使う。

現代の温室は、ドーム型ばかりではなく、エネルギーの効率を最大限に利用する幾何学形状が追求されたり、自動的に環境を制御できるクラゲ型も増えた。また大阪の咲くやこの花館や韓国の回山白蓮池、あるいは長谷川逸子のフルーツパークのように、花や果実のかたちを模倣して、シンボリックに全体の造形を決定するケースも散見される。自然のメタファーというわけだ。伊東豊雄のねじれたぐりんぐりんも、形態生成のシステムが自然のもたらすかたちを連想させるだろう。さらに近年は、暖めるのだけではなく、王立キューガーデンのアルパイン・ハウスのように、寒冷な環境を提供する温室のテクノロジーも発達している。温室は、建築の外部とされた植物をその内部に積極的に導入するが、やはり圧倒的な上下関係を前提にしている。別の手法にもとづく、建築による自然の征服なのだ。

石上純也が小さな絵本『plants & architecture』(二〇〇八)において展開したユートピア的な世界では、限りなく建築の存在が後退し、植物の場になっている。温室でもなく、庭園でもない。タイトル通り、植物と建築の新しい関係性を提示している。それはさまざまな幻想的な都市を描くイタロ・カルヴィーノの『見えない都市』の植物版のようだ。自然に囲まれた透明な居住空間。樹木とともに並ぶ、塔状の家。池が敷地になっている街。植物でできた大きなドームに囲まれた都市。そしてビルの窓から飛び出る空中庭園。シングルラインで表記された建築よりも、鮮やかな色彩の植物の方が目立つ場合もある。実際、建築よりも植物を描くことに労力をかけたドローイングといえるだろう。日本館の室内の壁では、鉛筆を使い、驚くべき密度によってユートピアのミニアチュールが出現した。

すなわち、建築の外部、あるいは他者としての植物ではないこと。植物と建築のあいだをつなぐのは、「と」ではなく、「＝」なのかもしれない。そうした両者の新しい関係を提示するものとして、石上はヴェネチア・ビエンナーレのプロジェクトを起動させた。

自然現象としての建築

石上純也のデザインは、究極の建築であると同時に、もはや「建築」ではない何ものかに変容している。彼が建築家でありながら、早くから美術の世界で注目されたのも、そのせいだろう。東京都現代美術館で展示された「四角いふうせん」(二〇〇七)は、巨大なバルーンである。地下から三階までつながるアトリウムに、一四メートルの高さの銀色の風船が漂う。幅はおよそ一一メートル、奥行きは七メートル。そのヴォリュームは、四階建てのビルに匹敵する。かつてアンディ・ウォーホールは、無数の小さな銀色のバルーンがふわふわと部屋を飛びまわるインスタレーションを制作した。しかし、これは巨大な風船がひとつ。そして通常の展示室よりもはるかに大きい。実際、東京都現代美術館の吹抜けに設置された最大級の作品である。普通の風船は丸い。だが、四角いかたちを維持しているのは、内部にアルミニウムのフレームが入っているからだ。ゆえに、総重量は一トン。それがヘリウム・ガスによってぽっかりと頭上に浮かぶ。ビルのようなかたまりがゆっくりと漂うシーンは、にわかには信じがたい。この風船が吹抜けの上部で止まっているとき、来館者の会話を耳にした。どこで吊っているんだろう？　そう思うのは仕方ない。でも、もう数分ほど、じっと眺めていれば、ゆっくりと動きだしたのだが。風船は直方体ではなく、歪んだ形状をもつ。したがって、まわりの風景を映し込みながら、複雑なリフレクションを起こす。天候が変わったり、人が増えると、会場の温度や気流に影響を与え、四角い風船に異なる動きをもたらす。床に触れる瞬間も訪れるという。これは雲のような自然現象として存在する。巨大な風船は、緻密な構造計算によって生まれた、浮遊する建築なのだ。

ミラノ・サローネのレクサスのためのインスタレーション（二〇〇五）では、会場に霧を発生させている。白い世界に包まれ、まったく視界を失ったり、ぼんやりまわりが見えたり、ときには晴れるなど、状況は変化していく。来場者の体温も、それに寄与する。つまり、石上が現出させたのは、自然の天候のような作品だった。

霧を発生させるインテリアは、物理的な実体ではなく、現象としての空間である。

キリンアートプロジェクトにおいて展示された代表作の「テーブル」（二〇〇五）は、天板の厚さがわずか三ミリに対し、長さが九・五メートルというありえないプロポーションをもつ。雑誌のような極端な薄さと、通常の部屋に収まらない極端な長さが共存する。水平のモノリスが浮遊するような「テーブル」も、入念な構造設計によって可能となった「建築」である。しかし、会場ではそうしたアクロバティックな試みを全面に出していないために、テーブルの上の食器や鉢、あるいは果物だけを鑑賞し、何気なく見過ごしていた観客がいた。一見、展示会場においてテーブルは、普通の風景のように存在していたからである。まるで立体化された静物画のように。だが、観客がいったんテーブルの異常な寸法に気づくと、突然、その空間は緊張感に満たされたものに変わるだろう。

石上が試みているのは、自然の模倣ではない。まさに自然現象としての建築である。

アルゴリズムの可能性

神奈川工科大学のＫＡＩＴ工房（二〇〇八）は、真に驚愕すべき建築として登場した。数字で記述すれば、二〇〇〇平方メートルのワンルームに三〇五本の柱。ただ、それだけのことなのに、まったく経験したことがない新しい空間が広がっている。

通常の建築は同じ柱が均等に並び、碁盤の目状に配置する。ところが、ＫＡＩＴ工房では、小さい正方形から薄い板状のものまで、ほとんどの柱の断面が異なるサイズとプロポーションをもつ。しかも、柱は規則性がなく、ランダムに散らばっている。方角を生じるフラットバーの柱も、あちこちに向く。規則性や反復のない柱の風景は、自然の林のようだ。ゆえに、プランを見ると、建築の平面図だとは思えない。小さな無数の点の集合がばらばらにうごめいているからだ。抽象絵画、あるいは星空のようなドローイング。建築の専門家でさえ、どう図面を読んでいいか、わからない未曾有の世界である。〇時一二分と〇時二五分の星空のどちらの状態が美しいかと聞かれても、答えられないように。

不規則に並んだ柱は、あちこちに空間のまとまりをつくり、作業スペースや管理スペースなどの個別の場所を生む。自然の林の木の並び方が密だったり、疎だったりすることで、偶然にさまざまな居場所をつくるように。実際にそこを歩くと、空間の反復がないために、まわりの柱の関係性がめくるめく変化していく。距離感も喪失してしまう。なぜなら、規則正しく柱が並ぶ通常の建築では、遠くの柱が小さく見えるものだが、ここでは手前の柱が小さく、向こうの柱が大きく見える瞬間が発生するからだ。通常のパースペクティブの感覚が喪失していく。ばらばらの柱の森が多様な場が生むKAIT工房は、パヴィリオン建築の歴史における事件である。石上は、建築的な思考を極限まで作動させながら、結果として建築の概念を根底から揺さぶる新世界にわれわれを導く。

KAIT工房のスタディでは、どれかひとつを動かすと、他のすべてに影響を及ぼす。実際、石上も専用のCGプログラムを開発し、設計に生かしたという。順番にひとつずつ固定しながら、だんだんと全体を決定することができない。こうした関係性は、市川創太の率いるダブルネガティブス・アーキテクチャーによるCorpora in si (gh) te のインスタレーションを想起させるだろう。彼らは、xyzの座標系を否定した新しい空間記述の方法と複眼的な「super-eye」の概念をもとに、アルゴリズミック・デザインのシステムを組みたてる。いわば鳥や虫、あるいは魚の群れが集団でありながら、個別に相互の位置を測定して即物的に場所を修正するように、全体の編成を変えていく。彼らもハンガリー館の代表として、ヴェネチア・ビエンナーレ建築展二〇〇八に参加した。

渡辺誠の大江戸線飯田橋駅も、地中で発芽し、水や光を求めて、分岐しながら成長するかのような緑の構築物「ウェブ・フレーム」において、建築の種という植物のメタファーを使う。デジタル時代のアール・ヌーボーである。二〇世紀半ばに開花した構造表現主義は、サーリネンのTWAターミナルやヨーン・ウッツオンのシドニー・オペラハウスなど、ダイナミックな曲線のフォルムを幾何学に近似させながら、鳥や帆のメタファーを積極的に導入した。そして佐々木陸朗のフラックス・ストラクチャーになると、生物と工学の融合として流動的な構造が語られる。アルゴリズムの導入によって、自然の模倣のレベルが変わっていく。ベタなかたちの類似ではなく、時間や力学の概念が介入するかたちの生成発展の過程が参照されるようになった。植物には自意識や美的判断がない。アルゴリズムのデザインは、人間が欲望する俯瞰的かつ統一的な計画とは違うヴェクトルを切り開く。

博覧会の起源と始まりの建築

ヴェネチア・ビエンナーレ国際建築展二〇〇八では、日本館のまわりに、石上純也が小さな温室群を設計した。もちろん、このプロジェクトは建築と植物の関係を再定義することを目的としているが、ここではその意味を別の角度から考えよう。

通常、建築の展覧会は実物を置くことができない。それが基本的にはオリジナルを設置し、また売買される商品にもなりうる美術展との最大の違いである。代理物としての模型、映像、ドローイングを使う。インスタレーションは空間を体験させる立体物であるが、既存の構築物に寄生するものだ。しかし、日本館では、佐藤淳の緻密な構造計算によって初めて成立する、一分の一の「建築」そのものによって新しい可能性を示す。極端な性質をもつ華奢な温室は、モノとしての存在感が薄くなることで、まわりの環境に溶け込む。これはインスタレーションではない。ぎりぎりの自立性をもつがゆえに、「建築」と定義しよう。これは、建築とは何か、という根本的な問いにもなるはずだ。

前回のヴェネチア・ビエンナーレ国際建築展二〇〇六では、オーストリア館が大きな模型を制作し、ハンス・ホラインやフレデリック・キースラーの業績を紹介したり、オランダ館が近代建築や都市計画の資料を展示するなど、各国が過去の建築を振り返る傾向にあった。なるほど、歴史的なドキュメントは興味深い。知的な好奇心を満たしてくれる。しかし、巨匠の栄光を展示するのは、専門の研究を行なう学芸員のいる美術館や権威のある博物館でやればいい。ビエンナーレではもったいないないだろう。こうした同時代感覚が強い国際展は、博物館のような場ではなく、次世代の建築を紹介するアリーナであるべきではないか。

そもそも博覧会とは、新しい実験的な仮設構築物をつくり、建築の歴史を更新するチャレンジの舞台だった。本来、仮設があるがゆえに、大胆な冒険が可能になる。エッフェル塔（一八八九）も万博の終了後は解体される予定だった。ギーディオンは、エッフェル塔が内部と外部の視線が相互貫入する四次元的な空間を準備したと高く評価している。美術史家のハンス・ゼードルマイヤーは、一八八九年のパリ万博の機械館について、建築は透明なテントになり、内外の境界を消失すると述べた。国際的な展覧会というシステムの第一回となった一八五一年のロンドン万博では、ガラスに包まれたクリスタル・パレス、すなわち記念すべき水晶宮が出現している。つまり、国際的な博覧会とは、その出発点においてすでに建築を革新する場だった。水晶宮は、寸法体系の単位を二四フィートに決め、標準化された部材によって建設された。工場であらかじめ部分を製作し、現場に運んですぐに組み立てる。つまり、機械が建築を生産した。これは機械を理想化したモダニズムよりも、はるかに近代的である。大空間を短期間に建設するという条件が、実験的なプレハブを要請し、建築の構法を近代的なものに変えた。全長一八四〇フィートに及ぶ、知の宮殿は、透明な空間に新型の脱穀機、封筒製造機、機関車、医療機器、ライフル銃など、世界の新しい技術と製品を展示する。万博の目的である啓蒙化(enlightment)という言葉は、明るく照らすという意味を含む。なるほど、ガラスの建築は昼の自然光を積極的にとり入れる。

モダニズムの時代においても、ミース・ファン・デル・ローエのバルセロナ・パヴィリオンや、ル・コルビュジエのエスプリ・ヌーボー館など、博覧会は新しい空間のイメージを提示し、それを世界に宣伝するメディアとして機能した。少なくとも、こうした前衛のシステムは、空気膜の構造が実現したり、メタボリズムの建築家が登場した、一九七〇年の大阪万博まで継続していたはずである。だが、「自然の叡智」をテーマに掲げた二〇〇五年の愛知万博では、そうした建築の役割はほとんど喪失していた。

これまでの日本館は、世紀末の雰囲気とともに、震災の瓦礫、少女都市、オタクなど、意表をつく展示によって、話題を集めることに成功した。いずれも正攻法として建築をとりあげるのではなく、斜めからアイロニカルにとりくんだものである。共通するのは、さまざまなかたちで建築の終わりを突きつけていることだ。宮本佳明や森川嘉一朗など、若い世代を起用した一連の展示は、磯崎新が一九六〇年代に自ら試みた「建築の解体」の一九九〇年代における再演といえるだろう。実際、彼が日本館の展示の方向性に多大な影響を与えてきた。

だが、新しい世紀を迎えたいま、日本館は改めて、建築の始まりを見せるべきではないか。最初の万博会場となったロンドンの水晶宮は、温室の技術を参照していた。設計者のジョセフ・パクストンは、アカデミズムの教育を受けた建築家ではない。温室の技師である。電気がない時代において、陽光をとりこむ明るい空間を室内につくるために、ガラスの大空間のテクノロジーが転用された。アカデミズムと古臭い様式に囚われた当時の建築家よりも、素直にテクノロジーの可能性を理解していたエンジニアこそが未曾有の空間をもつはるかに近代的な建築を実現したのである。つまり、博覧会の起源において温室が埋め込まれている。

とすれば、日本館の展示は、国際的な博覧会の起源にたちかえりつつ、新しい建築の始まりを提示するものとなるだろう。

終わりから始まりへ。

曖昧な空間のランドスケープ

ヴェネチア・ビエンナーレの会場における日本館の敷地は興味深い。ほとんどのパヴィリオンがフラットな場に存在しているのに対し、日本館だけが複雑な起伏のある地形と絡んでいる。

しかも吉阪隆正の設計は、それをさらに顕在化させているのだ。石上の温室は、空調設備や強固な境界がなく、異国のエキゾティックな植物を育成するための完全な人工環境ではない。もともと温室は、本来その地に生育しえない植物が存在するがゆえに、オリエンタリズム的な世界を現出させる装置だった。しかし、石上の考える温室は、むしろ内部と外部が曖昧に混ざる弱い境界をもつ。内外の微妙に異なる環境の差。そして植物学者の大場秀章の協力を得て、ヴェネチアの公園の風景にかすかなゆらぎを与える多様な植生をめざす。いや、それだけではない。石上の展示は、会場となるヴェネチアの公園に多様な植物がすでに存在していたことを改めてわれわれに気づかせてくれるだろう。実際、そうなのである。建築と植物が主従関係をもたず、溶けあうこと。それはつい見過ごしてしまうような何気ない風景に見えるかもしれない。

極端でありながら、それが当たり前のように存在する「建築」を手がけ、美術やデザイン界も驚かせてきた石上は、SANAA的なデザインを突き抜け、現代日本の建築の最前線に位置している。系譜から言っても、彼は日本現代建築界のサラブレットである。なぜならば、その子弟関係をたどると、少なくともメタボリズムの菊竹清訓――伊東豊雄――SANAAの妹島和世――石上純也と続く、四代目なのである。彼らは、テクノロジーと感性のアヴァンギャルドを牽引してきた。もっとも、各世代において表現は違う。菊竹は、アルマジロの怪獣を思わせる都城市民会館のように、素人目に見てもヘンな建築だとわかる造形をもち、ストレートに構造のダイナミクスを感じさせる。しかし、伊東、妹島と世代が下がるにつれて、テクノロジーの露骨な表現は避ける傾向に変わっていく。

今回、日本館の内部は、ほぼ空っぽとなる。しばしば吉阪の設計した壁柱が並ぶインテリアは、使いにくいと美術関係者から批判されるのだが、石上は四方の壁だけにドローイングを描き、立体的なモノを一切置かないことで、本来の空間の良さを最大限に残す。しかし、それは外国人に向けて、空なるゼン・ガーデンを表現しようというのではない。むろん、こちらが意図しなくても、オリエンタリズムは作動してしまう。実際、会場でも開放的な日本の伝統的な空間との連続性について、しばしば指摘された。もっとも、日本的なものをあからさまに顕示したり、逆利用するつもりはない。

一方、日本館のまわりでは温室を点在させることで、曖昧な空間によるランドスケープを構成する。オブジェとしての建築の反転が、ヴォイドとしての外部空間を生むのではない。ファサードが外部を規定するのでもない。エーテルの充満したかのような透明なヴォリュームの温室の内部空間が、外部空間を意識させる。だが、屋外には家具が置かれ、室内のようでもある。日本館も「建築」というよりは、人工的な地形、あるいは「環境」の要素のひとつとして見なされる。もともとの屋外空間と、ガラスに包まれた華奢な鉄骨の構造体のあいだに生まれる空間も重なりあう。そして二重化された曖昧な風景がたちあらわれる。借景のように、隣のロシア館やドイツ館の樹木も透明な温室を通じて、日本館の自然にとり込む。会場では、内外の植物、家具、建築、地形、環境など、あらゆるものが同時に存在していることを認識する空間の状態が生まれた。

これがわれわれの考える最先端の自然環境＝エクストリーム・ネイチャーである。

文化としての植物

庭園・温室・盆栽

大場秀章

一般に、誰でも植物には相当な種類があることを知っていますから、その多様さを絵で示し、一覧してもらうのは効果的ですよね。植物図鑑は一度に多くの植物の形や色のヴァリエーションを見せているわけで、植物の世界の特徴をよく表わしていると思いますよ。絵に描くということは、つまり対象を科学的に観察して表現するという博物学的な視点も必要です。自然界の花や鳥などを正確に凝視してその形を正しく伝えるという技術は、ルネサンス以降のヨーロッパ人にとり、たいへん重要になってきたわけです。そうして時代とともにヨーロッパの外に生きる植物や動物に関しても正確に描くことが進み、植物画や動物画も進化していきました。石上純也さんのヴェネチア・ビエンナーレ建築展二〇〇八のカタログ『ちいさな図版のまとまりから建築について考えたこと』の三六―三七頁は『シーボルト日本植物誌』(ちくま学芸文庫)で構成されていますね。シーボルトは一八二三年から二九年まで日本に滞在し、一八三五年から七〇年にかけて『日本植物誌』を分冊刊行しています。ここに収められた植物画のうち、日本人絵師の川原慶賀にスケッチをさせてシーボルトに雇われたヨーロッパの画家たちが描き直したものはわれわれが見てもとても自然に見えます。といっても、川原慶賀は植物画を描く教育は受けていませんでしたから、絵師として植物をありのままを描いていたわけです。しかしヨーロッパの植物画を描くセンス——花は正面やや上から捉える、葉は重なり合わないように描くなど——から見れば、ありのままでは駄目なんですね。そこで慶賀の原画はデフォルメされたわけです。例えばツバキを見てみましょう。花弁が重ならないのが一重咲き、重なって咲くのが八重咲きです。ツバキは日本からヨーロッパに移出され、オペラや小説の題材にもなるヨーロッパ人の好みの花になりました。慶賀がスケッチしたのは一重咲きだったのですが、ヨーロッパでは八重咲きの美しさが評価されていたので、シーボルトは慶賀の原画を無理に八重咲きに描き直しているのです。ですから、われわれからすれば「こんなディテールはないよ」と思うのですが、逆に当時のヨーロッパにおける日本の植物に対する理解はこの程度だったこともわかるのです。ツバキの絵の場合は枝のつき方がおかしいし、ビワの絵もここまで葉っぱが群がってついているのはおかしい。慶賀がスケッチした原画の葉の密度は正しいのですが、それでは寂しいのでどんどんと筆を加えていったのでしょう。この時代の嗜好や出版の意図などもここから読み取ることができます。

植物図譜や鳥の図譜などがどうしてたくさん刊行されたのかということを歴史的に考えると、ヨーロッパにおける王はローマ法王に人間界だけではなく、自然界をも含めた、すべての存在の統治を任されるわけです。ゆえに植物や動物についても知っていなければならない。必然的に王たるものは自然をよく理解していなくてはならないことになるわけです。このように、貴族を中心に自然への関心が高いという前提がありました。それから、こうした図譜は単純に美しいですから、ややこしい領土の話の代わりにコーヒーテーブルブックとして、楽しい談義のネタにも使えるんですね。

日本もそうですが、市民が経済的に豊かになって自分たちの生活レヴェルを設計し直すときにはまず王侯貴族の生活を真似るのです。ヨーロッパではローマ帝国時代の貴族の生活、日本では平安貴族の生活が長い間モデルになってきました。現在のひな祭りの人形にもそうした感覚が残っています。ですから、王侯貴族が没落しても市民階級にこうした図譜を尊ぶ風習が継承されているのです。

図譜の良いところはほかにもあります。われわれはどうしたって生物のもつディテールのすべてを識別して記憶することはできませんから、図譜で知識を増やしていくことになりますし、本のなかでは見たことのない植物に出会うことができる。図譜がこうして人々の関心を植物に向かわせる大きな窓口になっているのはすばらしいなと思うのです。イギリスでは植物画専門の『Curtis's Botanical Magazine』という季刊雑誌が今も刊行されています。自然を媒介なしに愛するほかに、このようなマテリアルがかけがえのないものとして定着しているんですね。

彼ら、イギリス人のなかには当然、自分の視点で選んだ植物を庭に植えて育てている人がいます。いわゆる園芸です。「園芸」は英語で「horticulture」、「culture」は「cultivate」「耕す」からきています。では「horti」とはなにか。「hortes」は建物の壁で囲われた庭、中庭のことを指します。古いヨーロッパの家の「ロ」の字型の庭に植物を植え育てることが「horticulture」の起源なのです。ではそこに何を植えていたか。この園芸の始まりの頃はもっぱら薬草を植えていたようです。今われわれが考える薬草とは病気を治す植物のことですが、当時の薬草の役割は健康を維持するべく食欲を増進させるスパイスやハーブでした。その後、サラダ野菜が栽培されるようになり、産業革命以降は観賞用の花卉栽培が中心になりました。

市民の家々は城壁に囲われた内側にあり、そこは人間の世界、城壁の外は自然界であると明確に境界づけられていました。農業(agriculture)は城壁の外で行なわれていて、中庭に植えられる植物とは異なる植物が栽培されていました。中庭でつくられる食用植物はサラダ用のセロリやパセリなどで、麦なんかを栽培していたら馬鹿にされるわけです。近代になって都市と農村という図式が崩れていく過程でもありますが、それ以前はまったく別の空間だったのです。戦さの場面でも城壁の外に生活する農民をどちらの軍勢が取り込むかによって勝負は大方決まっていたとされます。農民は戦さのときは、どちらの軍に就いたほうが生き残れるのか、褒美を多くもらえるのかを考えて、軍役に就いたのです。ですから戦さは頻繁にあったけれども、戦闘になる前に勝負はついていたのですね。

城壁に護られた家々や庭という形式は中国にもあります。大陸ですから文化の交流があったのだと思いますが、中国の中庭は「園」と書き、そこに動物がいる場合は「苑」と書きます。逆にヨーロッパでは動物を飼うことはほとんどありませんでした。「hortes」はフランス語では「jardin」、英語で「garden」になり、オランダ語では「tuin」、それが英語で「town」になりました。ただし、日本の場合は壁の内外で境界をつくるのではなく、往々にして庭の向こうはすぐ自然に連なっていると理解されていました。このように、日本の庭園観はヨーロッパとは異質です。そのまま自然に繋がってしまっている。ですから、山にあるような植物を平気で栽培することができた。ヨーロッパの場合、城壁で囲まれていることは人為空間を意味しますから、城壁の外に生えているような植物は栽培できなかった。だから庭で植えることのできる園芸植物を求めたわけです。

ヨーロッパにおいて、園芸植物とそれ以外の植物との差がはっきりと顕在化していたわけです。庭園が幾何学的に造られる時代は典型的です。城壁で囲われた庭は自然と対立するものであり、自然界の法則が通用しない。ですから庭は自分たちの理想によってつくられたものだという意識がとても明確になってくるのです。薬草やハーブを植えていた中世までは、そうした意識がそれほどはっきりとしていたわけではなく、ただ自分たちの生活に使うものを植えていたのです。それがルネサンス期を通ることで、人間のやるべきこと、目的、行動が厳しく見据えられていき、城壁の内の植物と外の植物を明確に意識していった。つまり城壁の外の植物を内で栽培するのは人間のやることではなく、逆にアラビアやインドなど、離れたところのものは、人間が意図的に運んできたものだから栽培してもいい。そうした意識化が、だんだんとアフリカや新大陸の植物を栽培する園芸の発達に貢献したわけです。

産業革命以降は小市民が小さな家を持つようになります。貴族やお金持ちは庭師を雇って庭の手入れをするわけですが、小市民は自分たちで手入れをするほかありません。しかし、彼らは働いていて時間がありませんから、徐々に放置してもいいような庭がありがたくなってくる。イギリスが真っ先に日本の庭園観の影響を受けて、野草を植えるようになったのがこのときです。イギリスではこうしてできた庭を「Japanese style garden」と呼んでいますが、日本ではなぜか「イングリッシュ・ガーデン」と呼んでいます。いずれにせよ、日本の自然観を取り入れて野草を植えることとは、庭は自然と対立するものであるというセオリーに対するアンチテーゼとして意味を持つようになった。ですが、もとはといえば労力をかけずに庭を維持するにはどうすればいいかという、小市民の庭への意識に由来しているといえます。こうしてイギリスの庭にはあまり手入れもせず放っておいてもいいような植物がたくさん登場することになりました。

こうしたスタイルの庭は誰でも維持できるから、ガーデニング人口を増やすことになります。今のイギリスのガーデニング・ブームは、誰でも手間をかけずに庭を維持できるようになったことに由来します。この動きに貢献したのが日本の庭園観だというわけです。しかし、では日本の庭園観がイギリス以外に広まっているかというと、そうでもない。イタリアもそうですが、パリやマルセイユといった中世以来の都市では中庭にも家を造ってしまっていたり、あるいは生活が中庭まではみ出してきていたりする。すでに「hortes」の精神は残っていないわけです。

そこで行なわれる園芸はといえば、ベランダ園芸や窓の外に植木鉢を並べたりするものに変質していて、イギリスの園芸とは大きく異なります。その代わり、イタリアやフランスでは市民が憩う公園など、パブリックな園芸の場が発達しています。そうしたパブリックな場所ではイギリス式のガーデニングは不向きで、もう少し計画的な植栽がなされており、中世の「hortes」に近い姿が維持されているのです。ビエンナーレ会場の公園もそうですね。

日本でありのままの自然を目にしたいと思えば、東京を除けば車で三〇分も移動すると見ることができます。さらに、日本には自然と対立する概念がそもそもなかったので、われわれは山の緑に癒されてしまうわけです。ヨーロッパ的な考え方でいえば、自然は人間と対立する存在ですから、山に生えているものを採ってきて食べるのは下層民のすることだ、ということになります。彼らは飼育した牛や羊を食べるのをよしとして、魚だってあまり食べなかった。日本人は古くから海の幸、山の幸を平気で食べますし、寿司なんてとても原始的な食べ物ですよね。そのような条件や意識を背景にしていますので、日本の公園はそこにどのような植物を植えるか、明確な意識のもとでつくられることはあまりありません。適当に木を植えて「公共空間」と呼んでいる。一方で、ただ庭好きの人が小さな庭をつくっている家があったり、大きくても庭のない家もあります。そうかと思えば、植物好きで、庭が持てなくても家のなかに植木鉢をたくさん並べている人もいます。ですからヨーロッパとはもとより自然観が違いますよね。

盆栽は中国から入ってきたものですが、それを発達させたのは日本です。盆栽を見たシーボルトたちがそれを持ち帰り、それから世界中に広まりました。本物の盆栽が初めてヨーロッパ人の目に触れる機会になったのはパリ万国博覧会(一八六七年)でのことです。そのとき会場には日本庭園がつくられ、茶屋も建ち、盆栽が並べられました。日本庭園は圧倒的な人気をはくし、多くの人が刺激されてヨーロッパに盆栽ブームを巻き起こした。それがアメリカにも波及して、今や盆栽は世界的に展開しています。日本と盆栽の結びつきはしかし、自然ではないように思うのです。日本人は中国から入ってきたために盆栽を受け入れましたが、本来の日本人の感性でいうと、盆栽の美は自然を虐めた美ですから、おかしいはずなのです。ではなぜ日本で受け入れられたのか。おそらくどこの国でもそうですが、珍奇なるもの、普段は理解できないようなものを求める心性が日本人にもあるからなのでしょう。ヨーロッパの人々が盆栽を受け入れられたのは、盆栽が絶対的反自然だからですよね。まさに彼らが理想とする自然観の構図を維持する装置でもあったのです。

原点から庭の歴史を辿れば、さまざまに変化する美の様式を通して人間の意識形成の過程がわかり、ひいては庭というものが文化そのものを反映していることに気づくと思います。パブリックな庭の出現には、都市の発達が大きく関係しています。私が掴んでいるだけでも、パブリックな庭には起源がいくつかある。そのなかで一番わかりやすいものは、馬を留める場所というあり方です。馬を日向のかんかん照りのところに留めてはまずいですから、そこに木を植える。その木の幹に馬を繋げて、また近くに水飲み場をつくる。それがそのまま公園になったものがブリュッセルなどに残っています。フランスの地方都市にある教会前の広場に、馬の繋ぎ場だったと思わせるところがある。パブリックな庭の起源はローマ帝国時代に遡ります。城壁の内に住んでいる人々に情報を伝達する場合、今のように紙に書いて配るわけではなく、掲示板を使っていました。掲示板をたくさんつくるのは大変ですから、人が集まるような特定の場所に設置する。そうすると、当然そこに市が立つような広場ができます。後世それが徐々に整備され公園化する。典型的な城壁都市のなかには、今でもそうした形態を見ることができます。この広場がだんだん機能化し、店舗が統合することでスペースが生まれる。そこに木を植えて憩いの場ができていったのです。

産業革命の時期には、城壁に囲まれた都市のなかでも意識的に緑地空間がつくられます。人々の健康のためですが、それ以降も建設は続きました。一番見事な例は、ウィーンのフランツ二世が城壁を壊してつくったリングロードで、道路に沿って大きな緑地帯を計画的につくりました。その流れは今でも引き継がれていて、新たに建物をつくるときに緑地が不足していれば、敷地を緑地化するように計画します。ですから、逆にいえばローマみたいに昔から完成してしまった街には緑地が少ないですよね。特に地中海地域では、木を植えてもただ育つわけではなく、きちんと管理する必要があるから大ごとですよね。

古くからヨーロッパでは熱帯の植物を育てることができずに苦労していました。当初、熱帯植物は鉢に植えて夏場は外で、冬場はオランジェリー(建物内のガラス室)に運んで栽培していました。オランジェリーは温かいので人も集まってきます。おもしろいことに、その後主役は人間になり、憩いの場としてのオランジェリーで育てる植物に鑑賞価値が求められるようになったのです。代表的なオランジェリーの植物は名前のもとにもなったオレンジ、すなわちシトロン(蜜柑の仲間)、あるいは月桂樹です。そこへ日本からツバキが入ってきたわけです。ツバキの花の赤色はヨーロッパ人も好きな色ですし、おまけにツバキは冬に咲いてくれる。ですからツバキは「冬の薔薇」と呼ばれ、オランジェリーでは圧倒的な人気を誇りました。そもそもオランジェリーは建物の一部だったのですが、珍種の椰子などを栽培できる、背の高いガラス室が必要になるなどして、やがて温室として独立していきます。これがいわゆるパームハウス(ヤシ室)です。建設にはすごくお金がかかるし、新しい素材である鉄を使った建物ですから、建築的にも非常に魅力的で、各都市が競ってパームハウスを建てるようになるのです。その後、一年中温室で栽培したほうがよい植物を育てるべく、パームハウスより背の低いグリーンハウス(これが日本でいう温室)もつくられた。グリーンハウスはむしろ、船で植物を輸送するためのガラスのケースである「ウォードの箱」をヒントにしていたと思われます。つまりグリーンハウスは、蘭のような植物を個人の小さな庭のなかで栽培するためにつくられたわけです。私たちは花を植えれば「庭園」と呼びますが、ハーブやサラダ野菜を植えたものは「菜園」と呼ぶ。中国では栽培する野菜は「蔬菜(そさい)」と呼び、自然界から採取する「野菜」と区別しています。日本でも明治頃には蔬菜と野菜は区別されていて、例えばフキノトウやモミジガサ、タラノメなどは野菜、ほうれん草や小松菜は蔬菜です。まだ物流の発達していない時代ですから、手に入りやすい蔬菜と入りにくい野菜は区別されていたのでしょう。

温室は単に植物を凍らせないことを目的として始まり、その後、冬も緑とともに暮らしたいという希望からオランジェリーが生まれ、富の象徴として植物を見せつけたいという欲望からパームハウスが生まれた。その流れはやがて、その土地では栽培できない植物を栽培しようとするものに変わっていきます。現在の私たちの技術は、そうした栽培を実現するいろいろなタイプの温室をつくることに成功しているわけで、ひとつの完成形と言っても過言ではないように思います。

そう言える一方で、しかしながら、人類の歴史が植物に求めてきたすべてのことが現代的な温室ですべて実現され、人々が満足するかというと、そうではありません。オランジェリーが誕生した時の、冬の間も緑とともに暮らしたいという希望の実現が、現代的な温室で再現できるかというと、やはり少し違うわけです。例えば「夢の島熱帯植物館」のように、ランドスケープまで用意された、なかを歩いて癒される温室もありますが、われわれはその設えられた場所に行かなければならない。オランジェリーは建物の一部ですから、植物との暮らしが生活のなかに位置づけられていたわけです。ですから、オランジェリーが持っていた意味での、植物とともに暮らす温室は今ではつくられていません。むしろそうした意識は背後に追いやられてしまっている。モニュメントとしてパームハウスをつくるという流れはもう出てこないと思いますけれど、例えば環境保全の意識を高めるような新たな場づくりへの意識がそれに取って代わる流れになるかもしれません。

温室はそれぞれの目的に合った植物を外部から持ってきて植えた場所に違いありませんが、それだけでなく、自然環境では育ちにくくなった植物がここでまた育つことができる、生態系の保存という役割も担っていると思います。翻って温室は、私たちが多くの動物や植物とともに生きているということを実感するための装置としても考えることができます。それは、温室を単に人間の生活や享楽を充足するためのものではなくて、自然と一体となって生活していることを知るためのものとしてです。そうした発想も二一世紀的で面白いのではないでしょうか。こういったヴィジョナリーな思想的な意味でも温室はまだまだ未開拓の分野ですから、建築としてもやりがいがあるものだと思います。

［二〇〇八年六月二六日、石上純也建築設計事務所にて］

ヴェネチア・ビエンナーレ・ドキュメント

われわれはいかにしてコンペに勝利したのか

五十嵐太郎

石上純也に依頼する

二〇〇七年五月下旬、ヴェネチア・ビエンナーレ建築展の日本館のコミッショナー選定指名コンペに参加を要請する依頼状が届いた。まったく予想していないわけではなかった。国際交流基金がいろいろな関係者に選定方法についてのヒアリングを行ない、筆者のところにも訪れていたからである。美術の業界に比べると、建築は展示を企画する職能が確立しておらず、圧倒的に人材が少ない。だから、コンペになった場合、依頼が来るかもしれないと思っていた。ともあれ、美術に続き、建築も今回はコンペ形式により、コミッショナーを決定することになった。二〇〇六年に行なわれた美術展のコンペでは、KPOキリンプラザ大阪のコミッティを一緒に担当していた批評家の椹木野衣のプランが僅差で破れ、彼はその理由をきちんと説明すべきと論じていた。彼は、KPOで企画した榎忠を核にすえた展示案を提出している。では、筆者はどうすればよいか。依頼を受けて考え始めた。ちょうどポルトガルへの渡航準備を進めていた慌ただしい時期だった。五月三一日から始まる第一回リスボン建築トリエンナーレの日本セクションのキュレーションを担当していたからである。したがって、最初に考えたのは、まったく違うタイプの展示を企画することだった。リスボンは、アーティストの彦坂尚嘉と新堀学による皇居美術館空想、南泰裕研究室の都心のリサーチとプロジェクト、北川啓介らによるパラサイトアーキてくちゃ、そして一二組の建築家と写真家のコラボレーションという四本立ての構成。これはこれで刺激的な内容になったのだが、参加者の総数が多く、場所取りなど、各チーム間の調整も大変だった。ならば、ヴェネチアは一人に絞ろう。これだと面倒な調整も要らない。八月二日のコンペの締切まで、それほど時間がないことも影響している。かくして、一点突破のプランをだすことを考えた。

ちなみに、コンペの依頼では、審査員の名前は判明していた。美術館の館長クラスの人物が六名である。建築の関係者はいない。一方、コンペの対戦相手となる人物の名前は伏せられていた。七人に打診したことだけがわかる。ほかの出方がまったくわからないから、自分でやりたいことを提案するしかない。またちょうどこの頃、もうひとつ別の大仕事が決まった。二〇〇八年からの日本建築学会の『建築雑誌』の編集委員長という仕事だ。ただでさえ忙しいのに、もっと忙しくなるはずだ。勝った場合、本当にできるのだろうか。ヴェネチアのコンペは辞退すべきかとも考えた。しかし、せっかくのチャンスなのだから、博打のような思い切った案をだして、勝ったら腹をくくってやろうと決めた。そしてリスボンへ出発する前にある若手建築家に連絡をとった。帰国後にミーティングを行なうことだけを約束した。それが石上純也である。

コンペ案を提出する

リスボン建築トリエンナーレのオープニングが終わり、日本に帰国した。六月の上旬、飯田橋にある石上純也さんの事務所を訪問し、ヴェネチア・ビエンナーレのコンペの概要を説明する。その際、彼が東京都現代美術館の「space for your future」展のために、巨大な風船を制作するプロジェクトについて、初めて話を聞く。吹抜けいっぱいに広がった直方体の浮遊物の下に観客がいるイメージを見るだけで、想像力の扉を開くような魅力的なドローイングである。さらに神奈川工科大学の工房は、工事をまじかにひかえ、通常の図面とは思えない世界が生まれていた。相変わらず、彼の事務所では、とてつもない事態が進行している。石上に依頼したことに間違いはないと確信した。キリンアートプロジェクトに彼が出品したテーブルのように、模型を超えたリアルな構築物を見せて欲しいことを伝え、二週間後くらいまでに、案をかためることになった。

六月末の打合せで、プロジェクトの骨格がかたまる。日本館の内外に、温室として機能する小さなパヴィリオン群をつくるというものだ。期待を裏切らない提案である。筆者の仕事は、なぜ石上純也なのか、そしてなぜこうした構築物なのか、というコンセプトを説得力のあるテキストとしてまとめることだ。この案が選ばれた場合、彼はヴェネチア・ビエンナーレ建築展の日本館に参加する最も若いメインの建築家になるからだ。もっとも、磯崎新がコミッショナーをつとめた二〇〇〇年の「少女都市」の展示において、一九七七年生まれのアーティストのできやよいが参加したのが最年少ではあるが、彼女は建築家ではないし、メインの出品者でもない。ちなみに、このとき会場デザインを手がけたのが、SANAAであり、現場を指揮していたのが、同事務所で働き始めたばかりの石上である。それゆえ、彼のヴェネチア・ビエンナーレに対する思いは人一倍強いものだった。

途中、人づてにコンペの相手が数名判明した。八束はじめが丹下健三の「東京計画一九六〇」を下敷きにした案を練っているらしいこと、そして竹山聖や池田修も参加しているらしいこと。とはいえ、こちらもすでにイメージを決めていたので、他の案に影響されて変わることはなかった。むしろ、現代日本建築における石上の位置づけ、万博の起源としての温室とパヴィリオンの歴史、展覧会という形式の限界、日本館の文脈など、複数の伏線をはって、美術系の審査員にもつたわるストーリーをつくることにつとめた。石上サイドでは、大きな絵本のように、ドローイングを綴った冊子を制作し、そこにテキストをはめ込む。コンペ締切の八月二日、ぎりぎりで国際交流基金に手渡しとなった。要項では書類による審査と書かれていたので、これですべての作業が終わるはずだった。

しかし、結論が出るまでに、さらなるプレゼンテーションが必要となった。

審査が難航する

ヴェネチア・ビエンナーレ建築展二〇〇八の日本館コミッショナー・コンペの資料を提出して、後は審査の結果を待つだけのはずだった。

ところが、審査が難航し、国際交流基金から候補者に対するインタビューを実施したいという連絡が来る。全チームではなく、すでに幾つかの案に絞って、もう少し詳しい質疑応答を行なうのが主旨だった。後から判明したのは、六名の応募案から、五十嵐、八束はじめ、薩田英男の三つが、次のステージに進んでいた。そこでコンセプトについては筆者で十分に説明できるが、石上純也と、構造設計を担当する佐藤淳の方が、細かい設計に関するはなしを答えられるので、同席してもよいかと打診する。残念ながら、これは認められなかった。あくまでもコミッショナーに対するインタビューだという。

九月の頭、石上事務所において、インタビューのための作戦会議を開いた。一体、なにが問題になるかを考えたのである。例えば、コスト。基本的な予算におさまらない場合、どうするか、などなど。筆者が考えたのは、建築系の審査員が一人もいないこと、つまりすべて美術の関係者なので、まだ完全にこちらの案が理解されていないのではないか、ということだった。もしかすると、華奢な構造の温室も単に美しい直方体のオブジェだと思われているのではないか。そうすると、本当のすごさはまだ伝わっていない。なにが理解されていないかを必至に想像した。自分が審査員の立場では、よく学生のプレゼンテーションはへただと思うのだが、今度は逆の立場である。とにかく、筆者が初めて石上の作品を知ったときの驚きをそのままにプレゼンテーションすることで、審査員にも同じ感覚を共有してもらおうと考えた。つまり、テーブルからちゃんと説明するのだ。

インタビューは九月一〇日に実施された。今でこそ東京都現代美術館に展示した四角いふうせんで、美術関係者に対しても、石上は不動の知名度を獲得している。『美術手帖』の表紙も飾った。が、審査は展示の前である。彫刻や工芸ならともかく、平面絵画の専門家だと、九・五メートル×三ミリのテーブルの数字だけを説明しても、ぴんと来ないかもしれない。そこで具体的に大きさがわかるよう、審査の舞台となる国際交流基金の部屋をあらかじめ採寸した。およそ一一メートルの長さだから、両サイドから一メートルずつを引いた長さと説明する。そして雑誌『ＡＥＲＡ』の厚さが三ミリくらいなので、それを持ち込み、審査員の前で想像してもらう。さらに温室の極細の柱も部分的に一分の一スケールのモックアップを搬入し、抽象的な美しいオブジェではなく、ぎりぎりのサイズで成立しているリアルな建築であることを力説した。二〇分のプレゼンテーションの後に、三〇分の質疑応答。コストはきかれなかった。ここで審査員に対し、モノとしての迫力は完全に伝わったという感触を得た。

ところが、結論はまだ出ず、後でさらなる追加資料の提出を求められる。

最終決定をきく

コミッショナーに対するインタビューが終

わり、コンペの結果が出るはずだった。ところが、幾つかの追加質問が寄せられ、その回答書を作成することになる。

まだ議論は収束せず、最終的な決定が出せなかったのだ。審査員からの質問書を読むと、屋外の設置が許可されないときは？　あるいはなぜ植物なのか？　という内容もあったのだが、とくに重要だと思われたのは、構造と安全性についての項目である。つまり、インタビューにおいて、具体的なスケール感を示し、石上純也の華奢なデザインのすごさを伝えることに成功したがゆえに、今度は本当にそれが構造的に成立し、かつ危険ではないのか、という不安を抱くようになったのだ。筆者も初めて石上のテーブルのプロジェクトに関わったとき、同じようなことを感じたから無理もない。

しかし、逆に言えば、ここできちんと答えることができれば、落とす理由がなくなる。チャンスだと思った。

再び、石上事務所で作戦会議を開いた。今度は構造設計の佐藤淳さんにも参加してもらう。ひとつひとつ質問への対応を相談した。彼の思考はきわめて明快で、柔軟で、そして合理的である。これなら確実に審査員の不安をとりのぞけるだろう。具体的なプロジェクトの方針について構造家と議論するのは初の経験だったが、本当に頼もしい存在だ。彼の言葉をもっと読みやすくして、審査員に伝えるのが、筆者の仕事である。それにしても興味深いのは、展覧会のコンペなのに、結局、構造のリアリティや安全性についての質疑応答になってしまったことだ。まるで建築の実施コンペである。だが、考えてみると、われわれの提案は、そもそも模型やドローイングではなく、一分の一の建築を展示することだったから、当然と言えば、当然の帰結だ。他のチームの案なら、こうはならないだろう。

かくして九月一九日に回答書を提出した。国際交流基金からは、いつ最終の決定が出るかは教えられなかった。後は本当に待つだけである。九月二五日の夜、筆者がウィーンのシンポジウムに出発する前夜に結果が判明した。すぐに石上さんと事務所の担当スタッフの森田幸恵さんにメールを送る。まず森田さんから返事が来た。その彼女のメールを引用しよう。「すごいですっ！！！！　興奮して、ちょっと涙が出ました。イギリスにいる石上にも、今、電話で伝えました」。石上さんは、ちょうど『ブルータス』の温室特集のために海外をまわっており、帰国する前夜だった。そこで同行している編集者らと、祝杯をかわしたという。

一〇月中旬、本郷の喫茶店でキック・オフの打合せを行なう。石上さん、森田さん、大場秀章先生、国際交流基金の清田さん、竹下さん、そして石上をバックアップするギャラリーの小柳さんも参加した。ほどなく、国際交流基金のホームページでも結果が公表された。最初の喜びからおよそ一ヶ月後、ようやくその情報が解禁となった。

記者発表を行なう

一一月九日、国際交流基金の国際会議場にて、記者発表が行なわれた。

これまでにもKPOキリンプラザ大阪の展覧会で会見を経験したことはあったが、関西のせいか、さほど大人数とは言えなかった。しかし、今回は大きな部屋が各新聞社の記者や各雑誌の編集者でほぼ埋まっている。ヴェネチア・ビエンナーレに対する関心の高さがうかがえた。実際、その後に『毎日新聞』、『日本経済新聞』、『河北新報』、『新建築』、『GA JAPAN』、『建築ジャーナル』、『日経アーキテクチュア』、『AXIS』、『カーサ・ブルータス』、『建築雑誌』など、各種のメディアがとりあげている。筆者がこれまでに関わった企画と比べても、展示前としては異例の掲載数の多さだった。記者発表では、まず国際展事業委員の本江邦夫さんから指名コンペの審査についての説明があり、続いて、筆者によるコンセプトの説明。そして石上さんから作品の説明があり、大場秀章さんから参加にあたってのコメントがなされた。質疑応答では、『朝日新聞』の大西若人氏から、建築展の審査なのに、なぜ審査員がすべて美術系なのか、という突っ込みも聞かれた。記者発表の終了後、早速、今回の展覧会のカタログ、あるいは雑誌の特集などについて、複数の出版社と打合せを行なう。帰国展の可能性についても検討を始めた。前回の藤森照信さんの展示では、国際交流基金の予算からカタログを制作している。だが、今回はすでに石上案の見積もりが予算を大幅に超えていることから、書籍のために予算を切り崩したくはない。出版社の企画と連動することで、できるだけ多くの金額を制作費にまわしたい。その後、INAX出版から新しくスタートするバイリンガルによる若手建築家の作品集のシリーズのひとつに石上さんが入ることになった。これは九月前に完成させ、会場で販売するカタログの機能を兼ねる。他にも幾つかの企画が動いている。出版の打合せが終わり、ようやく関係者の打ち上げ。コンペ勝利の第一報から一ヶ月以上たっていたが、みな忙しく、この日に持ち越された。石上さんと佐藤淳さんの事務所のメンバーで二時頃まで飲む。コミッショナーとして全額をおごったら、コンペの参加謝礼金を軽くオーバーした。

一二月上旬、石上さん、スタッフの森田さん、国際交流基金の竹下さんらが最初の現地調査に向かう。国際電話でヴェネチアにいる石上さんから、日本館のまわりの地形を正確に把握したいので、現地の会社に測量を依頼していいかと打診があった。そう、われわれの提案の特徴は、館の内部に展示するだけではなく、館の外部に小さな温室を建てること。しかも、ほかの国のパヴィリオンと違い、吉坂隆正が手がけた日本館のまわりはもっとも起伏に富み、地形が複雑である。展示でありながら、通常の建築の設計の手続きと同様、敷地の測量が必要になったことは、プロジェクトの大変さを予感させるだろう。

会場を下見する

二〇〇八年一月九日、二度目の下見のために、石上純也さんと大場先生、スタッフの森田さん、国際交流基金の竹下さんらとともに、成田を出発した。同日の夜、ヴェネチアに到着し、長年にわたって日本館の現地のコーディネイトを担当している武藤さんと合流。すでに何度も訪れた都市だが、もっとも観光客が少なそうな一月は初体験だし、ホテルに泊まるためにリド島に入ったのも初めてだった。

一〇日、ヴェネチア・ビエンナーレの会場となるジャルディーニ公園に向かう。石上さんと森田さんは早速、一二月に引き続き、会場の実測を始める。日本館のまわりの地面にテープをはって、スモール・パヴィリオン群のヴォリュームを確認しながら、それぞれの位置とサイズを決めていく。また大場さんと公園をぐるりとまわって観察したところ、想像以上に豊かで多様な植生があることが判明。ふだんは建築ばかり見るので新鮮な経験である。この発見も植物の選択や展示にいかせるのではないかと思う。昼食時からローマ日本文化会館の高内さんも合流する。午後はヴェネチアの造園業者や植木屋さんめぐりを行なう。夕方からは設営時に借りるアパートを幾つか下見する。会場から近いか、ネットが使えるか、家賃はリーズナブルかなどをチェックしていく。

一一日も、ジャルディーニに入り、会場調査や打合せ。石上さんと森田さんは測量を続けながら、作品のイメージをふくらませていた。構造設計を担当する佐藤淳さんも到着。日本でも関係者が全員集まる機会がなかなかとれないので、空っぽの日本館でいろいろと打合せを行なう。全体の工程表を作成したところ、日本で設計し、部材を制作してから船便で送ることに加え、植物の搬入や養生などにも時間がかかり、かなり厳しいスケジュールだとわかる。とはいえ、ビエンナーレの事務局がごたごたしていたために、この時点でオープニングの日程がまだわからなかった。

一二日、石上さんは一足早く帰国する。森田さんは、現地の業者に依頼した実測データの確認に出かける。筆者は、時間に余裕ができ、今回のプロジェクトにも役立ちそうなスポットをまわる。ヴェネチアの庭やペギー・グッゲンハイム美術館の庭園などを訪問した。さて、今回の議論でわかったのは、多様な自然のあり方も、まさに一様ではなく、幾つかの方向性があること。石上さんの美意識は、線の細い植物を望む。一方、植物学の大場さんは、現地の観察と植生の関係から、温室においてありうる植物の可能性を提案する。理想と現実は完全に一致しない。そこに経済的な要因、時間やメンテナンスの問題が絡む。また植物を国外から持ち込むことは難しい。さまざまな要素がせめぎあうなかで、温室の植物を選び、作品の哲学を考えていかねばならない。建築以外のハードルも高いのだ。

一三日、残りのメンバーも帰国の途につく。

KAIT工房が完成する

一二月から一月にかけては、二〇〇七年末に取材を受けたいろいろなメディアにてヴェネチア・ビエンナーレ建築展の記事が出始める。また現地調査から戻った石上純也さんと大場秀章さんは、一月後半に東京の温室を一緒に訪れ、実際の植物を見ながら、展示に使うセレクションを確認している。残念ながら日程の都合で、ここは同席できなかったのだが、だいぶ二人の展示のイメージが固まったようだ。

この期間、石上建築がついに姿を現わした。二〇〇八年一月一九日、東京都現代美術館へ。「space for your future」展が終わる前にもう一度、「四角い風船」を見るために立ち寄ったのだが、今回は事前にお願いをして、真下の空間を歩き、触ることも実現した。やはり、この巨大なヴォリュームの浮遊物を自分の手で動かす感覚は、まったく未知のものである。生活のなかで慣れしたしんだモノの大きさと重さのイメージが狂っていく。もともとは展示の会場デザインを依頼されたらしいのだが、結局、展覧会の顔となる作品を制作してしまったパワーにも驚かされた。

三月一日、編集者の磯達雄さんと担当しているBankARTスクール「現代建築を一〇倍楽しむ法」の講義枠を使い、神奈川工科大学のKAIT工房を見学した。ニューヨークのヨージ・ヤマモトのショップとほぼ同時に竣工となったが、これが石上さんにとっても独立後に実現した初の建築作品である。実は二〇〇七年末の竣工直前にも訪れていたのだが、このときはまだガラスの壁がない状態だった。もちろん、家具もない。だが、錯視効果をおこす、純粋な柱の森がもたらす抽象的な空間を体験した。今回はあちこちに家具や道具、あるいは植物などのモノが入り、さまざまな具体的な場所が生まれている。総勢二〇人近くが、ばらばらの夢遊病者のように、同時にうろつく。いや、建築の形式によって、歩かされている風景が生まれていた。また、やや小さめのサイズによる、かわいいオリジナルの白い家具は、常識的な家具が入ったことで、いったん普通の状態に戻りかけた空間を再びアリスのワンダーランドに変容させている。外からガラスに囲まれた柱の森をのぞく風景も興味深い。まだ言語化しにくいのだが、未曾有の透明なヴォリュームが内部と外部、あるいはモノの関係性を新しい次元につれていく。

ＫＡＩＴ工房における新しい現象の発見は、後にビエンナーレのコンセプトづくりにも影響を与えることになった。

制作費がかかる

三月末、ユニオン造形財団の研究助成の申請が通る。「自然と建築の環境をめぐる歴史的研究――温室と植物園を中心として」をタイトルとし、ヴェネチア・ビエンナーレの展示にも連動できるようにしたもの。これで学生を現地に送りだす交通費やリサーチの足しになる。同時期、石上事務所では、ガラスを入れた鉄のフレームをモックアップで制作し、具体的な設計をつめる作業を進行していた。今回、日本であらかじめ必要な部材をすべてつくり、ヴェネチアビエンナーレに送って、現地で組み立てるという行程をとっている。つまり、ぎりぎりまで設計するのではなく、前倒しでデザインをしないといけない。

四月六日、アートフェア東京のイベント「アートと建築／建築はアートをどう変える?」にて、僕がモデレータとなり、風邪をひいて辛そうな石上純也さん、川俣正さんとトークを行なう。美術界からの注目も熱く、会場はいっぱい。

終了後、会場にて小柳敦子さんと、制作費のはなしをする。彼女は、石上さんをギャラリー小柳のアーティストとして迎えており、今回のプロジェクトでは資金集めに奔走してもらったり、制作やパーティなどの企画に協力していただいている。やはり、お金がかかるのだ。前回の藤森照信展では、写真や模型のほか、縄文建築団が縄を編んでインスタレーションを行なっていたので、国際交流基金の予算で足りていたらしい。しかし、実際に建築をつくるというコンセプトだけに、今回は莫大なコストがかかる。会場では鉄骨の温室を建設するので、素人のボランティアにまかせるわけにもいかない。「四角いふうせん」も担当した特殊鉄骨が得意な職人を何名か連れていき、現地に滞在し、作業をしてもらう。キリンアートプロジェクトのテーブルのときも大変だったが、ヴェネチア・ビエンナーレの作品は規模が大きいだけに、ケタが違う。

四月二三日、飯田橋の石上事務所にて打ち合わせ。資金の問題のほか、プレスリリースを出す前に、タイトルを最終確認し、コンセプトをつめることが最大の目的である。神奈川工科大学のＫＡＩＴ工房の完成により、ガラスに包まれた繊細な空間のイメージがリアルに膨らんだことを受けて、もとの「EXTREME NATURE」にサブタイトルとして「landscape of ambiguous space」を加える。曖昧にすべてのものが溶けていく風景のイメージをコンセプト文に加筆することになった。ゴールデンウィークの期間に英訳もチェック。リリースとカタログに掲載する文章の内容が確定された。

いよいよ現地設営へ

五月、六月は、石上純也さんの事務所で、粛々と展示計画が進む。

この時期、筆者が主に関わっていたのは、ヴェネチア・ビエンナーレの会場に置く、小さな小さなパンフレットの制作である。ちょうど石上さんがINAX銀座にて「風景の解像力」展に参加した後、彼の個展を連続して開くことになり、この機会を利用して、別の企画を展開させるよりも、冊子をつくることになった。英訳のために、早めにテキストを入稿。若手建築家を紹介する「風景の解像力」展では、植物と建築に関する小さな本をたばねて設置された。

七月七日、石上さんの「小さな本のための小さな展覧会」を訪れる。前の展示ではモノとして本の外部を見せただけだが、ここでは各ページを出力し、白いモノリスのうえにはって、林立させる。さまざまな植物をめぐるアイデアを紹介。筆者は「他者としての植物ではないこと」を含む三つのテキストを寄稿し、これらが入口に展示される。おおむねコンテンツが完成し、印刷所にまわす。小さなかわいい本である。

七月一一日、シーラカンスと聖地のランドスケープをつくる計画を動かしている真如苑が、建築と自然の関係に興味をもっていることから、協賛の依頼にうかがう。まだ不足気味の資金を集めるためだ。先方は快諾するものの、前例がないことから国際交流基金が受け入れ先になれないことが判明。石上事務所への協賛を探るが、真如苑から個人事業主への支援も難しいという。結局、五十嵐研究室を受け入れ先とし、ヴェネチア・ビエンナーレのプロジェクトをサポートする体制をつくることで落ち着く。

ヴェネチア・ビエンナーレの企画をきっかけとして、五十嵐編による建築と自然に関する文化史的な本をINAX出版から刊行する企画も同時に進行していた。五十嵐研では、一六ページの図版構成のパートを担当し、毎週学生とミーティングを重ねていた。七月終わりまでに目処がつく。そして無事、刊行されたのが、この本である。また会場の現地設営を手伝うメンバーも決定。今年は原油の値段が上がり、サーチャージが高騰していることから、財政を圧迫している。一人あたり四、五万円は高くなってしまう。こちらの予算から、もうちょっと送ることができると思ったのだが、結局、修士課程の学生から四名を選ぶ。彼らは九月二日にヴェネチア入りとなる。八月から職人が現地で鉄骨を組立て、後半にガラスをはめ込む。これらの作業が終わり、職人が帰国し、借りているアパートを引き払うタイミングで、入れ替わりに学生が到着するわけだ。一方、有田泰子さんが企画したヴェネチアビエンナーレ建築ツアーの募集も開始した。

八月三日、石上さんがヴェネチアに向けて出発した。

九月五日、五十嵐も、温室の組立てがほぼ終わった現地に向かう。一般のオープンは一四日である。

＊本稿は『建築ジャーナル』誌、二〇〇八年一月〜九月号連載に加筆訂正したものです。

撮影：石上純也建築設計事務所（右）、五十嵐太郎（左／下）

建築と植物をめぐる9つの主題

五十嵐太郎＋東北大学五十嵐研究室
伊藤周平＋星裕之＋鈴木茜＋植松久達＋
許正殷＋山田哲嗣

古代から続く空中庭園の夢。異国の植物を手元に置くという欲望。そして現代においても映画『グリーン・カード』では、大都市ニューヨークの理想の温室（＝グリーン・ハウス）付きアパートに住むために、園芸家が偽装結婚という思いきった行動に踏み切る。長い歴史において建築と植物、あるいは自然はいかなる関係をもってきたのか。ここでは温室から廃墟、そして種の保存まで、９つの主題を設定し、そのさまざまな事例を見ていこう。

【図1-1】サロモン・ド・コー《ダイダイ栽培温室》1620年
18世紀に流行したオランジュリーという温室は、宮殿に組み込まれた栽培施設であり、装飾も施されており、社交の場にも使われた。そもそもオランジュリーは、冬期の寒気から柑橘類の樹木を守るための仮設の建物であった。この温室は冬がくる前に樹木の上に建てられ、板で覆われる。内部はストーヴで暖められ、寒気から守られた樹木の中を散策することができた。

【図1-2】18世紀オランダの温室
ディドロとダランベールの編集による「百科全書」の「温室」の項目に紹介された古典的な型である。ここでは「植物園の発達に貢献する建物について、わが国（フランス）はまだ十分に啓蒙されていない」と述べられ、オランダとイギリスの温室を調べることを推奨している。

1. 技術革命と温室

屋内で植物を栽培・保管する努力は古代からなされてきた。
ポンペイにある栽培室の遺跡からは
透光性の石盤が用いられていたことが推測されている。
だが、温室の発達は15世紀後半の大航海時代から始まる。
人や物の活発な移動が起こると、異国の植物を求め、
それを自国で栽培する手段として温室技術が発達したからだ。

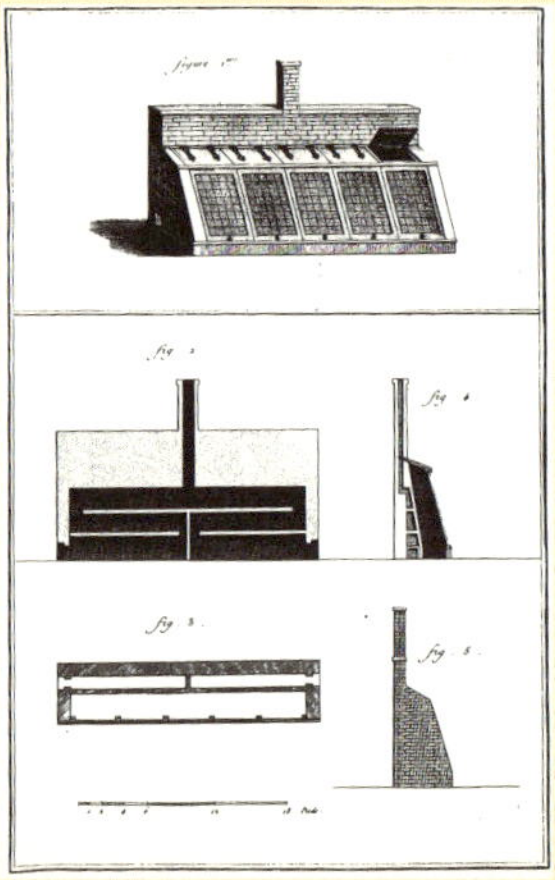

【図1-3】オランダのぶどう栽培温室
温室は２つの部分に分かれており、熱の供給が二重になされた。一段高い暖房用の後壁は、床下を通る煙道から暖められ、後方の部屋から分離された正面側の部屋はガラス窓をもち、採光と日射熱を得る。採光と自然の暖かい輻射の活用は、温室建築の最も重要な目標であり、そのために最適な形態と屋根の傾きについても考慮された。

【図1-4】「中国趣味」による温室
温室で栽培された熱帯植物、とりわけヤシはその経済的価値はもとより、ヨーロッパ人の異国への憧れの的となった。庭園はエキゾチックなものへの好みを反映した幻想の世界となり、温室の造形も例にもれず、異国の建築様式と技巧豊かな自然の演出が追求された。

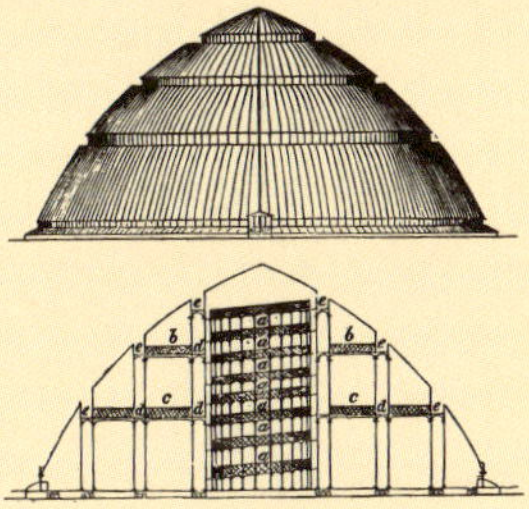

【図1-6】ラウンドン《螺旋スロープ温室》1831年
バーミンガム植物園の為に提案されたラウドンの案。直径60m、高さ30mの中に4つのさまざまな気候のゾーンが入り、訪問者は中央のスロープを使ってさまざまな階に達することができる。この案は実現されていないが、先の「タマネギ型温室」と同様、ラウンドンの「どの建物もそれがなんであるかがわかり、建物のどの部分も外見でその特別な目的が判明できるようにすべきである」との考えが現われている。

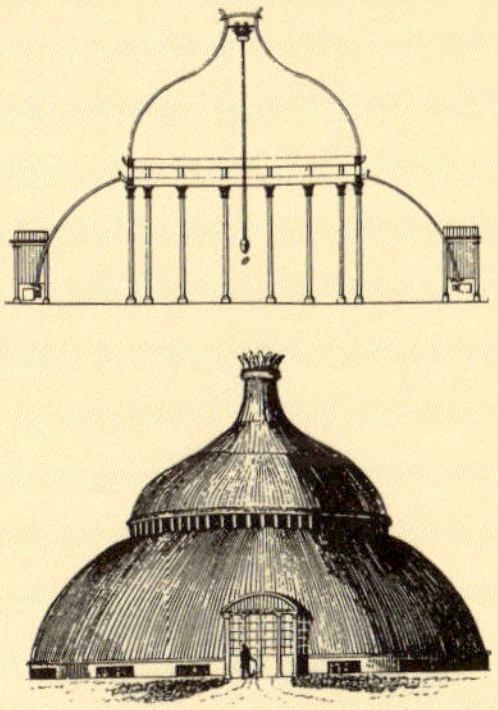

【図1-5】ジョン・クローディアス・ラウンドン《タマネギ型温室》1827年
二段重ねドームの印象的な形態は、鋳鉄と錬鉄の混構造によってもたらされた。全体を支える柱は鋳鉄、ドームのリブは錬鉄で作られ、躯体のみでは弱い風が吹くだけで大きく揺れたが、そこにガラスを入れることで安定を得た。

【図1-7】ジョセフ・パクストン《チャッツワースの大温室》1841年
鋳鉄製の中空の柱を用いて雨水をそこに逃す、合理的な生産のためにつくった独自の蒸気機関、アーチを形作る折板屋根など、パクストンにとってクリスタル・パレスへとつながる重要な経験となった作品。

【図1-8】パクストン《クリスタル・パレス》(建設中)
1851年のロンドン万博の展示施設である。パクストンが依頼を受けてから、設計・施工をわずか9ヶ月間で行なった。66,000 m^2にも及ぶ大規模な建築であり、それを実現したのは鋳鉄、積層材、ガラスの徹底的な規格化とプレファブ化であり、チャッツワースの大温室の設計が大いに役立っている。建築予定地に植わっていたニレの木の保護を求める声が上がったことを受け、翼廊の屋根はヴォールト状に変更され、木はそのまま建築内部に取り込まれた。

【図1-9・10】《アルパイン・ハウス》(キュー・ガーデン)
奇抜な形態は、高原植物の育成に必要な「高い照明位置・寒冷な温度環境・空気の恒常的な流動」をパッシブに実現するためのデザインの結果である。直射光を最小限にすべく、建物の長手軸を南北方向に合わせる、常に一面のみに垂直な太陽光が当たるように外装ガラスの角度に変化のついた多面体とするなど、かたちの特徴すべてが内部環境を作りだすファクターとなっている。

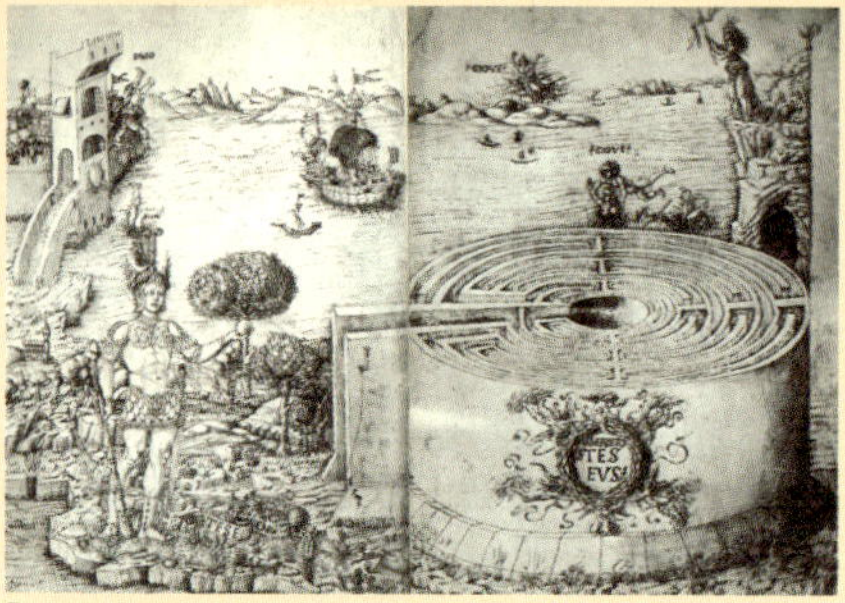

【図2-1】ミノタウロスの迷宮
庭園のモチーフとして、しばしば迷宮が登場する。この図は一般に迷宮の起源と言われるクレタ島のクノッソス宮殿の迷宮と、その中のミノタウロス退治に出かける英雄テセウスを描いたもの。

【図2-2】庭園迷路
生垣迷路や石迷路など、庭園のデザインに迷宮がダイレクトに用いられる事も少なくなかった。これら古典的な迷宮がいずれも外から入り、中心に到達し、再び外へ出るという構成をもつことは、庭園の幾何学模様に中心をもつ放射状のものが多いことと無関係ではないだろう。

2. 庭園の幾何学

ルネサンス以降につくられたイタリア式庭園と、
17 世紀のフランス式庭園は、
ともに幾何学式庭園と呼ばれ、強力な幾何学的構成を
導入し、数多くの人工物によって装飾された。
人間の精神、つまり幾何学の秩序に従わせることによる
自然の支配の告知というわけである。
とりわけ、放射幾何学状の図形が好まれ、
そこにはコスモロジカルな表象性も込められていた。
しかし、やがてそれを批判する形で風景式庭園が現われ、
幾何学は解体されてゆく。

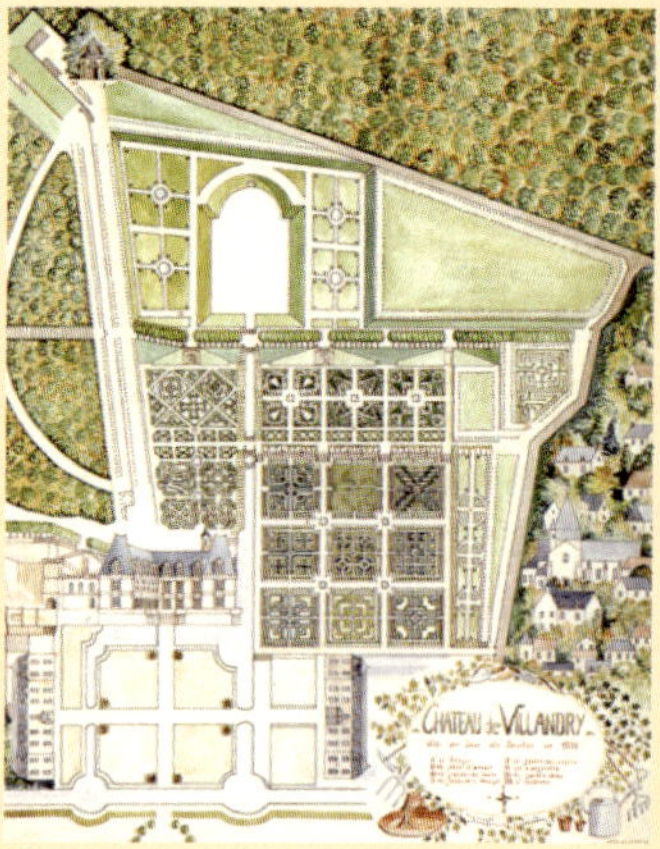

【図2-3】ヴィランドリー城
幾何学的な庭園で知られるフランスの城。城の手前は「菜園／音楽の庭」、「愛の庭」、「水の庭」と大きく3ブロックに分かれ、それぞれがいくつかの幾何学模様の庭園から構成されている。

【図2-4】カールスルーエ
18 世紀に建設されたカールスルーエ城において構想された。都市全体を包含するくらい大きな円形の中に宮殿と庭園を結ぶ。特徴的な扇形の城と塔、それらに合わせて放射線状に伸びる並木道が織りなす景色は壮観だろう。

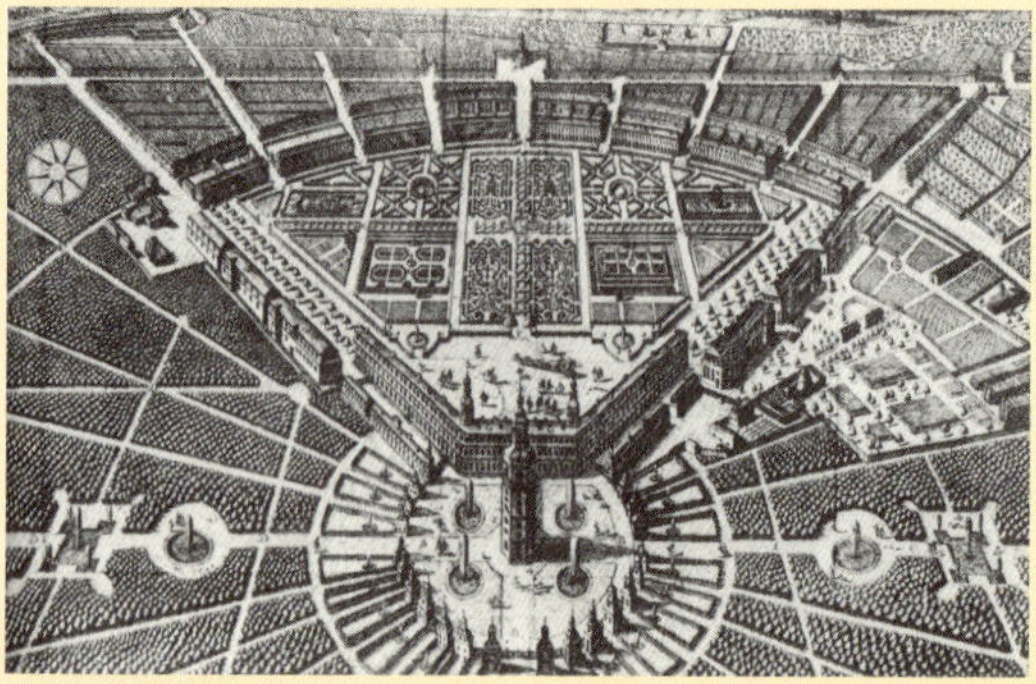

【図2-6・7】ウィーンのシェーンブルン宮殿のトピアリーと『シザーハンズ』
トピアリーとは、植物を刈り込んで、動物や幾何学的な立体を造る造形物のこと。16世紀以降のヨーロッパで普及し、現在のディズニーランドにいたるまで、庭園で好んで使用される。映画『シザーハンズ』でも登場し、主人公が両手のハサミでつくって町の住民の注目を集めた。

【図2-9】庭園の分割パターン
大英博物館の写本に残る、造園家の設計資料。多くは芝生に使用されたものであり、結び目のような図案は正方形に合うように描かれているが、長方形や八角形、円形を満たすように変えることも可能であった。動的な回遊性ではなく、対称性・中心性などの静的な視点が重視されている。

【図2-5】オックスフォード大学庭園
マニエリスム期の庭園で、デイヴィット・ロガンが1670年代に記録したものである。庭園の中央には、円形に盛り土をして、築山が設けられており、そこから四本の歩道が対称にのび、庭園が四分割されている。四分割された庭園も、さらに四分割され、入れ子状になっている。

【図2-8】刺繍花壇
ル・ノートルが手がけた花壇のうち、最も美しいと言われているのが、この「刺繍花壇」である。木を列柱状に植え、刺繍のような模様を表現する。建物から伸びた主軸を中心として、左右対称に植物が配置されている。

【図2-10】『去年マリエンバートで』
この映画は、ドイツのシュライスハイム城とロココ調建築であるニンフェンブルグ城で主に撮影された。左右対称で幾何学的模様の整然とした無機質な庭園は、きらびやかな調度品に囲まれた城内と交互に映されることで、夢と現実、過去と現在が混ざりあう世界を表現している。

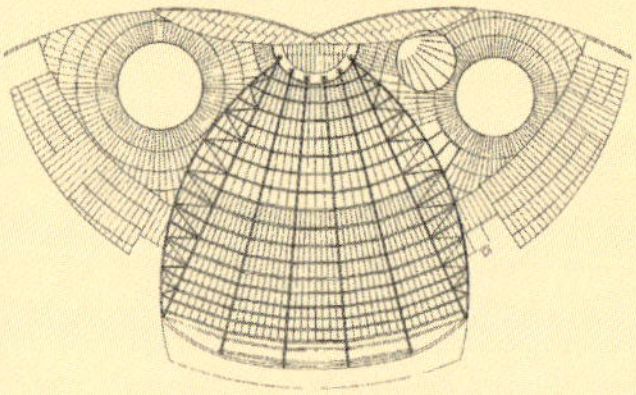

【図3-1・2】多摩動物公園・昆虫生態館
上空から見ると、羽を広げた蝶の形になっている。ちなみに、広場を挟んで向かいに位置する博物館は、トンボの形。動物園の中においてアイコン建築のようなシンボル性が見受けられる。

3. 形態とシンボル

「自然に直線はない」と、
アントニ・ガウディは語った。
植物園の中でも際立った人工物である
温室に曲線を用いて植物や
自然の造形を模した事例が散見される。
これらは単にレジャー的、
商業的なシンボルだけでなく、
自然の一部として温室のかたちを
よりふさわしいものにしようとする
試みといえるだろう。

【図3-3】《咲くやこの花館》
1990年、大阪の「国際花と緑の博覧会」のパヴィリオンとして設計されたもの。その外観は水に浮かぶ睡蓮をイメージしており、国際的イヴェントのホストとしてのシンボル性をもつ。

【図3-4】回山白蓮池
東洋最大、韓国は回山白蓮池にある水上のガラス温室。白く優雅な曲線美の巨大なハクレンが咲いているかのような造形をもつ。延床面積388坪の2階建である。

【図3-7】フォルカー・ギーンケ《グラスハウス》(グラーツ植物園) 1995年
パラボリック・アーチ型の断面をもつ複数のシリンダーが一点に集まるように配置され、一部が地中から飛び出るかのような造形は、植物が大地に根付く様子を表現しているかのようだ。

【図3-5】《フルーツパーク》
フルーツをテーマにした公園。長谷川逸子が、くだもの広場、温室、工房などを設計した。鉄とガラスで作られた大空間のシルエットは、果物の有機的な曲線をモチーフにしている。

【図3-6】ウェールズ国立植物園
世界最大の4,500m^{2}に及ぶドーム状のグラスハウスは、隆起する地形の一部のように緩やかなカーブを描き、丘を模しているかのようである。

【図3-8】マイケル・ハウザーのランドアート
土地を造成し、ナスカの地上絵のような巨大なレリーフとして生物の姿を地表に浮かび上がらせる。一連の作品では、蛇や亀、あるいはカエルなど、具体的な動物をモチーフにしている。

【図4-1・2】オーダーの装飾
人間の想像力には限界がある。装飾を考えるとき、やはり身近な自然が参照されてきた。ギリシアのアカンサス、エジプトのパピルス、そしてアメリカのとうもろこし。植物がタトゥーのように柱に刻まれる。

【図4-3・4】グロッタ
洞窟をモチーフとしたグロッタは、どろどろとして輪郭をなくす自然を模した装飾である。明晰な古典主義の建築デザインに対し、気まぐれな感覚を演出する庭園のパヴィリオンなどで好んで用いられた。

【図4-5】キューガーデンの装飾
ロンドンのキューガーデンのヤシの木の温室（1844-48年）の中央棟の手すりには、ヤシの葉の装飾が施されている。他にも内部の歩廊を支える鋳鉄の柱の持ち送りや、ガラスを支える構造など、所かしこに植物の装飾が見られる。建築がそこにある植物を模倣しているのだ。

4. 装飾

アナログな形態模倣、手工芸的な職人芸、
デジタルなプログラムにおける生成発展のルールなど、
さまざまに手法を変えながらも、
自然は建築を誘惑しつづける。とりわけ、小さく、
もっとも直接的に視覚に飛び込む部位は、
建築の装飾だろう。実際、抽象的な構成や論理的な
構造よりも、装飾の方が一般人には記憶に残り、
なじみやすい。装飾は、それぞれの地域や文化の
自然の特徴、あるいはイメージが刷り込まれる。

【図4-6】オルタ自邸
世紀の変わり目にアールヌーヴォー建築の現われたヴィクトル・オルタ設計の自邸。階段の手すりは、鋳鉄を曲げることによって、植物のつるを表している。家具や壁画など、植物をモチーフにした有機的な曲線美の装飾が屋敷の全体をおおう。

【図4-7】オットー・ワグナー《マジョリカ・ハウス》1899年
ファサードに枝分かれしたつる草のモチーフが広がっている。細部にまで華やかな花が咲きほこり、建物全体が重力から解放されたようなかろやかさが実現されている。

【図4-8】中国庭園 植物の形をした開口部
蘇州の中国式の庭園では、パターンの多様性を目的にしたかのように、さまざまな開口部が展開された。円などの幾何学はもちろん、とっくりや植物を模した奇異なものまで登場した。

【図4-9】古代エジプト
古代エジプトでは、特異な気候風土によって、特有の墓地造園が発達した。庭園が霊魂の安息地として考えられたのである。また墓のまわりの壁には、数本の樹木（ナツメヤシやシカモアなど）と小花壇と池からなる壁画が多く残されている。

【図4-10・11】イスラム文様
モスクの表面は唐草状の植物文様で覆われている。この文様は実際の植物の生態とは無関係な抽象的表現であり、途切れることなく、自然な動きを繰り返し反復する事で、どんな形状の平面も埋め尽くすことができる。イスラム建築では、偶像崇拝の禁止という教義を背景として、こうした抽象的な幾何学表現が発達した。

【図4-12】青木淳《Ubis》
東京国立近代美術館「連続と侵犯」展のインスタレーション。展示室を区切る壁の隙間に大きく引きのばされた植物の画像がプリントされており、われわれの与り知らぬところでアリスの世界のような秘密の花園が展開している。

【図4-13】OMAによるシアトル図書館の床
拡大された植物の画像が床にプリントされ、図書館内に点在している。本物の植物の横で、グラフィックとなった植物模様は、立体的な装飾とは異なり、非現実的であり、装飾として植物を取り入れることに対するアイロニーもうかがえる。

【図5-1・2】空中庭園
マンジュアン（左）とペラル（右）による想像図。古代のハンギングガーデンは世界の七不思議に数えられ、バビロニアでは深い数学的知識によってつくられたバビロンの城壁の高さに設置されたという。

5. 脱・大地

植物は大地から生えるものである。しかし、人類は
太古の昔より、その常識を覆す試みに憧れていた。
近代には、空想上の空中庭園が、ル・コルビュジエの
提唱により屋上庭園として出現する。
『天空の城ラピュタ』も、そうした系譜に連なるだろう。
技術の進歩とともに、擬似大地はあちこちに寄生する。
人間の想像力は逞しく、緑を積層させるだけでは物足りず、
壁一面を緑で覆うことで垂直庭園をつくりだした。
さらには、プランターボックスを規則的に配置することで、
人工的でシュールな光景さえ出現させている。

【図5-3】エドワール・フランソワ《フラワータワー》
マンションの外周部に竹の鉢植えを400個配置し、自動給水システムを導入したハイテクエコ住宅。

【図5-6】パトリックブラン《ケ・ブランリの庭》
アーティストであり、植物学者でもあるパトリック・ブランによる垂直庭園。単なる緑化ではなく、美術作品としても評価され、緑化の概念を覆した。

【図5-4・5】エミリオ・アンバースの作品
自然と建築の共生を作風とするアメリカの建築家、エミリオ・アンバース（1943年アルゼンチン生）による日本国内の代表作品。ニュータウンセンター千葉計画（1989年／写真左）と《アクロス福岡》（写真右）である。

【図5-8】WEST8《サンドガーデン》2001年
過激なランドスケープ・デザイナーが、スウェーデンで実施したアートプロジェクト。地上2.5mの高さに松の木によって支えられた空中庭園を出現させた。超現実的な風景だが、スウェーデン人の原風景がここにある。

【図5-7】栗生明《バイオラング》2005年
「自然の叡智」を謳う、愛・地球博において登場した。生物生命体を表す「バイオ」と肺を表わす「ラング」を掛け合わせた造語。植物の力で都市を呼吸させるという試みを具現化した体験型の展示施設。

【図5-10】藤木忠善《サニーボックス》1963年
日本で最初に屋上緑化を実現したといわれる実験住宅である。密室になりがちな都市住宅をいかに開放するかという提案を行なった。設計者の自邸である。

【図5-9】みのむしの家
インドネシアのマドウラ島。1974年に神のお告げを受けた男が、ヤシの木に1m四方の竹かごを設置し、30年間住み続けている。現在ではヤシが成長し、15mの高さになっている。ツリーハウスの一種。

【図5-11】サン・ミゲル社屋
フィリピンの土着建築に着想を得て、1984年に竣工したマニラのオフィス・ビル。斜めに切り立つダイナミックなヴォリュームと、植栽におおわれたテラスの連続は圧倒的な迫力。

【図5-13】MVRDVのハノーヴァー万博パビリオン
2000年に「人間・自然・技術」をテーマに行なわれたハノーヴァー国際博覧会のオランダ館。ビッグマックのごとく、五層に積んだ空間には、屋上の風力発電の風車をはじめとし、各階に花畑や森林などの人工的な自然環境が配されている。干拓を通じて繰り返し海から国土を勝ち取ってきたオランダが、垂直方向に大地を求め、テクノロジーと自然の新たな融合をはかる。

【図5-12】近代建築の上の一本松
下関の駅の近く、何気なくビルの屋上をみると、なんと松がたっている。芝棟の民家と同様、藤森照信が好んで紹介する建築と自然のユーモラスな合体例。

【図6-1】クリスト《サラウンディド・アイランズ》1983年
フロリダ州の湾で行なわれたクリストによるアート・プロジェクト。ピンクの巨大なポリエチレン布で11の島を包む。

【図6-2】『中国の植物学者の娘たち』
夢のような世界として描かれる湖上の植物園。そこは二人の女性の同性愛の舞台であり、過激なテーマゆえに中国での撮影が禁じられた。なお、植物園は、観賞用ではなく、薬草中心になっている。

6. 島

無限に続く緑が海によって切り取られる。
隔絶された場所は、
緑と青の強いコントラストをもつ
濃密な独立緑区となる。
人工的に手が加えられた島は、
上空から眺めることにより、
更に特異なものとして認識される。

【図6-4】外島
個人所有の島でありながら、韓国の閑麗海上國立公園の一部である。もともとは電気や電話も通じなかった離れ島だった。ここを個人が買い入れ、農園として開発した後、1976年に観光農園の許可を受け、4万7千坪を開墾して、1995年4月15日、海上植物公園の外島海上農園として開場した。ドラマ「冬のソナタ」のロケ地としても有名。

【図6-3】京都府立植物園
大きなガラスの温室は、手前に水面を置き、人工島のような風情をもつ。池に浮かぶ金閣寺と北山連峰のシルエットをモチーフにしたという。

【図7-2】クアハウス（保養所）、ヤシ栽培温室、そして夏用の劇場
根本的に異なる２つの機能が混合されたもうひとつの例。劇場としての構成は伝統的なものだが、客席がヤシ栽培温室にもなっており、ガラス張りの外壁、装飾、鉄材の応用された部材など、建築のエレメントにおいてはヤシ栽培温室を暗示している。この保養劇場は、裕福な市民と貴族階級に属する人々が求める特権性を与えることに貢献した。

7. 植物園＋α

植物は生活の至る所に入り込む。われわれの生活する場で植物を見かけないことの方がむしろ珍しいだろう。
なかには両者が逆転し、植物（園）の中に人間の生活空間が入り込んでしまった例もある。植物園とはまったく関係のない機能が付加されたように見えても、
それはただ植物を取り込もうとする、
われわれが普段当たり前に行なう行為の延長上にあるものではないか。

【図7-1】温室＋図書館：岡田新一《苫小牧市立中央図書館》
図書館と温室という異色の組み合わせ。エントランスを挟んで両者を対置し、分離する事で湿気から書物を守る。厳冬期に人々が引きこもりがちな北国において、それぞれの魅力の相乗効果を期待したもの。

【図7-5】温室＋カフェ
パルメンハウスは、19世紀のウィーンの温室を改造して、カフェにリノベーションしたもの。現在でも植物が残っており、緑に囲まれながらの飲食と明るい開放的な空間を楽しめる。

【図7-6】植物＋アート：カルティエ財団
ジャン・ヌーヴェルが設計した巨大なガラスのファサードが層状に並び、ときには自然の風景を映像としてリフレクションを起こし、ときには本物の植物を挟み込み、庭と建築とアートの空間を再定義する。

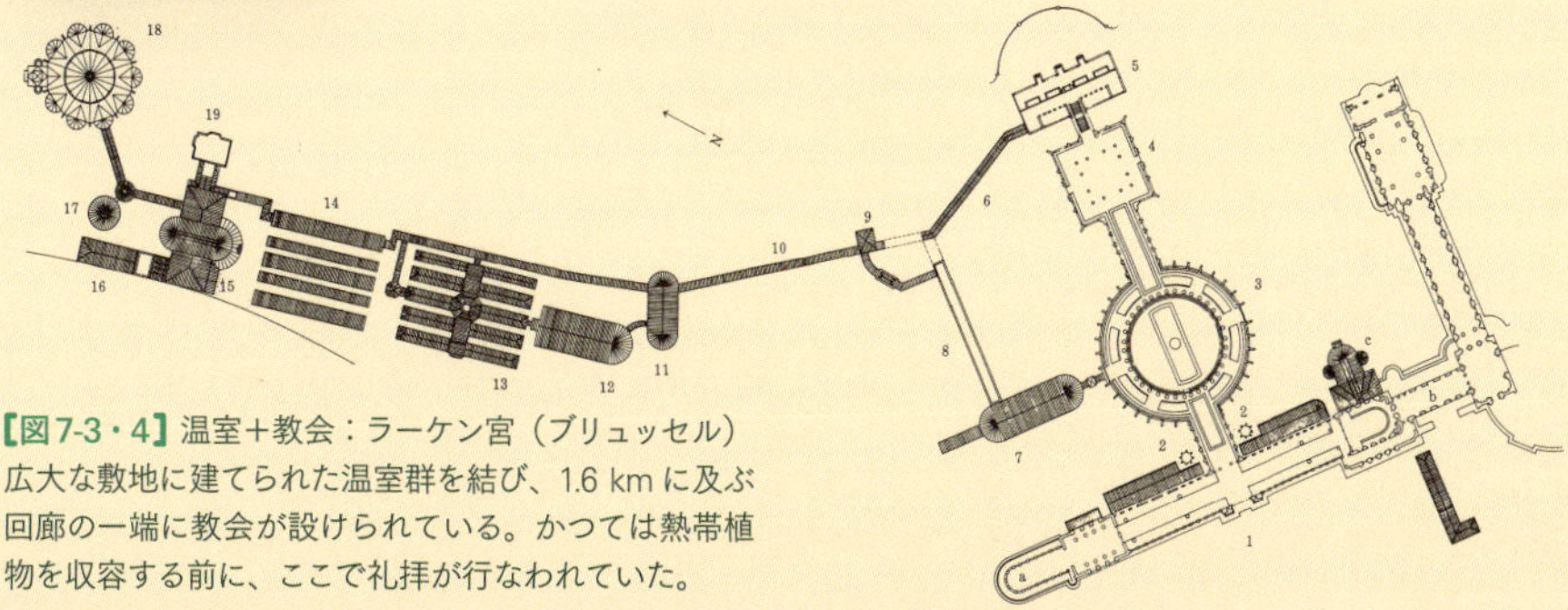

【図7-3・4】温室＋教会：ラーケン宮（ブリュッセル）
広大な敷地に建てられた温室群を結び、1.6 km に及ぶ回廊の一端に教会が設けられている。かつては熱帯植物を収容する前に、ここで礼拝が行なわれていた。

【図8-2】アトリエ・ワン《植物の家》
アートイヴェント「カフェ・イン・水戸」でのインスタレーション。空っぽになった民家の床と屋根を剥がして、文字通り「植物の家」にしてしまう。人間に代わる植物という新たな住人により、まるで建築の内外が反転したかのような不思議な風景が生まれた。

【図8-1】小林伸一郎の撮影した廃墟、(『廃墟遊戯』[メディアファクトリー、1998] 裏表紙より)
写真家の小林伸一郎が撮影した帝国産金興業・大仁高山(静岡県田方郡修善寺町)である。廃棄された灰色の工場や近代建築が廃墟化した写真からは、自然の力によって建築がさまざまな色を獲得したことがうかがえるだろう。

【図8-3・4】廃墟になった教会
アイルランドの朽ち果てた教会である。墓地の隣で寂しく緑に同化していく建築の姿は、植物が人工的な壁面さえも土地とみなし、利用していく恐るべき生命力を感じさせるだろう。

【図8-5】瀧光夫《神戸市須磨離宮植物公園・温室》1978年
多くの温室を手がけた建築家の作品。これは30年経った現在でも使用されているが、柱・梁をはじめ建築物を構成するあらゆる要素が植物に覆われ、廃墟然としている。もっとも、それは設計者の目論みでもあり、植物が這いやすいようにいたる所に金属製の格子が組まれていた。機能的に見ても、人間の為というよりは、植物のための建築と言った方がふさわしい。

8. 廃墟

他項では植物のコントロールを中心に紹介してきた。
しかし、人間の支配は永遠に及ぶわけではない。
建築が支配を解かれると、まもなく植物の侵食がはじまる。
コケが生え、ツタがからみ、錆が建築を蝕む。
そして建築は朽ち、自然と一体化する。
そのとき、建築は新たな生を受け、
植物という次の住人とともに再び輝きはじめる。

【図8-6】大西麻貴《廃墟×温室》2006年
「SMOKERS' STYLE COMPETITION 2006」のアイディア部門において優秀賞を受賞した「朝のたばこ」。工場廃屋の中に、すみれやたんぽぽの「花のじゅうたん」を分布させることで、喫煙者と禁煙者が共存できる大きくておおらかな空間を形成している。カフェとも空き地とも言えないどこか懐かしさを覚える空間を作りあげている。大西は、「廃墟×温室」というモチーフに対し、かわいいという感覚ももつ。

【図8-7】剥がれ花壇
道路の舗装材が剥がれてなくなったところが、いつのまにか小さな花壇となっている。植物の生命力の強さを感じさせることで、見る者に勇気を与え、何ともほっとさせる存在である。

【図9-1・2】ウォードの箱とテラリウム
19世紀の医師、ウォードよって発明された植物栽培・運搬用の容器。テラリウムとして、現在も植物の栽培と鑑賞に用いられる。プラントハンターが世界中から植物を蒐集していた大英帝国において、ウォードの箱は多いに活躍したが、それは商業的価値のある植物（ゴム等）の地理上の独占を招く直接の原因にもなった。

9. 種の保存

温室技術の発達が植物の空間的な移動を支えたならば、
ここに挙げたものは、それに加え、時間的な移動、
すなわち未来へ向けて種の保存の可能性を示唆する手段である。

【図9-3・4】バイオスフィア2
翻訳すると「第二の生物圏」。ガラス張りの巨大な閉鎖空間に熱帯雨林、海、湿地帯、サバンナ等の環境を再現。狭い生態系での生存可能性の検証、地球の環境問題について研究するために、実験として科学者のグループが中で生活し、2年交替で100年間継続される計画だった。しかし、その環境のあまりの過酷さゆえに、最初の2年間で実験は打ち切られた。

【図9-5】《新世界》
スイスのアーティスト、クリスチャン・フィリップ・ミューラーが2006年から翌年にかけて、メルクの修道院で実施したプロジェクト。植物の多様性を保存するノアの箱船というグループの協力を得て、珍しい野菜を選択し、忘れられた種を生育させた後、それを調理して食事会を行なった。

出典・撮影者一覧

図 1-1 ～ 6, 図 4-5, 図 7-2 ～ 4：Stefan Koppelkamm, *KÜNSTLICHE PARADIESE*, Wilhelm Ernst & Sohn, 1988.
図 1-7・8：松村昌家『水晶宮物語――ロンドン万国博覧会 1851』（リブロポート、1986）
図 1-9：Nick Guttridge 撮影　URL = http://www.wilkinsoneyre.com/main.htm
図 1-10：Atelier ten 作成　URL = http://www.wilkinsoneyre.com/main.htm
図 2-1：Roger Cook, *Tree of Life: Image for the Cosmos*, Thames & Hudson, 1988.
図 2-2：ジャネット・ボード『世界迷路と迷宮』（佑学社、1977）
図 2-3：URL = http://www.chateauvillandry.com/sommaire.php3?lang=en
図 2-4・8・9, 図 4-9, 図 5-1・2：針ケ谷鐘吉『西洋造園変遷史――エデンの園から自然公園まで』（誠文堂新光社、1977）
図 2-5：Roy Strong, *The Renaissance Garden in England*, Thames and Hudson Ltd, 1979.
図 2-6, 図 3-7, 図 4-1 ～ 3・6 ～ 8・13, 図 5-6・7・11・12, 図 6-3, 図 7-1・5・6, 図 8-2 ～ 4：五十嵐太郎撮影
図 2-7：『シザーハンズ』発売元：20 世紀 フォックス ホーム エンターテイメント、2006
図 2-10：『去年マリエンバートで』発売元：東北新社、2003
図 3-1・3, 図 8-5：伊藤周平撮影
図 3-2：建築思潮研究所『建築設計資料　植物園・温室・緑化関連施設』（建築資料研究社、1993）
図 3-4：URL = http://jp.muan.go.kr/
図 3-5：江野慎吾撮影
図 3-6：http://en.wikipedia.org/wiki/Image:NBGW_view_2.JPG
図 3-8：Michael Heizer, *Effigy Tumuli: The Reemergence of Ancient Mound Building*, Harry N Abrams, 1990.
図 4-10：URL = http://www.islamicity.com/culture/MOSQUES/asia/TMp129a.htm
図 4-12：阿野太一撮影
図 5-3：URL = http://edouardfrancois.com/
図 5-9：読売新聞社提供
図 5-4・5：Emilio Ambasz, *Emilio Ambasz: a technological Arcadia Fulvio Irace,Paolo Portoghesi*, Skira, 2005.
図 5-8：『建築文化』671 号（彰国社、2004）
図 5-10：藤木忠善退官記念「ふたつのすまい＋α」展カタログ（「ふたつのすまい＋α」展実行委員会、2001）
図 5-13：URL = http://commons.wikimedia.org/wiki/Image:Expo2000_nl.jpg
図 6-1：John Beardsley, *Earthworks and Beyond: Contemporary Art in the Landscape*, Abbeville Pr., 1989.
図 6-2：© 2005 SOTELA ET FAYOLLE FILMS – EUROPACORP - MAX FILMS - FRANCE 2 CINÉMA
図 6-4：URL = http://www.oedo-island.net/
図 8-1：小林伸一郎『廃墟遊戯』（メディアファクトリー、1998）
図 8-6：大西麻貴提供
図 8-7：LANDSCAPE EXPLORER『マゾヒスティック・ランドスケープ――獲得される場所をめざして』（学芸出版社、2006）
図 9-1：URL = http://commons.wikimedia.org/wiki/Image:Wardian_cases.jpg
図 9-2：（有）グラスアイ　インターナショナル提供
図 9-3・4：© アニリール・セルカン
図 9-5：Christoph Philipp Muller, *Die Neue Welt / The New World: Eine Art Locus Amoenus / a Sort of Locus Amoenus*, Walther Konig, 2008.

センシング・インヴィジブル

植物と建築、アートの新たな展開

四方幸子

一　機械から生命へ

「街路のケヤキのように、いや、ほんとうのケヤキ以上に、いさぎよく、力強く、高さを増すごとに細い枝が分かれ、広がる。こんな意匠のビルはなかった。」分子生物学者の福岡伸一は、TOD'S表参道ビル（伊東豊雄設計、二〇〇二―〇四）についてこのように述べている。[一]「本来、すぐれて工学的なものであるべき建築が、そうでない何か別のものとして存在していること、そこに「生物学的な美しさ」が感じられること――生物に見られるゆらぎの美が意匠として組み込まれていること――への驚きが、その言葉からは真摯に伝わってくる。

枝分かれした樹木のような構造がガラスの箱にはりめぐらされたかにみえるこの建築は、それが面したケヤキ並木の建築的延長、もしくは影や反射体であるかのごとくに透明感をたたえて佇んでいる。生物ならではの仕組みと取り組んでいる福岡にとって、生物学的意匠をもつ建築はとりわけ新鮮なものとして映ったはずである。無機物に由来し強固で持続的であることが大前提の建築に、本来の機能を保持しつつもはかない有機物に由来するパターンを侵入させること。機能と見えとのギャップが、見る側の感覚を揺さぶるのだ。

今世紀に入って、自然の生態を摸倣したかのようななだらかな曲線やゆらぎの意匠や形態をも

【図1・2】クリスタ・ソムラー&ロラン・ミニョノー《インタラクティヴ・プラント・グローイング》(1992/2007)、「サイレント・ダイアローグ――見えないコミュニケーション」展
撮影:新津保建秀
写真提供:NTT インターコミュニケーション・センター[ICC]

つ建築が、世界各地に数多く現われている。その発端となったのは、やはり伊東豊雄による「せんだいメディアテーク」(二〇〇一)といえるだろう。グリッドを基盤とした近代以降の建築の論理から軽やかに逸脱し、植物など自然界に見られる動性を含みもった不規則な形態を構造に導入、それが可視的なものとなっている。直線的な柱に代えて、異なる太さと形態の一三本のチューブが上下を貫く透明な箱は、それ自体がひとつの「透層」するオブジェであり、視覚的・身体的な浮遊感を覚えるかつてない空間を実現している。

重力からの解放、ゆらぎの設計、エフェメラルなものへの注目……。直線的かつ無機的な建築から逃れたこれらの建築は、造形や構造計算、新素材の開発、パーツのヴァリエーションなど、コンピュータを筆頭にした現代の最新技術の賜物である。現われた技術的イノヴェーションが建築家に新たな発想をもたらし、それがまた新たな技術を育んでいく。二一世紀に入り建築は、「工業機械」に代表される重厚壮大性から解放され、むしろ「生命体」や「情報」などに代表される動きそのものを表現する存在(不可視の機械)を表わすものへと変貌を遂げたのである。

ハードからソフト、直線から曲線、機械から生命、物質から情報へ……、そしてこれらの共存へ。現代を体現するこのような移行は、実験的なメディアアートの分野において九〇年代初頭に目立ちはじめた。その代表的な例が、クリスタ・ソムラー&ロラン・ミニョノーの《インタラクティヴ・プラント・グローイング》(一九九二―九三)である。この作品は、生きた植物がインターフェイスとなり、体験者が触ることで変化する生体電位をデータとして取り入れ、ヴァーチャルな植物が遺伝子アルゴリズムにより生成変化していく。植物を触るという直感的・直接的な行為により、センシング・デヴァイスを装着することなく体験者はスムーズに作品世界に入れるだけでなく、インタラクションによって植物との新たな関係を開いていくことができる。それまで寡黙な存在と見なされがちであった植物が、微細な生体電位を発し続ける生命体として情報的雄弁さを獲得しただけでなく、コンピュータのプロセスを介することでヴァーチャルな植物として延長されたことは特筆すべきである。植物が、不可視の生きた可能性を発動させた記念碑的作品といえよう。

二 生命とは

そもそも建築やアートと植物の間には、相容れることのないギャップが存在する。たえず生育し繁殖・衰退を繰り広げる生命体としての植物、スタティックでモニュメンタルなものとして、時代を超えて遺されうる建築やアート。建築やアートは、植物を表象的意匠として摸倣できても、根幹としての生きたプロセスを再現することはできない。

人間は、長くこれらの前提のもとに生きてきた。しかし二〇世紀の後半以降、アートにおける表現は「生もの」や「生きもの」、「変化するもの」の領域へと拡張し、建築においても「はかないもの」「生物的なもの」がヴィジョンや表層において現われはじめた。

ではそもそも「植物」とは、また「生命」とはどのようなものなのか。たとえば「オートポイエーシス（自己創出）」を提唱するマトゥラーナ&バレーラによれば、〈生きている存在〉［生物］は〈自分自身を作りだしてゆく〉こと、ともに〈みずからの境界を設定する〉という有機的分子の相互作用であるとされる。❖二 ここでは植物や動物という種や個体以前の、よりミクロなレヴェルとしての分子が反応のネットワークを形成し、自ら形成する空間の境界を画定しつづけることが生命体と見なされている。彼らによれば、「オートポイエーシス」とは境界(膜)とダイナミクス(メタボリズム)を持つとされるが、それはまた「入口も出口もない」という閉鎖性によって定義づけられている。出入力のない生命体という状態は、矛盾を抱えるように思われるが、西垣通はそこに「観察者」と「行為者」という視点を導入することで解決をもたらしている。つまり行為者(生命体自身の観点)からは外部と内部を区別できないものの、観察者(外部の視点)から見ると、区別が可能であるという。[❖三]

イリヤ・プリゴジンは、生命の主な特徴を(一)「不可逆的」、(二)遺伝子コード、(三)「対称性の破れ」、(四)「集合性(コヒーレンス)」の出現、(五)「安定性」とし、生命を非平衡のプロセスと定義づけている。[❖四] そこで現われる諸現象の中でもとりわけ重要なものとして「カオス」を挙げつつ、非平衡物理学が生物においても観察されることから、生命が物質の非平衡状態であるとしている。生命現象は非線形的であり、「決定論」や「確実性」に基づいた古典的科学の方程式ではとらえることができないというのだ。

西垣は、ジェスパー・ホフマイヤーの「生命記号論」を自ら展開した「情報記号論」において、オートポイエティック・システムの本質を産出(生成)プロセスの抽象的ネットワークであると述べ、空間内に出現する具体的な事物はいわば副産物にすぎないとしている。オートポイエティック・システムが情報による記号的なもの、つまり意味解釈をベースにした産出プロセスのネットワークとして見なされているが、それは必ずしも物質性をともなうものではない。それを敷衍するなら、生物に限らず情報のプロセスに生命の概念を拡張していくことも可能であるだろう。

生命とは、つねに記号《コード》をやり取りし、各細胞や個体が有用な意味へと変換することで自己複製・進化を遂げていくフレキシビリティを備えた、まさに「生きた」システムと考えられる。それは、周囲のさまざまな情報を自ら解釈し取り込む動的なプロセスなのである。

グレゴリー・ベイトソンは『精神の生態学』において、「精神を発現させるこの複雑性は、われわれの頭の中だけでなく、いたるところに生じる」と述べ、多数の有機体が相互に連動しあったセコイアの森や珊瑚礁を挙げながら、それらが「精神一般の構造を必要」とする、としている。[五] 個々の有機体が体内代謝からエネルギーを得、その上でさまざまなものが相互につながり関係し、自己修正性をもつシステムを形成すること。ベイトソンにとっての「精神」は、多様性をはらんだひとつの生態系としてあるが、それを情報プロセス的視点から広義の「生命」と解釈することもできるだろう。

三　植物とは

動物と植物はその活動を異にする。植物は、昆虫や動物などと異なり、大地に根をはる側面において静止的な存在である。存在はあらかじめ遺伝子によって決定されながら、環境に応じてその姿や植生は多様な展開へと開かれている。移動できないため植物は、種子の散布を昆虫や鳥、風などの媒介的存在に頼ることでさまざまな場所へと次世代を分散させていく。生存や「移動」が、周囲の事物との共生によって成立しているこのような状況を、「植物」の拡張形、もしくはダイナミックなネットワークとしての生態系と見なすこともできる。

植物においては、静かなかたちでの情報プロセスがたえず行なわれている。光、空気中の成分や地中の状況を感知し、養分を吸収し自らの中で循環させることで生体の維持・成長がなされるシステムは、生命の基本作用としてのホメオスタシスおよび成長機能と考えられる。人間をはじめ動物に備わっている脳や神経ネットワークやそれらを基盤とした知覚システム、および能動的な動きや移動という自律的な機能は備わっていない。しかし《インタラクティヴ・プラント・グローイング》に見られたように、植物は生体電位を持ち、個体間や別種、また周囲の環境にセンシティヴに反応することが判明している。静止的な生命体ととらえられてきた植物が、肉眼では見えないものの情報を受発信している事実、またそれによる新たなコミュニケーションの可能性は、生物学、アート、音楽をはじめ分野を超えて現在注目されつつある。❖六 また例外的ではあるものの、植物と動物との境界的変異体として、プリゴジンは、通常は微生物を食べるアメーバとして活動する「ジクチオステリウム・ディスコイデウム（タマホコリカビ）」を挙げている。飢餓状態になると集まり一つの変形体を形成して移動、食物が得られそうな場所に到達するとばらばらの胞子に分解するという。ここでは結束するための情報のやりとりや、各単体が全体として動き、生存可能な場所をセンシングしそこに移動するという、ダイナミックな情報の創発が作動している。

四　建築、アートと植物：これまでの展開

建築やアートと植物とは、現在いかに関係しうるのだろうか? そもそも植物と建築やアートとは、非対称な関係にある。つまり建築やアートが、植物の形態や生態などさまざまな側面から触発され引き出すものが想定され、その逆ではない。建築やアートは人間による形成物であり、植物は自然の領域に属し、人類誕生以前から地球上に存在していたことが決定的な要因である。人間はその歴史において、植物の表象にしなやかな強靭さや美を見いだし、建築やアートのモティーフとして摸倣し、また抽象化することでさまざまな創造を行なってきた。西洋美術において植物自体が中心的な対象として描かれはじめたのは、博物学的興味の高まった一七世紀オランダの静物画や風景画においてだろう。以後一九世紀末にかけては世界各地で新たな動植物が発見され、観察機器や保存システムの進歩も相まって、植物学や生物学が発達していく。そこでの自然は、生きた全体（アロイス・リーグルの「芸術意志」における触覚性／視覚性への重視と植物的モティーフの動

性の関連は、注視する必要があるだろう）としてではなく、対象化され個別に分類・分析される「静物」として主に扱われた。

一九世紀の生物学は、主に動植物の形態や生態を調べることで、種の進化を研究したが、その中で生物学が建築的構造やヴィジョンへと接近した例として、一九世紀後半に生物学者エルンスト・ヘッケルが描いた綿密な動植物のスケッチ「自然の芸術造形」が挙げられる。そこでは描写や構成において、各生物が自然のものでありながらも、一種建築的な構造や美を呈していることがうかがわれる。

アートにおいては、一九世紀後半ば以降、写真の登場が新たな展開を加速する。博物学的な記録は写真に席巻され、植物や風景描写は、再現的なものから印象派に代表される網膜的なものへと移行し、世紀末ジャポニスムの影響の下に隆盛したアール・ヌーヴォーでは、流れるような曲線とともに象徴的寓意を込めて描かれるものとなる。

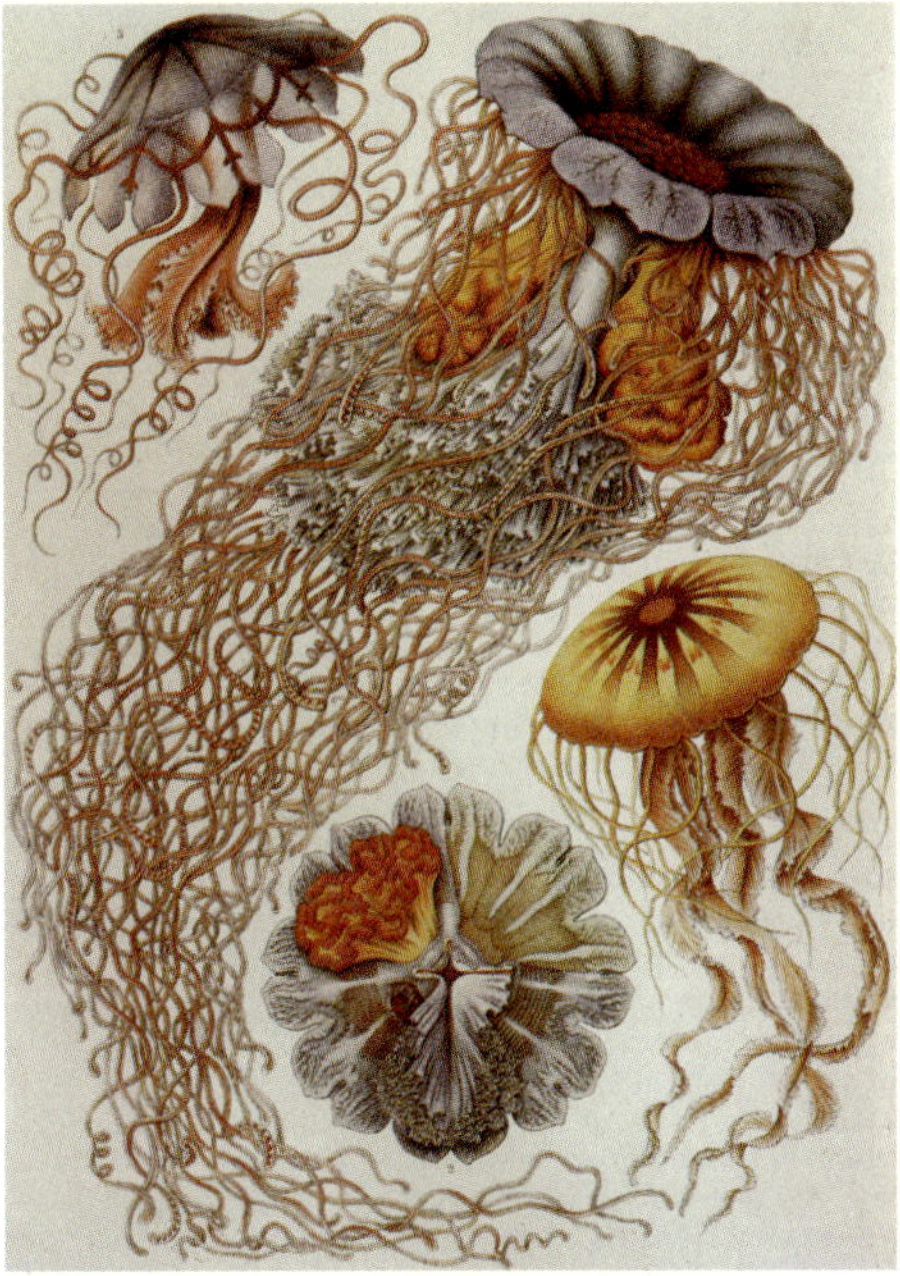

【図3】エルンスト・ヘッケル「自然の芸術造形」(1899)より
引用出典：*Museum*, Ernst-Haeckel-Haus der Universität Jena.

二〇世紀初頭以降、植物はますます抽象化・デフォルメされ、画家の心象や感覚を表現したり、見る側の知覚へ挑戦するものとして描かれていく。また同時代の写真においては、植物を即物的に接写することで、肉眼で捉えきれない精密な形態を建築的ともいえる美へと見事に昇華したカール・ブロスフェルトの存在を忘れることはできない。

アール・ヌーヴォー以降、近代建築が建築を席巻する中、植物をはじめ有機的なモティーフや形態は徹底して排除されてきた。そのような中、一九三〇年代以降、建築空間において有機的形態を一貫して追求し続けた建築家にフリードリッヒ・キースラーがいる。彼の構想した「エンドレス・ハウス」は、鳥の巣や卵、植物のような、自然に見られる曲線のみの形態を持ち、内部に入った人間が、対象の合理性や効率性から離れ、自らの身体が空間に包み込まれるかのような状態になることが意図されている。人間と環境を分離するのではなく、身体そして意識の深層までもが空間そして環境へと浸潤していくための装置が試みられたのである。

六〇年代においては、新陳代謝や増殖、可動性、浮遊性、情報のフローなど、生命体をメタファーとする実験的なヴィジョンが、メタボリズムやアーキグラム、ヨナ・フリードマンらに代表される多くの建築家やグループによって提示されている。マスメディアの浸透や大量消費の時代を迎え、シチュアシオニズムやシステム論など新たな知のまなざしが、従来の「建築」を乗り越える動きとして結実したのである。

そのような時代の中、アートにおいても従来のアートの枠組みを超えて、自然環境の中へと出

Magazine NOV 1950

Frederick J. Kiesler's

endless house

and its psychological lighting

The endless house is an architectural form based on a lighting system designed to do more than merely give physical information. Primordial man had to kindle a twig and carry it to the shadowy corner of his cave in order to make out what was in the darkness. By now technical achievements have given us the power to use light—both natural and artificial—to do more than serve our practical seeing needs. Light can push back the physical boundaries of our homes and surround us with stimulating color and exuberating brilliance; or it can set us apart in sharply defined work spaces in which to study, read, concentrate; or it can cradle us securely in remote havens of rest. Technically, all the functions that lighting can perform in a house boil down to general lighting

【図4】「Friedrich J. Kiesler's Endless House And Its Psychological Lighting」『Interiors November 1950』引用出典：*Friederich Kiesler: Endless House 1947-1961*, Hatje Cantz, 2003.

【図5】ペーター・フィッシュリ＆デヴィッド・ヴァイス《ガーデン》(1997)、ミュンスター彫刻プロジェクト 引用出典：Robert Fleck, Beate Sontgen, Arthur C. Danto, *Peter Fischli, David Weiss*, Phaidon, 2005.

【図6】ロバート・スミッソン《スパイラル・ジェッティ》(1970)
撮影:ジョフランコ・ゴルゴーニ

て行くプロジェクトが展開されはじめる。中でもロバート・スミッソンの《スパイラル・ジェッティ》(一九七〇)は、米国ユタ州のグレートソルトレイクに巨大な螺旋状の石による造形を差し込むことで、新たな生態系を創発させていくものだった。螺旋は、渦巻きや植物、DNAなど、自然界に見られるが、スロープのように外から内へ向かう中で次第に異なる位相をもつ構造をもっている。ぜんまいのようなこの形態が、赤い塩水や泥、そして刻々と変化する気象に応じて、情報の組織化と散逸をたえまなく交錯させていく、そしてそのプロセス(=時間制の創造)は現在も生起しつづけている。

二〇世紀末において、形態の描写や素材としての使用に加え、植物という存在に「生きたもの」として取り組む動きがアートに起こりはじめる。なかでもヨーゼフ・ボイスは、環境との共生を唱いながら木と玄武岩を一対ずつ設置していく《七〇〇〇本の樫の木》プロジェクト(一九八二—八七)を通して、アートが経済的流通を伴いながら自然環境へと拡張されることで、社会そのものを「彫刻」することを試みている。ここでは植物が本来もっている形態形成や成長因やプロセス自体(深層)を生かし、生態系を形成していくこと、そのことを考え行動に移すことがアートとして広く社会に向けて投企されたといえる。

ペーター・フィッシュリ&デヴィッド・ヴァイスは、写真や彫刻、映像、インスタレーションなどを通し、日常の事物や風景を独自の距離感とユーモアによって切り取り再構成するアーティストである。《ガーデン》(一九九七)において彼らは、屋外の草地に異なる花の種を植え、日々変化する植生——成長、他種との競合、気候など環境条件など——をさりげなくアートとして提示する(アートと気づかれない場合もある)。何の変哲もない、いたってのどかな風景にも、さまざまな情報の見えない布置があり、相互に壮絶な駆け引きを繰り広げる一種のコミュニケーション・プロセス（サヴァイヴァル・バトル、共存……）が繰り広げられている。自然のキャンバスに自然を描くという、コンセプチュアルな側面ももつこの作品は、アートと日常、そして自然と人工（人為）の間の盲点を見事に露わにしてみせる。

五　植物を介したアートからの問い

このように、さまざまなアプローチで、アートとして植物や生物を含む生態系に関わろうとするプロジェクトが展開されている。ファブリス・イベールは、草木や野菜をモチーフとしたドローイングやインスタレーションだけでなく、美術館内部に土を盛り込み野原を再現したり、屋外と行き来をする蜜蜂によって蜂蜜を蓄えるなど、内と外、アートと自然、作品制作と農業とを媒介する実践を行なっている。また、美術館の屋上や付近の空き地に野菜を植え、スタッフや近隣の人々の協力によって育んでいく活動も促している。イベールは、自らも自然の一部と見なしつつ、自然を育くむことを通して社会をじっくりと耕し（culture）続ける。それは地球環境を搾取してきた人間に対する危機感とともに、生態系に潜在する強靭さへの信頼と未来への楽観的なまなざしに支えられている。

《インタラクティヴ・プラント・グローイング》の約一〇年後、二〇〇一年に銅金裕司＋藤幡正樹によって発表された《オーキソイド》は、最も敏感な植物とされる蘭を車輪付きの可動型装置に乗せ、自らの生体電位によって動かす試みである。植物とロボットを一体化させることで、自らの変化による刺激が蘭へとフィードバック・ループを形成する。二〇〇七年の《植物歩行訓練》では、カゴの中の複数の蘭の生体電位によって、それらが乗っているプラットフォームが揺らされ、その傾きと連動してプロジェクション映像が揺れ動く。蘭は（目が見えるとするなら）その映像から、自らが歩いているような錯覚を覚えるのではという。揺られつづけた状態で、蘭が持つかもしれない移動や振動に対するDNAが刺激されることも期待されているという。植物がロボットとして歩いたり、歩くことで進化を遂げていくという発想は、SF的で遊び心に満ちているだけでない。植物と動物、自然と人工、自己と他者、生と死などの境界が、コンピュータをはじめとする科学技術の進化によってかつてなく曖昧になりつつある、今まさに起こりつつある状況に鋭く切り込み、そこに潜む問題および可能性を広く問う契機としているのだ。

現在、科学技術の発達はますますデジタル、ナノ、バイオテクノロジー分野へと収斂されつつある。デジタルテクノロジーは自己と他者の情報やアイデンティティを連結・共有させ、ナノやバイオテクノロジーは、人間を情報的複合体として分析・操作しはじめている。人間と自然の境界はかつてなく狭まりはじめ、同時に還元的な科学的アプローチと社会や生身の人間との齟齬がかつてなく高まっている。

【図7】「ファブリス・イベール たねを育てる展」
ワタリウム美術館、2008年4月～8月
神宮前3丁目交差点 空地の畑
写真提供：ワタリウム美術館
【図8】藤幡正樹＋銅金裕司《植物歩行訓練》(2007)
撮影：新津保建秀
写真提供:NTT インターコミュニケーション・センター [ICC]

【図9】BCL／福原志保＆ゲオルク・トレメル《Biopresence》（2003－）
【図10】BCL／福原志保＆ゲオルク・トレメル《Common Flowers》（2007－）

BCL／福原志保&ゲオルク・トレメルは、そのような状況を敏感に感知し、とりわけバイオテクノロジーが社会にもたらす問題をテーマにプロジェクトを展開してきた。最初のプロジェクト《Biopresence》（二〇〇三－）では、人間のDNAを木のDNA内に保存する「生きた記念碑」の生産可能性をサーヴィスとして表明することで、バイオテクノロジーをめぐる社会・技術・倫理的問題——人間と植物との境界、人間の死やアイデンティティ、そして記憶のあり方——を挑発的に問いかけている。現在展開されている《Common Flowers》（二〇〇七－）は、GM（遺伝子組み換え）技術によってサントリーが世界初の生産・販売を手がける青色カーネーションを起点として、実物のカーネーションやその細胞を、日常の道具を使って「ハッキング」および「ベンディング」し、培養する「キッチン・バイオテックDIY」を提案する。誰でも実践可能な行動の推進は、バイオテクノロジー（そして公共的存在としての生命体）を一部の研究所や企業から開放し、広く人々がその意味を考えていく機会を提供するものである。その方法は、九〇年代末以降の「オープンソース・ソフトウェア」やソフトやハードを超えた「DIY」文化に依拠するが、ここでは生命倫理の問題も含め、より慎重に検討すべきものであり、アーティストはそのことを重要なミッションとしているはずである。自然はそもそも、人間を超えて存在する潜在的かつ公共的なものである。BCL／福原&トレメルは、地球上のさまざまな自然——人間自身も含まれる——を生きた情報そして共有財（Commons）として、広く人々そして社会との関わりに開こうとする。そこでは各地で巻き起こる賛否両論さえもが、プロジェクトの一部として取り込まれていくだろう。

六 情報プロセスとしての〈建築〉

二〇〇〇年以降、伊東豊雄の数々の建築に構造家として関わっているセシル・バルモンドは、彼独自の世界観を「インフォーマル」という言葉に託して建築へと延長する。「インフォーマルは、内から成長していくものである」[七]、と彼は述べているが、そこでは建築さえも動的な情報プロセスにより組織化されていくものと見なされている。「外観」ではなく、内側から形態が生成しはじめること。生命や自然の流れに見られるものを、建築というスタティックなものの形成へと適用することは、たとえば一瞬を切り取る写真のようなものなのだろうか。静止していながらその形態に、そこに至る過去のプロセス、そしてそこから展開しうる未来のプロセスを内包しているような存在として。建築は、植物でも生命体でもない。しかしその限られた空間と形態に、ダイナミズムを潜在し、人々の新たな知覚や関係を呼び起こしうる。

山下秀之は、建築を自然の生態系と寄り添い、また自然の潜在性を引き出していくものと見なしている。ここ約一〇年、教鞭をとっている長岡造形大学の山下研究室の学生とともに、拠点を置く新潟の豊かな風土——土壌や水系、湿潤な気候、積雪など——に根ざした建築のヴィジョンを探求してきた。微生物や地熱の利用、水の浄化、農業の再生など、とりわけ植物と動物、微生物の連鎖を育み、それによって育まれていく環境や文化がめざされている。排除するのではなく生かそうとするまなざしで物事を見すえ、生物学的多様性を維持することで、人間と自然との再関係化、社会の再活性化を含めた広義の「生態系」の創造へと向かう。

自然は非線形である。自然は予測不可能である。山下は、そのような自然の空間的・時間的あ

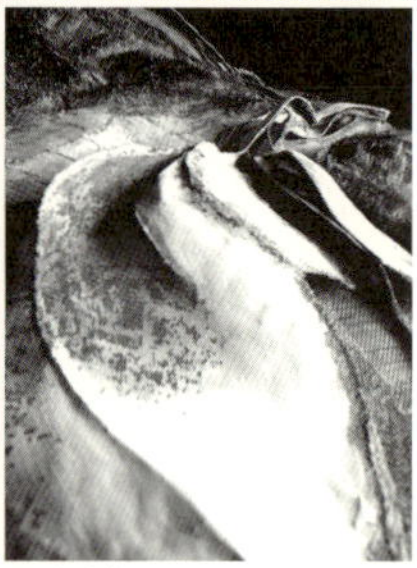

【図 11】平澤健至「廃棄物最終処分場における植物園」（卒業研究 2005、長岡造形大学山下研究室）
【図 12】菅原幸彦「モールディング・チューブル」（修士研究 2001-2003、長岡造形大学山下研究室）
【図 13】中野由梨子「雨あそび空間」（修士研究 2004、長岡造形大学山下研究室）
【図 14】山下秀之（長岡造形大学山下研究室）「（仮）千秋が原南公園」（新潟県長岡市、現在建設中）
長岡市の市民検討委員会が要望した公園プログラムは多岐にわたり、規模と予算には見合わないと思われた。提案した計画は、公園のランドスケープデザインではなく、その組織化の方法である。公園に点在する「えんえん（円園）」は、多様なプログラムを実現するために「変位や交換」を目的としている。ひとつひとつを小規模な「領域」に押し込めることで、取捨選択せずできるだけ多くの要望をかなえることができ、必要に応じて手直しを施しやすい。子育ての建築では、○△□の初等幾何を 3 つのエリア（子・親・運動）にあてがった。○△□の連続外壁は、公園と建築を寄り添わせる境界である。
【図 15】桑野洋紀「空間交配の研究：農業庭園とアカデミア」（修士研究 2006-2008、長岡造形大学山下研究室）
陰による空間交配の研究：農業庭園とアカデミア
桑野洋紀（長岡造形大学山下研究室修士論文）
開発や生産等の経済活動において、これまで「陰」という存在は、不利益な ものとして扱われ、排除の対象とされてきた。しかしながら本研究では、陰は自然環境の豊かさを維持するものであると捉え、陰という視点から、自然に対する「人の手の入れ方」を研究した。生物多様性を維持した上で、人工環境を織り込んでいくのであれば、以下 2 点が重要な指針となる。
1 人は、そこにある「陰の豊かさ」を受け継ぐ様に手を入れるべきである。
2 その際、陰を豊かに作り、環境の多様さをもたらしうる「折面造形」は、有効な手段の一つである。
模型写真は、「陰による空間交配」がなされる農業庭園とアカデミアが、折面造形により環境と複合する様を示すものである。

り方に注目し、人間の営みによる痕跡——緑路や雪路など季節による変化など——をも「建築」として再発見しようとする。それは人間を含む世界を、広義の「建築」——もしくは情報自然——としてあらためて見直すことであり、そこでは人間にとってよい建築と自然にとってよい建築とが相互に接近しはじめるはずである。

七　dNA: 建築を超えていく〈建築〉

最後に、刻々と変化する環境の反映として、脱中心的に生成変化していく実験的建築を展開しているdNA（doubleNegatives Architecture）について触れておきたい。建築家の市川創太を中心にスイス、ハンガリー、日本人のメンバーによって実現された《Corpora in Si (gh) te (CiS)》（二〇〇七）は、二〇〇八年度のヴェネチア建築ビエンナーレのハンガリー館代表として選出された。dNAの活動は、市川が一九九五年から行なってきたノーテーション・リサーチに由来する。市川は、俯瞰的・特権的に個人の視点や身体性を排除してしまうカルテジアン座標に代わり、自律した個からのボトムアップかつ全方位的な極座標を採用、研究の成果をインスタレーションやインターネット上のプロジェクトとして発表してきた。個人が自ら関わり形成されていく世界のあり方は、たとえばユクスキュルが述べた〈環世界〉——各生物なりに世界を把握し生きる世界が

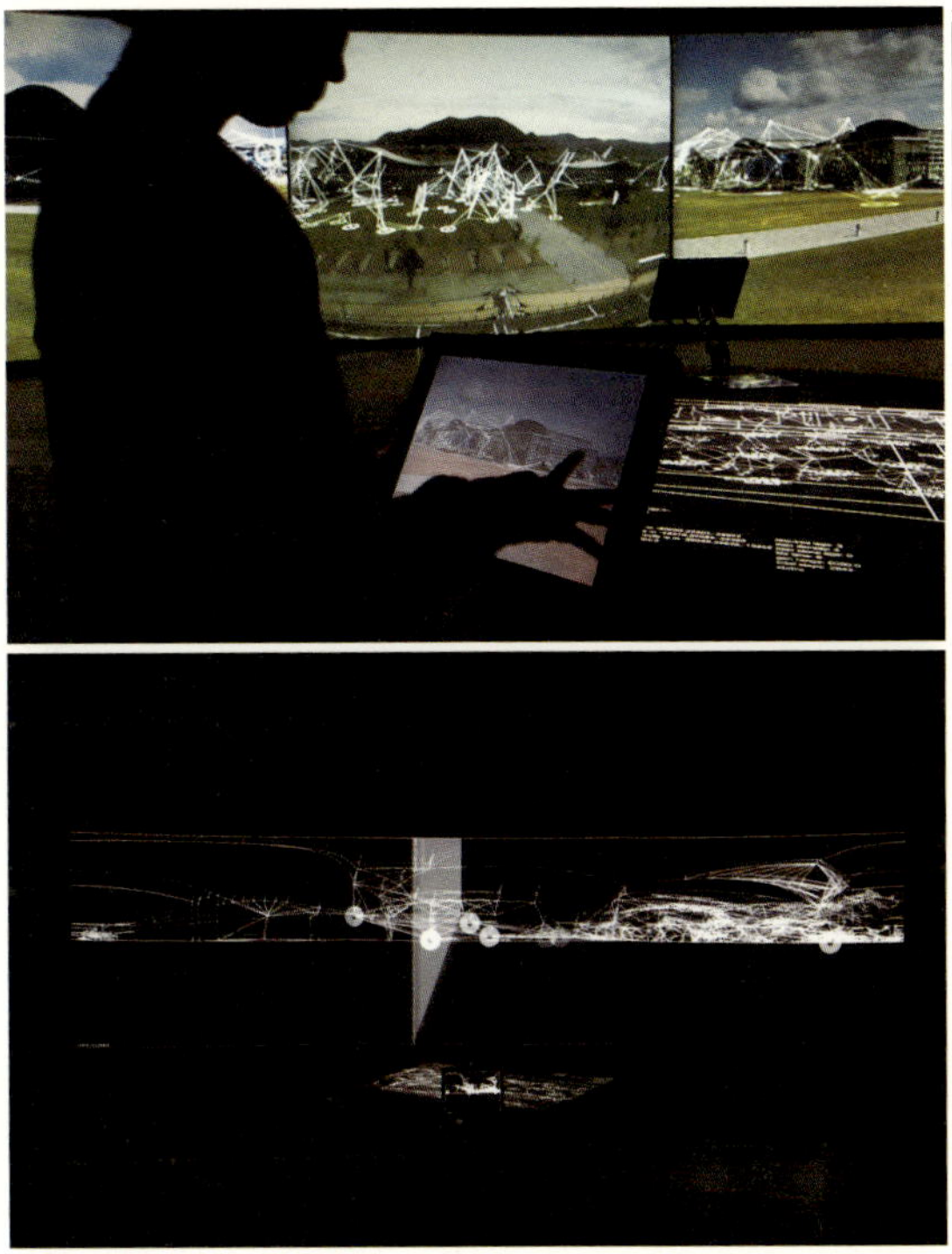

【図16·17】dNA（doubleNegatives Architecture）《Corpora in Si（gh）te（CiS）》（2007）写真提供：山口情報芸術センター（YCAM）

【図18・19】dNA(doubleNegatives Architecture)《Corpora in Si(gh)te (CiS)》(2007) 写真提供:山口情報芸術センター(YCAM)

並存し、そのネットワークの総体を世界とする——差異とネットワークを基盤とした世界観に先見的に見ることができる。ユクスキュルは、生態系をさまざまな生物が関係することで織りなされる情報ネットワークとみなしているが、インターネットという環境を得た現在、その解釈を情報エージェントへと拡張することも可能だろう。dNAにおいては、個からの視線を担うプログラム「super-eye」がそれであり、複数の情報エージェントがそれぞれ視点を持ちながらも、虫の群れのようにネットワークされ連携していく。人間主体ではなく情報エージェントによって把握され、生成変化しつづける世界である。

「建築は、時間と空間を再構成する知的総体であると同時に、それ自身を取り巻く環境のリフレクションでもある。この相補関係は建築行為である不断の空間計測によって保たれる[❖八]」(dNA)。

市川はdNAのめざすものを「空間計測としての〈建築〉」と呼んでいるが、ここでの「空間」とは物理的、精神的、そしてネットワーク上へと広がり、相互に接続されたものと解釈できる。計測および「表記」はsuper-eyeを介して自動的になされるが、そこで可視化される建築は、各人の身体、知覚、ふるまいを通じて変容し、空間把握もそれぞれに委ねられることになる。

《CiS》の原型として二〇〇四年に始動した《Corpora》プロジェクトは、自然環境のデータを数値化し取り込むことで、ワイヤーフレームのヴァーチャルな三次元〈建築〉が生命体のようにたえず成長・衰退を続けていくものである。ワイヤーフレームの構造結節点(ノード)が極座標的視点(super-eye)――それぞれが主観的視点をもつセル・オートマトンとの集合体――として互いの関係を調整し、生成変化する〈建築〉といえる。

二〇〇七年に山口情報芸術センター(YCAM)の委嘱により新たな前進を遂げたのが、《CiS》である。ここでは複数の小型センサーをもつ装置(約四〇個)をYCAM周辺に散在させ、異なる地点で計測される環境データ(気温や風速、風向、ノイズなど)を無線によるメッシュネットワークによりリアルタイムで取り込むことで、実際の建築に寄生するかのようにつねに変容するヴァーチャルな建築が実現された。

《CiS》の空間遍在性は、異なる地点のデータや複数の視点を採用するものとなっている。使用されているデータセンシング技術は、自然の非線形的データをヴァーチャルな〈建築〉へと収束させていくことで、自然と建築をシームレスにつなげている。その様相を、社会や言語、生命をこえて情報の通信と制御という切り口をとるウィーナーの「サイバネティックス」という概念で読み解くことも可能だろう。《CiS》においては、環境データが複数のセンサーに感知され、各結節点のsuper-eyeの決定がネットワークされることで、総体を形成していく。それぞれが自律・分散的でありながら、複雑にネットワークされることでひとつの生命体のようにも見えるこの総体を、ベイトソンの「精神」と共振するものとみなすこともできる。外部のデータを受け入れながら、自律的な個と個がネットワークすることで、ある程度のゆらぎを持ちながらも保持される全体が、ここでは〈建築〉として立ちあらわれている。

九〇年代以降のコンピュータ・ネットワークの発達は、ベイトソンの「精神」をインターネットへと拡張したといえるが、マヌエル・デ・ランダは当時、自己組織化現象に「機械門」という概念によって、有機生命と無機生命との違いを曖昧なものとしている。[九] 彼はインターネットに情報の自己組織化をいち早く読み取ったが、そこでは各自の自律的なコミュニケーションにより形成されるフィードバックが重要となる。それは生物においても同様である。複雑系科学者の合原一幸は、生命体において各神経細胞が相互に結合し、構造のネットワークを形成する「フィードバック結合によるダイナミクス」について述べている。[一〇] 並列・分散的情報処理システムとしての super-eye、その集積体としての《CiS》。単体では起こりえず、複数の要素がフィードバックを形成することで、はじめて現われる合原のいう「ダイナミックな結合」は《CiS》においても生成しているように思われる。

《CiS》は、自然や環境データをプログラムによって自律的な組織化へと導くことで、かつてない領域——自然と人工、物質と情報、形態と非形態などの対立を脱した地平——へと踏み込むものである。変容する建築群は、実環境とデータ空間とをつなぎ、その境界に遍在する〈何ものでもない〉——アモルファス、アモーダル、アトポス的な——現象そのものとなる。自然のうつろいに開き、アナログとデジタル、実空間とヴァーチャル空間との境界領域に存在する《CiS》。それは生命体のようなたえざる変容体としてある。

八 センシング・インヴィジブル

植物、建築、そしてアート。これらを検討するうちに、植物を超え、生命、そして遍在する自然や情報環境、空間に対する時間性、そして広義の「精神」へと向かうことになった。「植物」とはもはや物理的のみならず、生命として情報的――生体そしてDNAというコードにおいて――に存在するものであり、それはまた近接する事物とダイナミックかつ多層なネットワークを形成し、さまざまな様態へとゆらぎながら存在し続けるプロセスといえる。それはもはや客体として私たちの前にあるのではなく、すでに私たち自身も「植物」に巻き込まれており、植物も「私たち」としてあるではないのか。

実体と見えていたものは、実はさまざまな可能態の、ほんの一側面でしかない、私たちはそのことを念頭に、世界の多様性を受け入れていかなければならない。二一世紀という、植物、生命、精神という概念が新たな広がりを見せている現在、建築やアートは、見えないものを感知《センシング・インヴィジブル》しつつ、そこに垣間見える世界の兆し――亀裂?――から、新たなヴィジョンを模索し、終わりない問いを投げかけつづけている。めまぐるしく変転し、未だ確定できない世界……。早急に確定する必要はない。いや、することはできない。むしろ未知であることを楽しみ、その只中に身を委ねて戯れること、と同時にそのような状況自体を振り返ること――行為者と観察者の間を往還する運動――の持続の向こうに、世界は開示されていくだろう。

❖一――『朝日新聞』（二〇〇八年八月一三日）。

❖二――ウンベルト・マトゥラーナ＋フランシスコ・バレーラ『知恵の樹』（原書一九八四、朝日出版社、一九八七）。

❖三――西垣通『基礎情報論』（NTT出版、二〇〇四）。

❖四――日本総合研究所編『生命論パラダイムの時代』（ダイヤモンド社、一九九三）。

❖五――グレゴリー・ベイトソン『精神の生態学』（原書一九七二、思索社、一九九〇）。

❖六――たとえば「サイレント・ダイアローグ――見えないコミュニケーション」展（NTTインターコミュニケーション・センター［ICC］、二〇〇七）では、《インタラクティヴ・プラント・グローイング》の最新版を含む七作品が展示された。

❖七――セシル・バルモンド『a+u 建築と都市』（二〇〇六年一一月臨時増刊、エー・プラス・ユー）。

❖八――「オープン・ネイチャー」展カタログ（NTTインターコミュニケーション・センター［ICC］／NTT出版、二〇〇五）。

❖九――マヌエル・デ・ランダ『機械たちの戦争』（原書一九九一、株式会社アスキー、一九九七）。

❖一〇――合原一幸編著『脳はここまで解き明かされた』（ウエッジ、二〇〇四）。

藤森照信「高過庵」

樹木・建築・植物

藤森照信インタヴュー

藤森照信

聞き手 山本想太郎

超高層タンポポ仕上げ

二〇〇八年の「ヴェネチア・ビエンナーレの建築展」は日本館のコミッショナーを五十嵐太郎さんが担当、建築家の石上純也さんと植物学者の大場秀明さんが作品展示を行なうことになっています。前回二〇〇六年のコミッショナーは藤森先生が担当し「藤森建築と路上観察――誰も知らない日本の建築と都市」ではご自身の建築と「路上観察」の成果も展示されたわけですね。藤森建築と言えばまず、「タンポポハウス」や「ニラハウス」など植物との関係が深い作品があげられると思います。そこで本日は、藤森先生の建築も参照しながら、植物と建築の関係についてお話を伺いたいと思います。

――前回のビエンナーレに藤森さんが呼ばれた際には、建築業界だけでなく一般の方の目にも触れたと思うのですが、建築家としては異例なほど植物というものを意識させたと思います。その意図と、その結果どのような反応があったのかを教えてください。

藤森――日本では、建築界の人も普通の人も、僕が変なことをやるというのは知っていると思います（笑）。

ヴェネチアで面白かったのは、日本館の写真展示を見て観覧者がとった反応です。展示は大きい会場ではなかったけれど、植物編のコーナーがあったわけです。「ニラハウス」（一九九七）、「ツバキ城」（二〇〇〇）とパネルが続いていて、見ていた二人が「ニラハウス」「ツバキ城」と見たあと、ぎょっとしたのか、もう一度戻ってきて二人で大笑いしていました。要するに彼らは「ニラハウス」にニラが植わっている写真は見ていたのだけれど、それが住宅建築だと思わなかったようで「ツバキ城」を見たときに、はっきりわかって引き返してきて「ニラハウス」を見てげらげら笑ったわけです。その点では、意表をつけたと思います。僕自身そう思ってやったわけではないのですが「ファンタスティック」という評価もありました。

――藤森さんの狙いはどこにあったんでしょう。

藤森――それが、だいぶ忘れてきた(笑)。実は、植物と建築について聞かれたのは今回が初めてです。植物を植えたのは、自邸の「タンポポハウス」が最初なのですが、これは冗談みたいなところから始まっているんですね。僕はそれまで路上観察をずっとやっていましたから、ツタが植わっているビルなど皆で面白がっていたわけです。廃業した風呂屋の煙突に、どこからかツタが生えてきて、上まで伸びて、煙みたいに風に揺れていたりする。そういう植物と建築の関係は面白いなと思っていました。いつからかビルの緑化や屋上庭園も考えていました。いつだったか、路上観察をやりながら、超高層ビルをツタが覆うことを皆で話して盛り上がったことがあります。ツタは冬は枯れて汚くみえたりするので、タンポポならどうかなんて話していたんです。そうしたら、朝日新聞から原稿依頼があったので、「いま〈超高層タンポポ仕上げ〉を考えている。発注したい人がいたら電話ください」と書いた(笑)。当然、依頼はなかった(笑)。

ル・コルビュジエと屋上庭園

藤森――そうこうしているうちに、自邸を作る話になって、屋上庭園はル・コルビュジエ以来の流れがあるし、超高層タンポポ仕上げみたいなことをやってみようと思ったわけです。ただ、自然と建築の関係は学生時代から僕にとって実に大きなテーマでした。卒業設計のテーマもそうでしたし、自邸を設計するにあたって、屋上庭園が駄目だというのはわかっていた。

――ル・コルビュジエでも、あまり上手くいってないですからね。

藤森――ル・コルビュジエは途中でやめちゃった。でも、やめたのに、ちゃんと植物を植えたりしている。意固地な人で、一九二六年の「近代建築の五原則」で取り上げ、屋上庭園以外は全て成功していて、屋上庭園だけ失敗しているのに生涯、取り下げない。ピロティの次に屋上庭園を持ってきてずっと取り下げない(笑)。そういうことも頭に入れてはいたのですが、やってみるとやはりうまくいかない。まず、建築と植物が基本的に合わないという問題を克服できない。あんなに合わないものはないです。面白いのは、ル・コルビュジエは理論から屋上庭園にはいったということです。彼の文章をそのまま読むと、地上をピロティにして、トランスポーテーションに使おうと言っている。そうすると、地上に緑がなくなるからどうしようと。それで、きっと理論的に、庭は屋上にしようという考えだと思う(笑)。ですが実際にやってみたら実用的にも意味はないし、美学的にも全然駄目でやめたのだと思います。僕の場合は、植物への関心がものすごく強いものだから、建築と合わないのはわかっているけれど、合わないなら合わないなりに、建築との接点を探ろうという気持ちが強かった。最初の頃から、全面を覆ってしまうと変になるというのはわかっていました。

――それは、何か実例があってのことなのですか？

藤森――いや、それは想像でわかるんです。これは間違いなく変な人が作ったなって感じになってしまう。基本的に植物と建築は合わないので「タンポポハウス」の場合は線でやれば――微分していけば――合うだろうと考えました。油と水は混ざらないけれど、粒子にすれば混ざるのと同じです。でも、それは上手くいきませんでした。次に、「ニラハウス」で、点状に植えてみたのだけれど、これは極めて短い期間しかもたなかった。

――ニラですからね(笑)。

藤森――それで、「ツバキ城」など、いくつか試みたのですが、現在は線的にしろ面的にしろ基本的には合わないのだから植物はシンボリックに使おうと考えるようになりました。いま進行中の計画では、シンボリックな使い方を相当大規模にやっています。

建材はどこまで自然なのか?

——シンボリックな点で言うなら、床柱などもシンボリックな植物の使い方の一つだと思います。そのときに面白いなと思うのは、建築という状況の中で植物の生死はほとんど関係ないということですね。生きていても、死んでいてもわれわれは同じ植物として認識しています。つまり、建材は植物か?というそもそもの問題があると思います。藤森さんは先ほど、建築と自然の関係に興味があるとおっしゃっていましたが、建築と自然の話をするときと、建築と植物の話をするときでは、内容が異なってくる。すなわち意外と、植物=自然ではないと思います。植物がさらに加工されて、合板や粉になってしまうことを考えると、植物はどこまで自然物なのでしょう。

藤森——それは僕自身も気にしていることです。僕は、四面を製材しているものは植物ではないと思う。木質系建材になってしまう。木には、面皮部分の曲がりがありますよね。あの曲がりが重要だと思います。

——ものの本質は表面に宿っていると。それは藤森さんらしいですね。

藤森——高度には現象学的(エフェメラル)というのですが(笑)。僕は、目で見て直接わからないものは受付けられない。目で見て、木っぽく見えれば木だと思います。その点、杉が嫌なのは、製材すると入る筋が木目に見えないところです。僕は、肌が見えて、こぶがあったりしないと木目ではないなという感覚があります。建築の柱でいうと「江川邸」(一六〇〇頃)の柱は、本当の木だと言われていました。元々、生えていた木を大黒柱にして家を作ったという伝説があって、戦後の修理の際に皆が期待して掘ってみたら、掘立柱だった(笑)。ただ、現在の江川邸の柱は何代目かで、昔は生きた木だった可能性もあります。あの柱は、本当に切ったままの木に見える。また、掘立てという点が大事です。実際には掘立柱はむずかしいですが、掘立てを感じさせるということ。それが僕にとっての木の柱です。

――そう言われると確かに「高過庵」の土台になっている木も根元はコンクリートで固められていますけれど、藤森さんのカテゴライズでは、ちゃんと木だということですね。

藤森――あれは生きていないけれど一番木に近いと思います。

――生きているか死んでいるかの差はあまり重要ではないと?

藤森――僕は結構、重要に感じています。だから、あまりツリーハウスには興味が無い。おもしろいことなので幼い頃にはやったほうが良いと思うけれど、大人がわざわざやることでは(笑)。

――前に、養老孟司さんの本を読んだ時に、人間が生きているか死んでいるかという区別は、解剖をよくやっている人からするとあまり必要ではないということが書いてありました。脳死問題などもありますが、人間がいつ死んだかというのは、はっきりしないと。死んだら、その瞬間に消えるわけではないし、細胞の変化も続いていてすぐに腐るわけでもない。そういう意味では、ヒトは何をもって死んだとするかの境界はすごく曖昧です。植物もそうですよね。見た目にも残っていますし細胞も残っているわけですから。

藤森――DNAは一〇〇パーセント残っている(笑)。僕は見かけ主義者ですから。見かけで判断しちゃいかんといったのは、モダニズムだよね。

――モダンの初期、原理主義的な頃ですね。現在もモダニズム時代ではあると思いますが。見かけと中身がどんどん乖離している。

藤森――そう。見かけのために相当四苦八苦している。ル・コルビュジエ達の時代とは大違いです。

あの世の建築

――ここで、少し話がそれるかもしれませんが、建築と植物の関係を語る時には必ず庭(庭園)が出てきます。あれは自然でしょうか。

藤森――庭は、あの世ですよ。

――あの世ですか! 自然とかそういうこ

とではなくてこの世ではないと(笑)。

藤森――この世じゃない(笑)。日本の庭園の基本となる浄土庭園(宇治平等院の池泉が代表)は名のとおりあの世を写したものです。洲浜があって松が生えていて鶴が飛んでくれれば最高。あの世の光景です。日本の伝統的な言葉で、江戸時代の誰かの言葉だったと思いますが、「庭は末期の眼で見るべし」という言い方があります。要するに、死ぬ前に見るとわかるというのですが、なるほどなと思った。自分が溶ける瞬間ですよね。自意識が溶ける時に庭が、かあーっと見えてくるだろうという気がしています。

――僕は民家の改修に関わったことがあるのですが、その時に地元の方は土間のことを「にわ」と呼んでいました。それはなぜかなと思って聞いてみると、やはり神様の場所のようなところだと言うのです。つまり、土間は彼らにとっては農作業をする場所で、農作業をするということは穀物など収穫物を通じて神様と繋がっているという意識があるから「にわ」と呼んでいるようです。

藤森――元々は神社の前の場所を「にわ」と言ったんです。神様の前でいろいろする場所ですね。伊勢神宮だと石を敷いています。それが寝殿造になると建物の前面に移ってきますが、土間を「にわ」と呼んで、そこが神様と繋がっているというのは正しい理解だと思います。最終的には建築を庭にしてしまいたいのかなと思うこともあります。

――僕の出身でもある坂倉建築研究所の西澤文隆さんは長い間、庭の研究をやっていらっしゃいました。

藤森――研究というより実測(笑)。

――西澤さんの話だと、庭の起源は、人が住む場所を選ぶ、そこがいいと選択して住むという行為自体がそうなのだということです。つまり、自然をある程度、自分の都合のいいように操作するような行為が庭の起源なのだということを聞きました。そのような意味では建築＝庭という発想はあるのだなと思いました。建築が存在した瞬間に庭と呼ばれたというふうに。

藤森――僕自身は、むしろ天国に通ずるものとしての庭という意識が強い。理想の建築を考えるとそうです。最近その感じが出たのは「焼杉ハウス」(二〇〇七)で、これは結構うまくいったのですが、それを見ていたとき、時間が止まったような気がした。僕はぼーっと眺めるのが好きなのだけど、施主が何回か「時々この世にいるんじゃないような気になる」って言ったのを聞いて、時間の止まってしまったような、こういうものを自分は求めているのかなという気がしました。そう考えると重要なのはやはり植物。蓮の花が咲いている畔みたいな感じで、モダニズムとはずれてしまう。

――建築と自然というよりは、建築とあの世なのですね(笑)。そう考えるとわかりやすいのかもしれないと思いました。結局は自然物を好きかどうかということだと思うのですが。

藤森――自然物というのは、一般的には皆本当は嫌いでしょう。

――ですよね。前に隈研吾さんからもお話を伺いました。隈さんは、木や竹のルーバーをよく使われるので、あの手法は施主うけが良いのかなと思っていたのですが、結構、施主さんからの抵抗があるようです。最初に表参道の「ONE表参道」(二〇〇三)を設計されたときも、最後まで木を使うことに施主から抵抗があったと。そして、建ててしばらくすると木ですから枯れ色になっていくわけですけど、汚くなったと言われたと(笑)。自然物は嫌われているんですね。

藤森――自然物も嫌われていますけど、現実的には樹木も相当嫌われていますよ。切る人も多い。

――そのあたりに、ル・コルビュジエの屋上庭園からの何かぎくしゃくしているものを感じているわけです。ル・コルビュジエの五原則も、『輝く都市』(一九三五)の空地を作って高層建築を建てるという発想も、ある意味では自然はいいものだという前提の上に行なわれていると思います。高層ビルを建てる理由は、空地ができて緑化できるからだというように。何かしらの理由で、緑は作らなければいけないものという発想がある。

藤森——僕自身は、緑がすごく好きなのだけど、好きなのと大事にすることは別だと思う。赤瀬川原平さんの「ニラハウス」を設計した時、土地に木がいっぱい生えていたので僕はそれを端から切った。そうしたら、赤瀬川さんがびっくりして「君はそういう人だったのか！　もう少し木を大事にする人だと思った」って。僕こそびっくりしましたよ(笑)。「こんな二〇年程度の木をどうして大事にするの。たまたま生えたものはまた植えればいいんだし、切ればいいいんだ」って言ったらぎょっとしていました。

よく道路際の木を守れとかいうけれど必要ならば切ればいいんです。崇めるようなものでもない。大事じゃない木は使えばいいし、大事な木は残せばいい。その辺の感覚が難しい。狩人は、動物を全部殺さないとか、雌は獲らないとかいうけれど、それでも彼らは平気で獲るし腹を割いて食ったりする。その感覚。木を切る時の快感も凄いです。そんな時代じゃないというのもわかるけれども、僕の緑に対する感覚は、狩人の獲物に対する感覚だと思います。切った木を製材する時に、最初にノコギリの入った面は初めて空気に触れるわけです。それはやはり感動的です。かぐや姫みたいな(笑)。神の宿る木もあれば獲物としての木もある。僕が木を大事だと思うのはそういう感覚です。

宗教と建築、生命現象と科学技術

——木や植物に対するそうした思いは、日本や東洋と西欧とでは違うものなのでしょうか？

藤森——キリスト教とそれ以前との差でしょうね。ケルト人達の宗教(ドルイド教)はほとんど日本の自然信仰と変わらないです。日本では、松に一番大切な自然の精霊を認めています。しかし、向こうの人はオークに認めています。

キリスト教は自然信仰を認めなかった。現代まで生き残っている大宗教は、儒教もキリスト教もユダヤ教も仏教もみな自然信仰を否定してますね。自然ではなくて仏典やコーランや聖書や論語のように言葉に頼っていた。

——非常に都市的ですね。

藤森——そう。だからキリスト教以前のヨーロッパは、基本的には日本と同じだと思います。ただ、キリスト教は木の建築の無いところで育ったものですから、木というのは思考の対象にならなかったし、建築家たちが木にインスパイアされることもなかったのではないかな。ギリシャ建築を作った人達は元々木の柱を立てたと言われていますよね。

——そうだとしたら、近代の時代にル・コルビュジエをはじめとする建築家がなぜ、あんなに植物モチーフを使ったのかということが気になりますね。オーギュスト・ペレが、コンクリートを使うぞといいながら、バラの花のようなモチーフを使ったり、フランクリン通りのアパートでは、わざわざ型押しのような花柄を作っているでしょう。

藤森——一番激しいのはアール・ヌーヴォーですが、ペレもそこから続いています。アール・ヌーヴォーに植物が用いられることが、僕は重要だと思っています。ウィーンのセセッション館（ヨゼフ・マリア・オルブリッヒ、一八九七）正面の装飾を見ると、一番上に金色のオリーブがあって下に女性が三人います。彼女たちの髪そのものがヘビであれば、メデューサですが、彼女たちの髪とは別にヘビが顔を出している。そして女性たちは明らかに官能の顔をしています。横にはトカゲがいて、下には亀が地球を支えている。地球の水鉢のようなものが左右にあるのですが、そこには、青海波が描いてあって海の模様もある。要するに、図像的に言えば生命の印なのです。世界中そうですが、キリスト教でもヘビやトカゲのような、ぬるぬるしていて土の中から出てくるようなものは生命現象の象徴です。日本でも、中国でも、ギリシャでもそうです。エルギン・マーブルというイギリスが一九世紀にパルテノン神殿から削り取って持ち帰った装飾には二本の足がヘビになった神が含まれていますし、パルテノンの中にはヘビが飾られていたと言われています。今それは頭だけ取れて、イスタンブールの公園の中にあります。それに、アテネの女神の前には大きな溝が掘られていてそこにもヘビが飼われていたようで、ヘビというのはギリシャにおいても生命の象徴としてあった。僕はモダニズムのスタートがアール・ヌーヴォーであったというのは、生命への感覚が生まれたことを示していると思う。モダニズムは過去の文化的な根拠を意識的に切り捨てたわけですが、それでも生命の意識は切り捨てられないし、絶対に残る。その建築的モチーフとして、ヘビなどの爬虫類をアール・ヌーヴォーの実践者が用いたのはパリやイギリスではないんです。僕が見た限りでは、ウィーン、チェコ、スペインなどの周辺部ですね。

――場所も関係するわけですね。

藤森――大げさに言えば、ケルトのドルイド教の土俗的な伝統があったところではないかと思います。例えば、ガウディのサグラダ・ファミリアですが、正面の柱を見たことある人はほとんどいないと思います。真正面に柱が一本立っていて、根元にはガウディの時代に作られたとおぼしき太い金網がある。つまり、最初に作った場所です。既に崩れ始めていて、そこを見るとヘビがいる。僕は写真も撮りました。二川幸夫さんもちゃんと撮っていて、間違いなくヘビ。「あそこ、ヘビがいるの誰も知らない」って、二川さんもびっくりしていた。入江正之さんに聞いても「本当か?」(笑)。ヘビはリンゴをくわえているから、アダムとイブのヘビでしょう。左右の柱には亀がいます。これは大きいから言われたらわかる。上の方を見るとトカゲがいるわ、ワニがいるわ、大蛇なんかいくつもいましたよ。要するにあれは爬虫類屋敷なんです(笑)。ガウディは敬虔なクリスチャンですが、あの時点で生命の問題に気付いていたのではないか。生命の問題に気付いたところからモダニズムは始まって、数学に終わるのですが、生命現象や数学は自然界の本質ですよね。抽象的本質は数学ですし、抽象的でない本質は生命現象ですから。そのような点から見るとモダニズムの本質というのはもう少し面白いのではないかと思います。

——生命という問題は、近代の持っている弱点を補完する意味合いがあるのでしょうか。近代の衝撃と言いますか、あの時代の人達は圧倒的な科学の力にさらされました。言ってみれば、その時に人間の無力感なども感じたと思うのです。

藤森——今から見るとそのように考えられるけれど、僕は違うように思っています。圧倒的な科学技術にさらされて、科学技術に敏感な人がヘビやら何やらを作ったと考えているんです。科学技術が何を崩したかというと、それは文化です。文化なんて幻想じゃないかと。でも、生命の現象は科学技術に崩されるような現象ではない。科学技術は文化を無視しますが、生命現象は分析の対象であっても別問題。彼らは、科学技術の時代においても、なおかつ崩れない原理を求めていたのではないかと思います。科学技術は世界共通なのだから、宗教でも個別の文化でも駄目です。それまで建築は宗教や文化で造られると思っていたのだから、決定的な危機であったはずです。造形をやっていた敏感な人達が本能的に、科学技術の時代だからこそ科学技術とは異なる原理を求めたのではないかと思うんです。

植物とシンボリズム

——ここで、ヘビなどと植物の違いを話してみたいのですが、植物のもう一つの側面として場所に固有であるということが挙げられます。地面から生えているということです。モダンの衝撃がくる少し前に大航海時代があって、ヨーロッパの人々は植物園を作って世界中の植物を集めました。そのような活動の中で植物は、エキゾチックな文化、自分たちの知らない考え方や世界の象徴でした。近代の初めの頃に植物のモチーフを使ったということは、まさに自分たちの文化がなくなったことを補償するというか、これから文化がなくなってしまうのかという精神性をあがなう意味で植物に頼ったということがあるかと思います。例えば、オーウェン・ジョーンズ(Owen Jones)の『装飾の文法』(一八五三)など、装飾もほとんど植物モチーフからきていると思いますし、そこからものすごい影響を受けたと思われるルイス・サリヴァン(Louis Sullivan)らも、何かしら植物にすがる気持ちを持っていたのではないかと思います。異文化的なものがあったのではないでしょうか。

藤森——でも植物って、世界中そんなに変わらないよ(笑)

——それは今の感覚のような気がするのです。ヨーロッパでも人間がそこまで、移動できない時代に異国の植物を見たら衝撃だったと思います。

藤森——バナナとかヤシとかね。

——それ以降は、人間はいくらでも植物を動かしてしまいますから。いま、東京タワーに上って見える緑は皆、どこかから持ってきた緑でしょうし、さきほどのカテゴリーのように自然物か、人工物かと言えば、人工物ですよね。

藤森——人間が身の回りにおいている植物、庭も完全にそうですよね。

——藤森さんの作品に話を戻すと、伊豆大島に「ツバキ城」がありますが、伊豆大島はツバキでできているような島ですよね。その意味では、すごく場所性がある植物だったと思います。それまでのタンポポやニラの時は、そのような意識とは繋がっていなかったように思えるのですが。

藤森——てっぺんに植えるということですよね。てっぺんに植えると絶対的にシンボルになるのですが、シンボルと言うからには、その場所と関係しないとシンボルにはなれない(笑)。なので、大島はツバキでした。先ほどいいましたが、日本全体では松がシンボルでヨーロッパではオーク。要するに冬でも緑色をしている常緑樹への畏敬の念があるわけです。

松があると、根元には亀がよってきて、上には鶴が飛んでくる。そして、じいさん、ばあさんがいるという世界(笑)。

――滅びないということですね。

樹木信仰、太陽信仰

藤森――常磐の松です。松の緑に皆が敏感であったのは、おそらく新石器時代じゃないかな。弥生時代のように農耕をやって植物を飼いならす段階ではなくて、その前の、植物をコントロールできない時代の感覚ですね。農耕をやると常緑に特別な意味がなくなります。種をまけばまた出てくるということをわかっているのだから。縄文時代は、すでに簡単な農耕をやっていたと言われていますから、植物に神聖さを感じるのはそれ以前の人達、旧石器時代ぐらいの人達だったのでしょう。今でも、日本には榊などの風習が残っていますよね。これは日本ならば理解できるんです。どんなモダニストだって地鎮祭では榊をやる。あれなんて原始時代の風習、原始信仰ですよ(笑)。根拠としては相当古い。ヨーロッパでもキリスト教がなければ、多くの場所で行なわれていたはずです。

――農耕で自然に対する考えが変わるということは、建築にも影響を及ぼしているということだと思いますが、具体的にはどのようにしてその差異は出てくるのでしょうか。

藤森――木は生きている樹と、枝を落として丸太になった木の二つの状態をもっていて、その差がでてくるのではないかと思います。要するに生きている緑樹は、神様の乗り物で、丸太の柱は人間、王様の乗り物だったと僕は思っています。具体的には、王様が死んだりした時に天に届けなくてはいけない。ヨーロッパのスタンディング・ストーンがそうで、最近の研究では木の柱も立っていたことがわかってきた。発掘したら、意味不明な穴が出てきて、それがちゃんと円形に並んでいたりする(笑)。だから、もしかしたら木の方が先かもしれない。木の丸太の柱を立てて、王の霊を天空に打ち上げた。

――木も巨木なのですか。

藤森――僕がアイルランドで見たのは、電信柱程度のもので、諏訪大社の御柱みたいなものではなかったですね。そもそも発掘がそこまで進んでいないのですが、人工的な、切ってきた柱というのは、死んだ人の魂を天に届けるためのもので、生きている木は神様が降りてくるものですから全く意味が違う。人間の魂を天に届ける柱は、新石器時代のもので、納骨とともに始まって、神様が降りてくる木は旧石器時代の末期のものだと考えています。旧石器時代の末期には、現在の人類と同じ人間がいてラスコーの洞窟壁画などを作りました。あの時代に、世界中の人類が木への信仰、目立つ樹の緑には神様が降りてくるという認識を持っていたのだと思います。

――それは太陽などと関係しているのでしょうか。

藤森――太陽信仰は新石器時代になってからのものです。太陽というのは何だかよくわからないものですよ。もし、われわれが現代の物理学を知らなかったら、まず物質かどうかがわからない。だいたい、直視ができない。直視ができない存在は、地球上には太陽しかない。旧石器時代の人にとっては、わけのわからないものであったに違いなくて、認識の対象にならなかったのではないかと思っています。太陽を認識できるようになったのは、新石器時代に農耕が始まってからで、農耕が始まると、太陽の運行と作物の成長が一致していることがわかるようになった。太陽に何かあると、作物がだめになる。あの段階で彼らは、地上の生命現象はどうやらあの変なものと重なっていることに気付いた。僕は、人間が本気で抽象的な思考をしたのは太陽についてだと思うんです。あのわけのわからない、説明できないものが生命に決定的な影響を与えていることについて考えた。その結果が神様です。Ｇｏｄという観念は、あいつは何なんだと太陽について考え続けた結果で、新石器時代になって、それまでえらいと思っていた樹の緑に代表される生命現象は全て太陽が原因だと気付いたんじゃないかと思います。なので、僕は植物に代表される生命現象からシンボリックな樹の信仰が生まれ、その上に太陽の信仰が重なって、やがてピラミッドにつながっていったのだと思っています。

――木が信仰の対象から人が乗るものになり、それが柱となって建築ができるわけですよね。建築というのは、その時には信仰の対象ではなくなっていたのでしょうか。例えば、出雲大社などは巨大な柱の上にのった建築物ですが。

藤森――僕は出雲大社の信仰は新石器時代からのもので、農耕とともにあった太陽信仰の施設だと考えています。出雲大社は伝説では高さが四八メートルあって、周りには杉の木が生えていた。出雲大社で発掘される柱は杉ですが、杉は樹高が約三〇メートルです。そうすると四八メートルの社殿は杉林の上に出るわけです。ここの神主は毎日本殿にご飯を持って行くのですが、そこから出雲平野を見渡すと、杉の樹冠の海の上に太陽が出て、夕方は本当の海に沈むわけですね。虹なんか出てごらんなさいよ、これは、どう見ても神様の世界ですよ(笑)。だから彼らは、いつも別世界を感じていたと思います。僕は高過ぎ建築を作ろうとして、結果はできなかったのだけど、樹海の上まで頭を出したのを作ってみたかった(笑)。

自然物という中間的な存在

――ツリーハウスも、自然物の上に自然物を加工して作った何だかよくわからないものですが、何だかわからないものを作って、そこに住むという行為は、やはり自然物が敵だから、身を守るために家をつくるということだと思います。そしてそこでは、自然物が自分にとって何なのかということがわかりにくい状況が生まれます。自然のおかげで木がとれて、家が建つというように。現代の建物で、石膏ボードを張って塗装などすると、これは自然物とは異なる存在だということがわかりやすいのですが、木の柱や土に藁スサが入っているような塗壁には、中間的な存在感を感じます。

藤森──自然物に、自然界との中間的なものを感じるのは日本人だけかと思っていたら、ヨーロッパの人も感じるみたいです。ただ一つだけ違うのは木への親近感がないことです。それは、彼らが日常的に木を使わないためです。現在、日常的に木の使用を許されているのは北米、北欧、日本だけですよ。それ以外の場所では犯罪です。メキシコで学生相手に講演をしたら最初の質問が、「日本では木を切っていいのですか」だった(笑)。説明をしても、リアリティが全くないようで、文明国で木を平気で切っているということが信じられないみたい。なぜかというといま、北米、北欧、日本以外の場所では、木は板でしか供給されていない。柱や梁は、木以外の材料で作れるけれど、テーブルや窓周り、手摺など、絶対に木が必要な箇所が出てくるものだから、彼らが木に接するのは、製材された木のなれのはてのような姿なわけです。その点通じにくいところがありました。アジアでも韓国、中国、東南アジアでは木は構造材では使いません。社寺の修理の際に用いるか、板にするかです。ル・コルビュジエは、二〇世紀建築理論はグロピウスに任せて、石とは何か、木とは、太陽とは何かとかいうことを理論的に感じ、かつ考えるべき人だったと思う。彼の絵を見ても、そのような絵ばかり描いている。

──あの絵と理論の差は、建築と理論の差以上にすごい(笑)。

藤森──ル・コルビュジエは、感覚では絵に描いたような人体や太陽や大地や樹木や石のほうが好きだったと思うのだけど、理屈のほうはなぜか科学技術的方向について……(笑)。グロピウス一派に対して、ライトと、ミースも引っ張り込んで「科学技術だけではどうも面白くない!」とやる手もあったのに(笑)。

──ミースも石の使い方などを見ると独特ですね。かなり自然物へ執着している。

藤森──石への偏愛がすごい。

建築材とモダニズム

——以前、伊東豊雄さんがミースのガラスは石だとおっしゃっていました。実際に見てみると確かにそうで、ガラスなのに、なぜこんなにマテリアル感を感じるのだろうと。

藤森——透明じゃない。

——そうですよね。ミースの建築を実際に訪ねてみると、ガラスには常に何か写っているのです。ガラスに比較的近い所にすごい柄の石があったりして写りこんでいる。ガラスなのに、常に存在感を感じてしまいます。

藤森——本当に純粋なガラスっぽい使い方をするのはグロピウスですよね。二〇世紀の建築家たちも理論では、一般的な二〇世紀建築理論からずれたことは言わないのだけれど、感覚的には相当ずれていました。少なくとも、一九三〇年代以降はそうだったと思います。例えば、ライトが有機的ということを言いましたが、あの考えをもっと周囲が本気で追求したら、だいぶ異なった理論的展開があったと思います。でもライト一人だった。

——ライトは作品数も桁外れだし、皆が知っているのに影響力はないですね。

藤森——ない。ゼロですよ。ライトの弟子たちも、ライト風をやるか、ライトをやめるかどちらかでした。

——ライトに関して、前にハウスメーカーのマーケティングの面白い話を聞いたことがあります。古今東西の有名な建築家の作品を並べて、どの建築が好きか、一般の方にアンケートをとったところ、有名な建築家の作品はほぼ全滅だったらしいのです。ミースもグロピウスもまるでだめだった。でも、ライトだけはすごい上位にいたそうです。

藤森——あの、装飾みたいな具体的なかたちがついているのがいいのかな。

——ライトも植物モチーフを使っていましたが、いまドバイで建っている超高層ビルもヤシの木みたいな植物っぽいものになってきました（笑）。

藤森——モダニズム批判が出始めてから、いろんなかたちが出て来て、いまでも出続けているけれど、僕はそういうものを簡単に識別しています。使われている材料が、モダニズムの好んだ鉄とガラスと工業製品であれば、僕にとっては全てモダニズム。どんなかたちであろうと、使われている材料で分けている。

——建築の歴史の中で、モダニズムの何にインパクトがあったかと考えると、材料の変化ですよね。モダニズム以前は、石やレンガを積むか、木を組むかくらいしか主構造になる材料がなかったのが、鉄骨ができて、ガラスができて、コンクリートができてということになってしまいました。

藤森——かたちで分けると面倒くさいから僕は建築を肌で分けることにした。肌が自然なものは自然。自然でないものはかたちを問わずモダニズム(笑)。

——それは日本人歴史家ならではの考えですね。西洋の人たちは、先ほどのお話のように自然素材を使えないということになってしまっているようですし。触覚は簡単に鈍りますから、日本人が靴を脱いで足の裏で感じたりするのに比べて、西洋の方は触覚で何かを判別する能力が落ちてしまっているのかもしれない。

藤森——確かに。でもそういうと、ズントーをどう評価するかと聞かれてしまうのだけれど、改めて彼の作品集を見てみたら、僕には興味が持てなかった。バウハウスのかたちに木や石をはっただけ。かたちとしては完全なモダニズムで、初期のモダニズムに近い。それに自然の素材をはっている。ズントーを私と一緒にするなという気がしています。

——一度、ズントーの講演会を聞いたことがあります。教会を作っているという話で、コンクリートを少しずつ打って固めると、継ぎ目のところに模様が出ておもしろいのだと仰っていて、それはコールドジョイントではないかと。建築工法のセオリーを無視している(笑)。意外と純粋な方だなと思いました。そのコンクリートも自然と人工の中間のようなものですよね。

藤森――泥や石の延長ですからね。使い方でどっちにころぶかですよね。

コンクリート造表現をめぐって

――一度、カンボジアでプロジェクトをもった時に、鉄骨造はファブリケイター（鉄骨加工業者）がいないからできないということを言われましたが、コンクリート造はやろうと思えば世界中どこでもできるのですね。

藤森――東南アジアの後進国の住宅はコンクリートです。梁もプレキャストで簡単に造っている。コンクリートは、そういう意味では泥の延長にあって、強い泥といった感じでしょうか。

――モダニズムの最初の頃は、コンクリート造でもコンクリート自体をちゃんと見せていました。ペレが若干苦しんだなというぐらいですね。あの頃はまだ、肌触りとモダニズムが幸せだった時代なのかなと思います。

藤森――ただ、あれはドイツ人はやりません。アメリカ人もイギリス人も好きではない。フランス人と日本人とインド人が好きという感じで地域的な偏りがあると思います。戦後のアメリカはルイス・カーンが初めて本格的なコンクリートを使うまでは鉄が主流でした。鉄のほうが大工より安いらしい。打ち放しコンクリートは大工手間ですし、良い型枠大工がいないと打ち放しはできない。それがフランスと日本にはいたけれど、アメリカにはいなかったわけです。

打ち放しコンクリートは戦前から取り組んでいる日本が世界で一番進んでいると僕は思っています。ル・コルビュジエよりもアントニン・レーモンドのほうが七年早いんです。レーモンドが参考にしたのはペレのランシーの教会（一九二三）です。教会が建った翌年に、レーモンド自邸の打ち放しが造られた。彼はペレのもとへ行ってますし、ペレのコンクリート建築関係の文献を山ほど買って来て日本で参照しました。レーモンドの他に本野精吾という少し変わった人がいます。彼は打ち放しコンクリートの表面にできる○・二〜○・

三ミリの薄い膜を小叩きして全て削りとったりしています。また、日本インターナショナル建築会の設立に関わったり、ブルーノ・タウトを日本に呼んだりもしたのですが、ペーター・ベーレンスから強い影響を受けていて、彼のAEGタービン工場（一九一〇）を日本人として真っ先に見に行ってます。

ベーレンスはドイツ工作文化連盟の影響を受けていましたから、本野は、コンクリート打ち放しは知らなかったけれど、モダニズムが構造材料の美学によることは知っていた。そこでコンクリートの構造美とは何かを考えて、表面の型枠の跡を消したのです。僕は、そのことを知るまで、本野精吾のしたことは打ち放しコンクリートがコンクリートそのものの表現だということに気づかない、コンクリート初期の誤解の一つと見ていました。それをモダニズムの講演会でしゃべったら、林昌二さんが手を挙げて「本野精吾のほうが正しい」と。

林さんは戦後すぐに、丹下健三の香川県庁舎そっくりの掛川市庁舎を打ち放しで作りました。丹下さんの計画は模型の段階で既に似ていた。少なくとも後世の人が見たらぎょっとします。香川県庁舎より前に、そっくりのものができてるって（笑）。これは建築界では知られたことです。

林さんは市庁舎でコンクリートそのものの表現に取り組もうと思った。そして、打ち放しをやりながらおかしいと思ったのだそうです。「これは、型枠の表現ではないか」と。だから本野精吾のしたこと――打ち放しコンクリートの表面を小叩きする――は正しいと言うんです。言われてみると、打ち放しコンクリートは確かに型枠の表現で、それをどれだけきれいに仕上げるかということをみんな一生懸命にやっているのですが、レーモンドも本野さんも、原理にそってコンクリートを用いるということを考えていた。その後、ル・コルビュジエが続きますが、フランスでは主流にはならなかった。日本では幸いにレーモンドが主流になり、その後、前川國男さんも丹下さんも打ち放しをやって、その伝統で安藤さんが出て来た。安藤さんの段階になってようやく世界がびっくりしたわけですね。打ち放しについては、日本人は自然を感じさせるものだと思っているんじゃないですか。出雲大社の前にある庁の舎（菊竹清訓）も打ち放しですが、あれが建った時、当時の日本人はあそこに自然を感じたのではないかと思います。神社は基本的に自然を大切にする場所でもあるし、それを皆も変だと思わなかった。

――今、われわれが持っている感覚とは違ったのかもしれませんね。仮にコンクリートを自然物であるとするならば、あんなに信頼できる自然物はない。実際、建物自体や仕上げ材に自然物を使いますが、どのくらい信用して使っているかはよくわかりません。それが逆に自然素材の良いところなのかもしれません。例えば、屋根に板葺や杉皮葺をするときに、断面を見ると必ず三枚を重ねて葺いています。つまり、部材の三分の一くらいまでしか信用できないということです（笑）。また、最近、改修に関わっている家の屋根が杉皮葺なのですが、今、杉皮はとても高い。それで、どうしようかと思っていたら地元の大工さんが、杉皮は表面の一、二枚はがせば使えるよと教えてくれました。表面はぼろぼろですが、一番下の方はたいして痛んでいないのですね。段階をおって影響が薄れていっているので、ライフサイクルも違うのです。

藤森――自然素材ってもともと風化することを前提に使っているから、対策はできていて、すぐに変えられるように簡単に取付けているんですね。それに対して、コンクリートがあんなに寿命が短いとは思わなかったのだろうね。

――作っていた当時は、無敵だと思っていたはずです。

藤森――鉄は錆びることがわかっているから慎重にやるので、その点では鉄のほうが優れていたのかもしれない。コンクリートもメンテナンスすれば大丈夫なのだけど。

植物の記号性、植物のスケール

——植物にも性能の違いがありますが、藤森さんは、竹を使われることはありますか？

藤森——竹をあまり使いたくないんですよ。展示などで使う場合も、竹を芯にして、縄で隠してなるべく見せないようにしています。竹はきれい過ぎてあまり好きではない。なので、竹を使う時は割って荒っぽく使うか、竹そのものを見せないようにしています。それと、竹は記号性が強い。記号性が強いものの問題は、見る者の思考を停止させてしまうことです。竹は東洋、中国か日本の象徴になってしまうんです。二〇〇六年のヴェネチア・ビエンナーレで竹の骨組みを縄で隠したのは、竹をむき出しで使うと、「アッ日本」ということで終わってしまうと考えたからです。茶室を作るときも記号性の強すぎる竹、障子、畳は使いません。また、僕は数寄屋はやらないと決めているのですが、竹には桂離宮につながる数寄屋の記憶があります。確かに、高過庵では縁台で竹を試しました。月が本当に写るのか試してみたかった。確かに映りました(笑)。数寄屋は、日本建築の最高点なのですが、日本建築の命を失わせたのも数寄屋だと思っていますから数寄屋はやらない。

——茶室は、また違うのですか。

藤森——茶室は、数寄屋の原型みたいなものなのですが、僕の今の茶室への関心は、茶室そのものへの関心というよりは、極小空間への関心であるような気がしています。狭くて、なおかつ建築として成立している一番小さい空間への関心が強くある。なぜヨーロッパの建築家があのようなものを作れないかというと、面積あたりにものすごいお金がかかるからだと思います。普通、茶室を作るときには最低でも坪四〇〇万円かかると聞いていて、僕は嘘だろうと思っていた。でも、自分で完全にコントロールした物件で値段を出してみたら一〇〇〇万円かかっていました。やはり高い。たとえ工業製品で作るにしても小さくなってくるとものすごく丁寧にやらないと雑に見えてしまう。したがって、たいへんお金がかかるので、施主がその金額を出すところが世界にはないと思う。しかし、日本では茶室なら施主がお金を出してくれるんです。「わび」「さび」だと皆知っているから(笑)。僕も七軒くらい作っていますが、それで本当に助かっています(笑)。施主も周りの人に茶室作っていますと言えばすんでしまう。

――茶室だからしょうがない……なんだか、藤森さんだからしょうがないと言われているようにも聞こえるのですが(笑)。

藤森――いやいや(笑)。元々、日本の建築史の中で個人のデザインが反映されているのは茶室だけです。茶室以外には、集団的な無意識の美学みたいなものしかなかった。利休以来、茶室は誰が作ったか全てわかっていて名前もついている。作家が明快で建物に名前がつくのは茶室だけです。しかし、それがあるおかげで僕は色々な実験ができるんです。

――茶室は建築の原理ではなくて人の原理で決まっていると思うのですが、スケールに着目すると、植物はスケールを持っています。出雲大社の柱も一本の杉では作れなくて、三本をつながなければいけない。表面のテクスチャーも残っている限りはあるスケールを持っています。ですが、藤森さんの建築を拝見するとあまりその気配を感じません。スケールもある意味ではおかしなところがあって、伝統的な和風建築のように植物によって規定されるスケールとは明らかに異なっていると思います。

藤森――僕の頭にあるのは木材のスケールではなくて木のスケールなんですよ。完全に製材される前の木のスケール。あえていえば、民家の頃のスケール感に近いかもしれません。

――さすを組んで屋根を作っていた頃ですね。

藤森――僕は自分では基本的には小屋組とまだ取り組んでいないと思っています。

――「秋野不矩美術館」では一部に小屋組を用いられていたように思いますが。

藤森――あれは失敗で、縦の線と横の線がうるさくてあまり上手くいかなかった。小屋組系の線をうまくやるのは至難の業だという気がしていますが、いずれやってみたいと思っています。ただ、まだ方針が見つからない。森のイメージがある小屋組といえば、伊豆の江川邸がそうだと思います。だーっと細い無数の貫が出て、森のイメージです。あれを見たときに勝負にならないと思った。

――これからは梁、水平材がテーマになる?

藤森――そう。でも日本の民家を見ると結構ショックを受けますよ。一つは今言った江川邸。もう一つは、箱木の千年屋です。このショックは大きい。

――スケール感の点でいっても、竹の持っている記号性と同じで、植物主義、自然素材主義にも思考停止させられるところがありませんか?

藤森――それを僕は逃れたい。いまは、逃れてできていますけれど、それは歴史をやっていたからだと思います。歴史をやっているといろいろ知ることになるので、何かに似てくると、だめだ、だめだと(笑)。

――藤森さんが、これから恐れなければならないのは自分の作品も歴史に組込まれてきたので、自分の作品に似てもいけないということですね(笑)。

藤森――先日、石山修武が嬉しそうに「藤森、最近お前、自分の処女作が目の前にそびえているだろう」って言ったんですが(笑)、確かに、いろいろ作ってみると初期の作品の良さはあります。安藤さんが「住吉の長屋」とか「光の教会」をこえることはないと思います。石山修武も「幻庵」をこえることはないでしょう。私は植物と建築の関係についてもまだいくつかやりたいテーマがあるので、テーマがあるうちは大丈夫でしょう。でも、確かに自分の作品と似てしまうことは否定出来ない。むずかしいことです。

[二〇〇八年八月二日、国立にて収録]

植生の建築史

ヴィクトル・オルタの方へ

高山宏

一　植生の「ビルドゥンク」

それは時に不可視のものとなるが、たえず地中深く存し、伏流しては、また時に姿を現わすところの循環する普遍の物語なのである。

たとえば新しい千年紀を迎えようとする混迷の二〇世紀末のぎりぎりの終わりを象徴し、かつ世紀越えをした新しい千年の劈頭を飾りもした世界的、歴史的な一大物語たる『ハリー・ポッター』全七巻シリーズが、いきなりそれだと知っても、あなたはそう驚くことはない。一一歳から一七歳までという少年少女たちの「成長（Bildung）」を学校制度と学齢なる約束事をそっくり物語化した『ハリー・ポッター』シリーズが、どうしようもなく「建築（Bildung［building］）」の生成の物語でもあるほかあるまいという予感は、結局まことに楽しく的中する。魔法学校ホグワーツ校は、自ら有機の生命に満ちた生きものとして描かれ、文芸のなかの建築を綴る文化史中に豪奢にも屹立する忘れがたき佇まいを誇っている。オトラント城にも、ゴーメンガースト城にも匹敵するのである。

主人公の名がハリー・ポッターと聞いた刹那に、これが現代の生命成長神話たろうとする物語にちがいないと予感される。「ポッター（potter）」とは「ポット」を造る人というそのものずばりの超の付く原-寓意であるからだ。大文字で綴られるポッターはヘブライ古神話では即ち神そのものを指す。この偉大な「陶造《すえつく》り」は、ヒトになるべき元の「土」をこねあげてそれをヒトに仕上げるが故にザ・ポッターと呼ばれた。文字通りさまよえるユダヤ人の典型たる根なしな主人公にハーマン・メルヴィルがイズラエル・ポッターの名を与えた呼吸を重ねみるのが、「ハリー・ポッター」シリーズにとって、最高の読者なのに相違ない。同時に土からこねあげられた主人公が末法末世を済度するとなれば、このスコットランドの東方ユダヤ《エステューデ》の町エディンバラの精神的ゲットーが孕んだ、現代に再び循環し来るゴーレム神話がハリー・ポッター・サーガなのだと明敏なあなたは思うかもしれない。普通言われているより以上に深い神話的構造を持つ物語らしい。ハリーが新たなゴーレムと知った途端、少年の幼い額《ひたい》に刻まれた稲妻形の傷が、「真理」の文字を額に持つ原ゴーレムのそれと重なるものと感じられて、これは相当大仕掛けなカルチュラル・ヒーローの物語と知れてくるのである。

土である少年がこねあげられる物語となれば、これはいきなり建築《ビルドゥンク》の原-物語である。もう一度言えば、「ハリー・ポッター」シリーズ中、最も魅力的な真の主人公はホグワーツ城砦そのものなのであり、第一話「賢者の石」なるモティーフに重ねて言うならばこれは建築術と錬金術、ふたつのアルス、ふたつの成長工程のアナロジーを説く驚くべき物語なのである。

一九世紀末の建築家、ヴィクトル・オルタやエクトール・ギマールに降《お》りた或る特別な建築神について説／解けというのがぼくに対する注文であって、そうなってはじめて、「ハリー・ポッター」を建築神話として感じる真の意味が生じる。

ハッピー・エンドを言祝《ことほ》ぐ最終巻、物語が終わったかに見えた「後に」付け足された「一九年の後《のち》」という短いポスト・スクリプトを読むと一種驚愕する。余りにもかの一九世紀末の傑作、『吸血鬼ドラキュラ』（一八九七）の幕切れに酷似しているからだ。ぴったり一〇〇年経た一九九七年に「ハリー・ポッター」シリーズを始めたローリング女史の大きな計算を見逃してはならない。そして「ビルドゥンク」に植物、植生がかかわることの意味を一〇〇年前の、一八九〇年代から、一九一〇年くらいにかけての時代から「ハリー・ポッター」シリーズの神話作者《ミソグラファー》がちゃんと汲みとっていたその呼吸が、ぼくなど、たまらなく嬉しい。

余りのことに大方の失笑を買ったぼくの『吸血鬼ドラキュラ』論は、この物語が（小麦播種の）五月に始まって（小麦収穫の）一一月で終わることに着目して、吸血鬼ドラキュラは、アイルランドの農事暦を背景に秘めた「穀物王《コーンキング》」に他ならないとした。❖一 要するにドラキュラの（かりそめの）死を蝶番にする通過儀礼の物語、冬に死ぬが春に蘇る植生のサイクルを構造化した「農業小説」（？）が『吸血鬼ドラキュラ』なり、とした。若気のいたりと言うべき奇想の論だったが、巻末二ページほどにめいっぱい盛られた農耕神、植物神（ドラキュラ）は死なない、円環を描いて戻り来たるという奇妙な含みがぼくの論の支えだった。ドラキュラと「ハリ・ポタ」の幕切れの余りの酷似ぶりは、そこに注意喚起というだけで、本稿ではこれ以上はふれないが、『吸血鬼ドラキュラ』が植生に託した文化盛衰の循環神話だということが、最後にドラキュラを運ぶ船がデメテール号と呼ばれていたこと一事にして既に明らかではないかとのみ、急ぎ付言しておく。生死の循環を司る植物神、農耕女神の名こそがデメテール（ケレス）に他ならないからである。

そのアナロジーがハリー・ポッターと絶妙にからみ、結局はハリーと救い救われの役を担う少女ハーマイオニー・グレインジャー（granger）に実は鮮烈に生きる。グレインジャーという名の大元の出所はグレイン（grain＝穀物）なのだ。これを「粒」とも解せるなら、「ポッター」の錬金術的意味合いとも呼応する。シェイクスピア最晩年作のひとつ、『冬物語』で死んで蘇るイリュージョンを役割り分担されるヒロインがハーマイオニーといった。むろん大元はヘルメース神である。このハーマイオニーがポッターと助け助けられして「ビルド」していく。分析の委細を省いて大雑把な骨子のみ、思いつきの振りをして並べたてたので呆れられたかと思うが、要はJ・K・ローリングという作家のなかに、生命の循環を言祝ぐ一〇〇年前の植生神話がそれこそ見事に循環し来ったということをわからないでは、今現在最も話題の一大サーガが「根」も「葉」もないものに見えてしまうということがいいたかったのである。

二　タビュレーションという抑圧

「ビルドゥンク」と植物相《フローラ》のことを「蛇」を媒介に少し論じてみたい。蛇と植生を等しいものと観じた想像力の小史ということになる。けだし、ドラキュラの名はドラコ、即ち龍／蛇を指すギリシア語にちなむ。ハリー・ポッターの仇敵の名がドラコといい、シリーズ全体の銘句が「眠レル龍ノ怖ロシキ」だし、のたうち進む（即ち「スリザー」する）大小の蛇が物語全体を貫く一大モティーフであろう。しかし何より忘れがたい点は、大幻想建築たるホグワーツ魔術学校の壁の中に、そして地下に、そして「秘密の部屋」に、この秘密の蛇体がひそむという一点である。蛇で表わされる或る構造を建築は孕むであろう、ということを、「ハリー・ポッター」サーガからもらったものをこうして手掛かりにして、以下少し歴史的に図式化してみる。

建築というものをごく通俗的に計画、計算がすべての「合理的な」ものというふうに捉えると、以上の論は「合理的な」モダニティの趨勢の中での植物の運命という論にならざるをえまい。ぼくにはかつて「フローラルな悪意」に代表される一連の植物近代史と言うべきエッセーが複数あり、仔細はそちらに譲りたいが、どうしてもここでは落とせぬ大変凝縮された一文があるので、改めてその引用のみはしておきたい。❖二 古今の静物画ジャンルを論じた新美術史学の旗手ノーマン・ブライソンの名作『見過ごされたもの』の中の一章（「横溢《アバンダンス》」）中にある素晴らしい文章である。

この稿を書いている最中に、ウィーン美術史美術館蔵の静物画展が見られたが、イタリアから十七世紀フランドルへ展開したマニエリスム芸術の極致がいわゆるアーリー・モダン期の花卉《かき》画であることが目に痛いほど良くわかった。マニエリスムが「合理」主義にスマートに転換していく事情を、問題の一文はこうまとめている。

花卉画にあっては、野草を描くことの禁止に劣らず厳しかった禁じ手に、同じ花を二度描いてはならないというのがあった。反復ということが厳しく避けられるのであり、同一種のものの数をどんどんふやしてみたところで人々の好奇心を引きつけることはできない。真に人の目を魅了するものは構成賦彩両面における花と花の「間」の差異なのであり、求めらるべきは豊穣というものではなく、科学的自然主義のレンズを介して見られた「標本《スペシメン》」なのである。もちろんリネー（リンネ）による複雑な植物記述体系はまだ一世紀も先のことなのであるが、花々はすでにして、ある花をほかの標本との差異を通じて確定する方式を別に異ともせぬ分類学的知性にさらされていたのである。くり返して描かれた花は何ら目新しい情報を伝えるわけではなく、もはや冗漫なつけ足しにすぎない。とりわけ面白いのは植物の同一種のなかに品種改良で作り出される差異で、花卉画は予測可能な変種志向に手もなく魅了されていく。とりわけ十七世紀初めに支配的だった妙に平べったい画面はここに起因するかもしれない。それは図表的明快のタビュレーション（tabulation）の空間なのである。花、貝殻、昆虫、トカゲといった静物が同じ場面に平気で共存している（我々の感覚からすれば相当シュルレアルな）構造はそこから出てくるのだ。科学的知識をうむ支配的モードが分類学《タクソノミー》であるような博物学的時代にあっては、一切が精密な分類にさらされる。むろん蝶や蜻蛉《とんぼ》を世のはかなさの象徴とみるような、あるいはボスヘールトの絵の上に入り込む家バエをみて、人もやがて腐るという真理を思い出すというようなルネサンス時代のモードが、なおオランダ静物画中に残存していたのは確かだ。フーコーも言っているが、知識生産のいくつかのモードが一時代の(そして一作品)のなかに併存していても少しもおかしくはない。それはそうだが、オランダ花卉画は、最初のミュージアムたる驚異-博物館、奇想-博物館をうみだしたのと同じ空間にあったのだ。根本的な構造や類型を枠組みに変種をはっきり浮かび上がらせようと企てる分類学の空間、図表化の空間の中に、事物を配列することで知識を生産するのを業とした自然珍品収集のキャビネと同じ空間の中に、というわけである。十七世紀オランダのコレクターたち、かつてウィーンやプラハの宮廷にいた狂的な王族コレクターのブルジョワ化された末裔たちにとって、貝殻も科学的珍品も同じ図表的(tabular)で一望監視的な空間に属するものであった。❖三

ヴンダーカマーのマニエリスム芸術の近代的局面が存外とすっきり十七世紀後半からの、フーコーのいわゆる表象の古典主義時代、モダニティの時空にバトンタッチされていった呼吸がよ

【図1】19世紀末曲線趣味に蘇る〈蛇〉。アドリエン=ピエール・ダルペイラのストーンワーク(1900)
【図2】アール・ヌーヴォー論の出発。ニコラス・ペヴスナー『モダン・ムーヴメントの開拓者たち』(フェイバー&フェイバー、1936)。これはペヴスナーの論の普及版(1973)。あしらわれているのはH・ギマールによるベランジェ邸正面扉(1896)

くわかる。マニエリスムが合理との接点できわどく発見した文化や人性の非合理の部分は「タビュラーな」平面性と合うわけがなく、てき面に抑圧されたまま、フロイト心理学が「不気味(unhemlich)なもの」と名付けるだろうはずものと化して、たとえば建築ファサードの壁中に埋め込まれていった。平面に痕跡として残されたこの非合理なものの記号こそが、マニエリスム芸術の根幹とも言える蛇――蛇状曲線(Linea serpentinata)――なのである。「蛇語」を解する主人公が建築の底や向こう側にとぐろ巻く蛇を追う『ハリー・ポッター』シリーズは、マニエリスム建築史ないしマニエリスム建築の基本構造を語るのである。そういう一見珍妙な連想を先に述べた。連想はそれこそアラベスクにいくらでも続く。蛇状曲線は別名をアラベスク(Arabesque)とも言い、そして時にはグロテスク(Grotesque)とも称されて、芸術史のなかに循環的に姿を現わす。グロテスクとは、建築史上でなら、皇帝ネロ賞玩の「黄金宮」の壁に這う曲線文様のことを言った。この古代遺構は元来は地下的(chthonic)なものと何の関係もないのに、発掘されたとき、半ば以上土に埋もれて地下宮殿と誤って伝えられたため、以降、グロテスク曲線は「地下」と結びつき、十八世紀ピクチャレスク作庭術で大流行する人口洞窟《グロッタ》と結びつき、こうして抑圧された情念イコール地下、イコール曲線という面白い観念連合が、マニエリスムに、ロマン派に蘇り、そして問題のオルタやギマールの十九世紀末に「オルタ・ライン」(または「むちひも様式」、「さなだ虫様式」)と呼ばれた建築、室内装飾の曲線デザインに循環的に蘇るのである。地下の曲線とは端的に植物の根のする営みの謂《いい》であろう。合理が愛する花や葉に抗してバタイユが執した根《ラシーヌ》の世界、ジル・ドゥルーズが「根茎《リゾーム》」と呼んだ現代思想の「根幹」部も間違いなくそこに淵源する。

先のブライソンの文章でのポイントは「リネー」システムである。未発見の植物も含め、あらゆる植生がラテン語二文字の語尾変化へと表層化され、ノンセンス化された。植生は、動物よりさらに高い操作性故に、以降、権力に抑圧され去った生命の悲しい記号となるであろう。

リネーの十八世紀を代表する建築が、それはそれで嘔吐すれすれにまで牢固さと左右相称を追求した絶対王政の公的機関、即ち「ヴェルサイユ」様式を範とする各種の「正しい建築（architectura recta）」であったとすると、ロマン派を先駆した初期ゴシック文化の代表者たちが植生となじみ、自ら鉱物の植生というパラドックス的な建築を生み出していった「反動」の経緯はよくわかる。ゴシック・リヴァイバルといった甘やかな連想を言っているのではない。建築と植生の関係をみる場合、しばしば見落とされているある系譜に触れておきたいと思う。

ひとつはいわゆるザ・ピクチャレスクの出発である。これは一七〇九年、舞台芸術家ジョン・ヴァンブラがブレナム邸修復を頼まれて、建築に素人というのが却って良い目に出る結果となった。建築と周りの植生をひとまとまりとして、一幅の風景画ともなりうるよう構図したいについて、自分とは別に一人、プロの風景画家をつけてくれとヴァンブラが要求したその刹那にザ・ピクチャレスクはうまれた。この段階では植物があくまで建築の外部にあることがザ・ピクチャレスクをゴシシズムに取り込もうとする一八世紀末のエキセントリックたちの「作

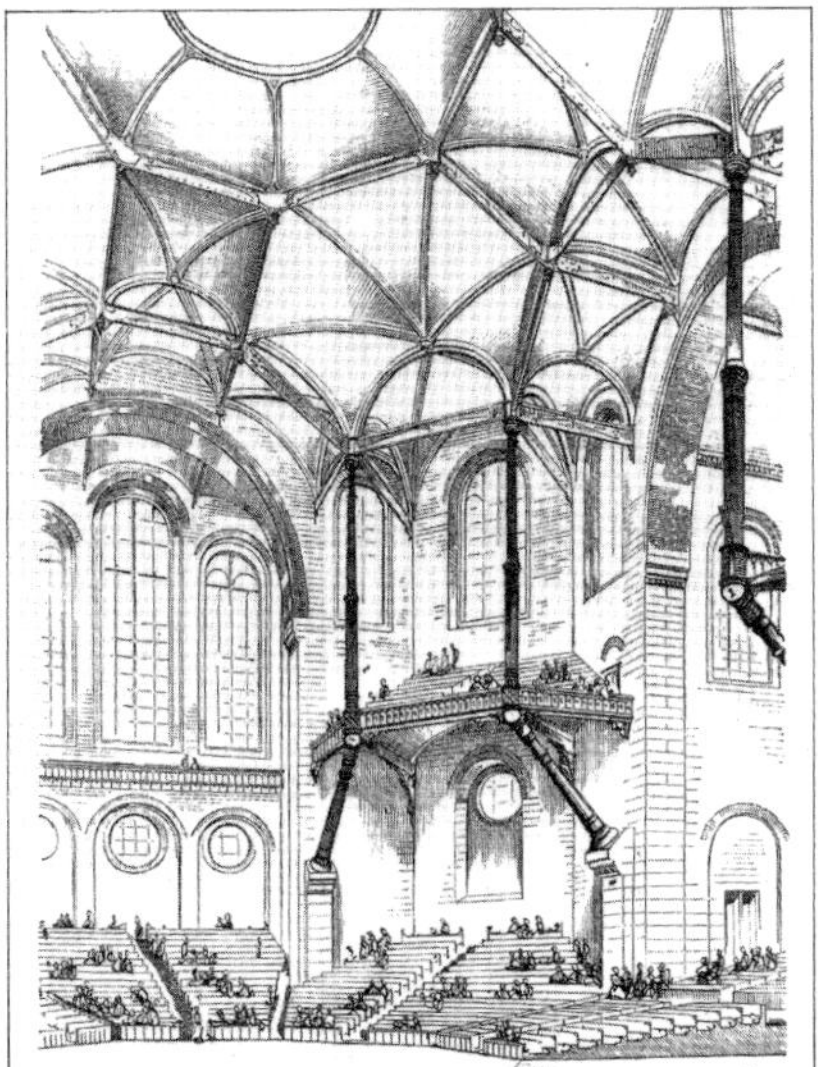

［図3］ 曲線狂いとしてアール・ヌーヴォーが前に出た瞬間とされるA・H・マックマードー『レンの市教会』タイトルページ（1883）

［図4］ ヴィクトル・オルタの霊感源、ヴィオレ=ル=デュック『建築講話』（1863）。
森を建築化したとされる天井リブ構造。H・ギマールによるベランジェ邸正面扉（1896）

品」を見ると逆によくわかる。同時に幻想建築小説家でもあった好事家、『オトラント城奇談』（一七六四）のホレス・ウォルポール、同じく『ヴァテック』（一七八六）のウィリアム・ベックフォードである。「英国一の金持ち息子」と蔑称された後者は晩年、荒淫放蕩の生涯を悔いて、八十メートルの大尖塔を持つカトリックの大伽藍を造営、バルトルシャイテスの『アベラシオン』で詳しく知ることのできる大伽藍イコール森というおなじみの構造を突然作り出してみせた。

しかし面白いのはウォルポールの方である。

安ピカ悪趣味と悪評嘖々だったウォルポールのストロウベリー・ヒル邸はピクチャレスク造園術の最大主張たる見通し利《き》かぬ植生のジャングル化で名高いが、そんなレヴェルですまず、自らが植物と化した。どういうことかと言うと、ほとんど年毎に大改修の手が入り、増築につぐ増築で、住むためというよりはほとんど増築が自己目的化している。ヴァンブラからアダムズ一族にいたる「動く」建築理念を独自に地で行った。デイヴィッド・ワトキンなど、「アメーバ建築」と呼んでいるが、粘菌状というか、はっきりロマン派の汎生気論、有機体説を先取りする植生建築なのであった。

建物の外にあるものとみていた植物の生命力を建築が内化した、というか自分の中に抱え込んだのだとも言える。結局、建築と植物の関係史というのは、他者を外在のものから自己内部のものとして内蔵していく精神の歴史であろう。建築、とりわけインテリア・デザインはロマン派をもって、人間の精神ないし脳の営みの「客観的等価物」となった。ということは、まさしくロマン派の定義そのものだが、そうやって人間内面が「感情移入（Einfühlung）」された建築そのものが、だから原理的に生命や情念を内包しているもの、とされたことになる。[❖四] 建物が生きているという強烈にロマン派的な感覚を見事に一著に刻みつけたのが、諸事についてロマン派を整理清算しおおせた、とても建築的な作家、エドガー・アラン・ポーの『アッシャーの家の崩壊』(一八三九)であろう。建築と「不気味なもの」の関係を初めてきちんと書いたアンソニー・ヴィドラー『不気味な建築』がこのポーの名作から語り起こされているのもさすが(ながら、邦訳は名著を台無しにしてしまった)。

要するに人間が他者を自己の何として捉えるかという大きな関係史に、植生がどうかかわってくるかという問題に、自己と他者の間の閾域《しきい》として建築がかかわってこざるをえないという話なのである。ぼくが文化史と称して十八番《おはこ》にしてきた水晶宮万国博から一九世紀末のいわゆるエステティック・インテリアの現象にも、それらが文化的引き籠もりによる他者の消滅の典型現象であるが故、植物が必ずからんできた。

改めて第一回万国博覧会の出展品目の絵入りカタログを眺めて、驚愕し直す。鉄骨総ガラス張りのスーパーモダンな建物内部にイングランドの生命力の象徴たるカシの巨木の緑が濃い。植生を利用して異国を占領しようという「グリーン・インペリアリズム」の象徴とみえるが、ロマン派、いなマニエリスムにまで遡る外界抹殺の歴史のひとコマとまずは感じられる。ヨーロッパの各百貨店はこの万国博覧会の展示空間をモデルにデザインされた。アール・ヌーヴォーと呼ばれる「蘇れるマニエリスム(Manierismus redivivs)」の時代の話で、最後にそのことにふれてみる。

三 「コルヌコピア」建築

「彼は昔から花々を渇愛していた。けれど最初、ジュティニィに滞在していた頃、種類も系統もなく無差別にあらゆる花々を愛していたのが、ここにいたってその嗜好が純化され、唯一の種族に限定されるようになった」。いうまでもなく、オランダの血を引く一九世紀末フランス頽唐文学の代表選手、ジョリス・カルル・ユイスマンスの『さかしま』(一八八四)の第八章冒頭の一

【図5】植生のアール・ヌーヴォーはむしろグラフィック・アートやテクスタイル、セラミックス、ガラスの工芸で爆発した。いうまでもなくムーハ（ミュッシャ、1900）

【図6】ティファニーの傑作。1893コロンビア展覧会（シカゴ）出展作

文である。自立・自律してしまった内面・内部といえば、ヴェルヌの月旅行宇宙船や潜水艦内のコックピットかこれか、といわれるまでに、外を喪失した建築構造体の象徴たるフォントネー城館に引き籠ったデゼッサントの耽美な日常を濃密に描く（アール・ヌーヴォーが当時ジュール・ヴェルヌ様式と呼ばれたのが面白い）。「彼」というのがこの人物である。評価の低かったギュスターヴ・モローやルドンの評価で有名だし、「デカダンのバイブル」といって「世紀末」的趣味総覧の、早く来た「なんとなくクリスタル」本なので、今読んで少しも飽きない。「おたく」元祖のこの青年は植生に対しても徹底していて、最初は蘭とか熱帯の珍花奇葉を愛《め》でているのが、早晩「ゴム製の露をしたたらせる」ような「擬《まが》いの花」に趣味が一変する。造花や組合せにも飽きが来る。「本物の花を模した造花はもう沢山で、彼がいま欲しいと思っているのは、贋物の花を模した自然の花であった」。趣味が昂《こう》じて、悪夢のなかに現われた妖花が梅毒の女のイメージと重なるというところでこの章は終わる。世紀末耽美文芸の女嫌い《ミソジニー》も重なり始める。

一九世紀末の植生-建築はいわゆるフェミニズム文化史の中で、ただ単なる「お耽美」文化ですまなくなっているのが現状だ。一昔前、世紀末の植物狂いを文化の大きなコンテクストで見る、といえばハンス・H・ホーフシュタッターの『象徴主義と世紀末芸術』（美術出版社、一九七〇）だったが、今読むといかにも無色透明でしまらない。そこはさすがに海野弘氏でその『アール・ヌーボーの世界』（造形社、一九六八）はいまだに勉強することが一杯だ。谷川渥『表象の迷宮』（ありな書房、一九九二）がある今でも、である。一九世紀末アール・ヌーヴォーのデザイナーたちが狂奔した渦巻く各種の正弦曲線（sinusoidal curves）をマニエリスムの蛇状曲線がウィリアム・ブレイクの蔓性植物好きのグラフィックスに媒介されたものと位置づけて見事。その辺、最大のオルタ研究書、かのパオロ・ポルトゲージ他による決定書、『オルタ』（一九七〇）よりも遥かにパースペクティヴが利いていて、改めて再読三読するに値するものとみた。

広い意味の建築ということでガレやティファニーのガラス工芸を考えさえすれば、じつは建築の人間があまり読まないデボラ・シルヴァーマン著『アール・ヌーヴォー』（青土社）がこの稿のためには一番インパクト多い傑作と言える。エミール・ガレのガラス表面に浮かびでる花卉とは、

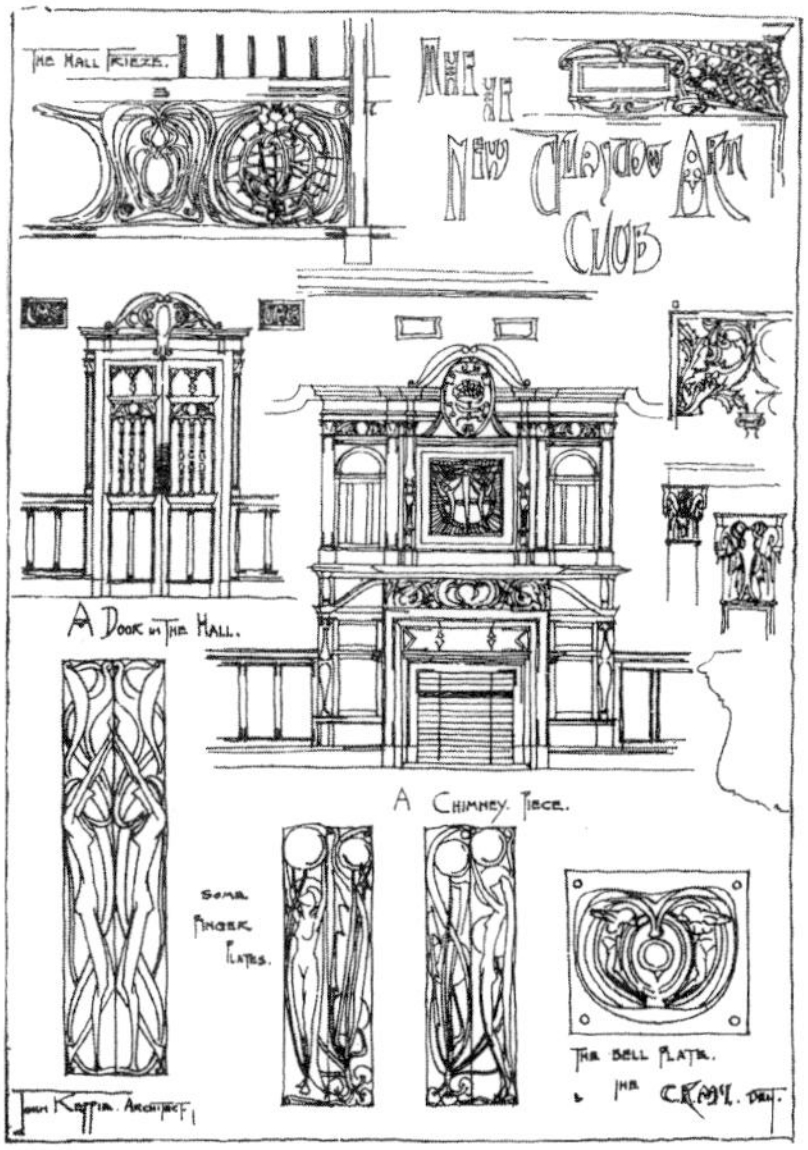

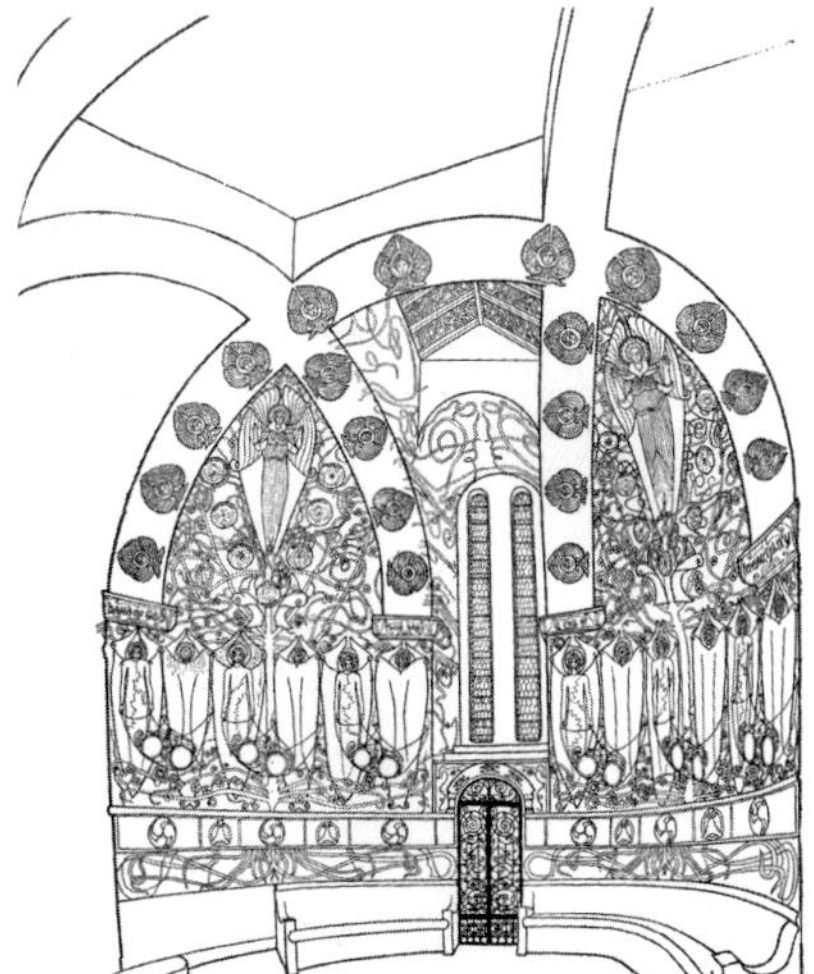

【図7】建築に入り込む植生。新グラスゴー芸術協会デザイン。チャールズ・R・マッキントッシュの作。ドローイング自筆

【図8】植生建築の変種。画家G・F・ワッツの妻メアリーによるワッツ・チャペル（1896）。ペヴスナーの渋い趣味がさがしだした

内部にひそめられていた抑圧された情念が研磨される間にも表面に少しずつ現われてくる記号として、ベルネームその他、いわゆるナンシー派の心理学とガレの深い因縁について初めてのスケールで論及した。自国文化が英語で語られることに大きな拒否反応を示すフランス人が、シルヴァーマンの英語書を翌年すぐ仏訳。異例の反応スピードであった。精神医フロイトの師シャルコーがプロのインテリア・デザイナーであったこととの意味もこの本が初めてきちんと書けている。❖五 ガレ自身、修業時代、随分きちんと植物学を勉強しているし、日本の影響ということでは植物通の高島北海が協力顧問をつとめたこともよく知られている。

究極のアール・ヌーヴォー建築と言えば、オルタ絶頂期(一八九二—一九〇二)の幾つかの傑作、とりわけタッセル邸に尽きるのだが、フランクフルトのグランド・バザール百貨店その他、いわゆる大型店舗のデザインではもうひとつオルタ・ラインに生彩がないのに対して、北米大陸におけるアール・ヌーヴォーの百貨店進出にはなかなか興味深いものがある。他者ないし外なる存在としての「女性」の扱いという問題がそこに面白く顕在化しているからだ。

百貨店として知られる低マージン、商品高回転方式の大店舗は問題の十九世紀末、フランスの大発明なのだが、それが大の付く文化的発明だということに肝心の業界自身あまり気が回らず、バブル崩壊期で儲けの前年比、前月比というような話ばかりなのが勿体ないと思って、デパート(フランス語でグラン・マガザン)を発明したアリスティッド・ブーシコーの人物研究《プロポソグラフィ》を試み、たとえば電通の社外メッセージ誌『アドヴァタイジング』一号分そっくり借り切りで「デパート解剖学」という大特集を仕組んだことがある。全ての叩き台にした拙文「アリスティッド・ブーシコーの世紀末」は世界最初のデパート「オ・ボン・マルシェ」をブーシコーがどういう目的のためにつくり、どういう建物を欲していたかを整理した一文で、当時珍しかった哲学者ミッシェル・セールのエミール・ゾラ論などを利用しながら、デパートが一時代のエピステーメーないし

【図9】「オルタ・ライン」。ウィップラッシュ（むち）・スタイルとも「さなだ虫」スタイルとも呼ばれた。
エミール・タッセル邸玄関ホール。オルタ作（1893）

発想の枠組み《パラダイム》と呼んでよいような巨大な意味を持つ施設であったことを多分、本邦で初めて文化史的に位置づけた。❖六

ブーシコーは、道が交差するとかして、とにかくそこに建った建築の通行人に見てもらえる表面積が少しでも多い方が良いという大きなレヴェルから、婦人服売り場を必ず子供の遊具売り場の手前に配するようにする（という、いわゆる衝動買いの発生し易い配置を考える）といった小さなレヴェルにいたるまで、建築や配置の問題に実に綿密なチェックを入れている。シャルル・ガルニエの改修オペラ座からは正面玄関の大階段のアイディアを借りてきた。人にオペラグラスで見られる快感を御婦人方に与えられるだろうとブーシコーは言う。玄関ホールの吹き抜け《アトリウム》は外界で有効な人々の感覚を少し狂わせるのに意外な効果をもたらすはず（高い品も高くないと感じ始めるはず）などと、「崇高」美学をそっくり商戦略に転換してみせる辺り建築史がブーシコーや、のれんわけしてもらって、ル・プランタン百貨店をつくったジュール・ジャリュゾにもっと大きな関心を持つべきだと思うのである。

女イコール美、女イコール買い手という徹底したブーシコーの図式は、買うことと見ることを結びつけて今日言うところの「ショッピング」を生み出した、と言っておけば足りよう。いかに悪魔的な商才であるかに驚く。女性たちを「恍惚たらしめる」、ぼおっとさせることが大事と言い切っている。原語で"**se perdre**"させることとあるが「自らを見失わせる」という意味。建物

【図10】ルイス・サリヴァンによる新シュレジンガー・アンド・マイヤー百貨店入口
（『シカゴ・レコード=ヘラルド』紙、1903.10.9）

の問題としてみるなら、「道に迷わせる」の意味で、つまりは商品の堆積がつくりあげる迷路・迷宮に仕立てよ、とそう喝破しているのである。男性文化の「合理」が「不気味なもの」としてうちに秘めてきたものが、想像通り蔓性植物のデザインとして建築表層に滲みださせてきたのがアール・ヌーヴォー期であったのは絶対に偶然ではない。アール・ヌーヴォーとは誇示的消費文化に蘇ったマニエリスムである。

植生を百貨店経営に生かしたということになれば、グランド・バザールのオルタよりは断然シカゴ、百貨店街として有名なステート・ストリートに、ルイス・ヘンリー・サリヴァンの建てたカーソン・ピリー・スコット百貨店（一八八九―一九〇四）や新シュレジンガー・アンド・マイヤー百貨店（一九〇三）であろう。百貨店商売は要するに冬に夏物を売るような人工的季節感が成功の秘訣であることが、たとえはゾラがブーシコーの店の一年をモデルに書いた百貨店小説(?)の傑作、『オ・ボヌール・デ・ダム百貨店』（藤原書店）が見事に活写したように、早晩、季節ものとしての花卉類をそこに引っ張ってこざるを得ない論理である。『ルイス・サリヴァンとシカゴの百貨店』という副題を持つ秀れた研究書に次のような的確な指摘がある。当該のテーマを見るのに先のノーマン・ブラインソンの一文で始め、これで締めるにぴったりの文章なので、最後にこちらを引いておく。

[図11] 同百貨店デザイン
[図12] 同祝開店広告（『シカゴ・インター・オーシャン』（1903.10.7）

ショーウィンドー設計の隅々にまで植物が装飾モティーフとして入り込むというのも、百貨店全体のインテリアに草や樹が溢れていることからして不思議でも何でもない。建物内部の装飾がたえまなく変わることと、ショーウィンドーの陳列品が回転するのとは密に連関し合っているのである。秋物、春物のセール期につまり年二度あるオープニングがきっかけになって、売り場が束の間、秋の森に化けたり、イースター気分で一杯になったりした。そういうタイミングで植物を使うことでショッピングが四季の季節ごとであることが強調される。インテリアの装飾が周期的に変わることで、一年を通じていつ新商品が到着したかを客は知ることになる。一九〇三年刊のウィンドー・デザイナーのためのマニュアルをのぞいてみると、是非にもそうした装飾を工夫することで暦とぴったりくる気分を醸しだすべし、とある。新シュレジンガー・アンド・マイヤー百貨店が一九〇三年秋の開店祝いを草花のモティーフで打ったが、建物は「花に満ち、音楽に溢れ、光と色で一杯」だった。売場はどこも、イリノイ州花たる一万五千本からの菊で飾りたてられていた。造花の花綱《フェストゥーン》は花のひとつひとつに付

いた電球で明るまされていたが、それらの色は建物の階毎に異なっていた。❖七

そうした絢爛の商空間に、最初「ハリ・ポタ」にふれて述べておいたような神話的基盤を与えるサリヴァン設計のデパートの広告ポスターを三枚、並べてみる。一枚はカーソン・ピリー・スコット百貨店の一八九八年七月のもの［図13］、もう二枚は問題の新シュレジンガー・アンド・マイヤーの一九〇三年開店日を広告するもの［図12・14］。女イコール植物という発想が強烈である。スクエア、というか文字通り四角四面の男性的建築を、植物に同一化させられた女性的なものが包みとり、いわばソフトに曲線化してみせるこうした悪らつな商業図像学によれば、ポスターの女性たちは明らかに自然の豊穣女神、農耕女神なのであり、手に持つ花束や熟果は明らかにギリシア古神話の「豊穣の角（cornucopia）」の変奏なのである。女神がまいて歩く葉っぱが金《かね》に見えてくるなど、なかなかにくい絵柄である。別に何もしていない女性像までもが、この図像学で言えば当然豊穣女神ということになる。少し後にロンドンのセルフリッジ百貨店が使ったポス

【図13】 カーソン・ピリー・スコット店広告（『シカゴ・ドライグッズ・レポーター』1898）
【図14】 新シュレジンガー・アンド・マイヤー開店広告（『シカゴ・トリビューン』1903.10.7）

ターも掲げておく［図15］。天才的経営者日比翁助が越後屋に発した日本初の三越デパートを開店させた時も、デパートをその手に持つ同じ女性像が使われていたが、むろん和服姿の女神様は髪を高島田に結いあげていた。

＊＊＊

文化史の上で女性が植物と同一視されることはなんだか常識と化しているが、歴史的にはそう簡単な話なのだろうか。リネーに代表されるエポックに、主にその容易な操作性故に蔑《なみ》され、記号の裏へ、下へ、奥へと抑圧されていった植生に、まさしく「女を弄んだ博物学」（ロンダ・シービンガー）としてリネーを総批判するフェミニズム近代科学史家たちは女性性を重ねた。女イコール植物というイメージ集塊は「不気味なもの」と化して男性的建築意志の無意識にと沈澱していったのである。そしてそれがそっくり表面化した一九世紀末、専らアール・ヌーヴォーの曲線狂いに、今度は女性を性搾取（sexploit）しようと目論む商戦略が乗って、蛇／蔓《つる》という正弦曲線の建築史はもうひとつのエポックを迎えることになった。ギマールを讃え、オルタやガウディを褒めて終わりというアール・ヌーヴォー論を少しだけ〈今〉にと開いてみたつもりだが、うまくいきましたかどうか。

【図15】ロンドンのセルフリッジ百貨店開店広告（1909）。シカゴのマーシャル・フィールドの重役がロンドンに進出した

❖一――高山宏「テクストの勝利――吸血鬼ドラキュラの世紀末」（初出：一九八六、『世紀末異貌』三省堂、一九九〇に収録）。

❖二――高山宏「フローラルな悪意」（『綺想の饗宴――アリス狩りⅣ』青土社、一九九九）。

❖三――右文中に拙訳。

❖四――Franco Borsi and Paolo Portoghesi, *Horta*,（1970, Academy Editions, 1991）, p.12.　オルタ・ラインに一番近いものとして、Viscum album（ヤドリギ）や Acanthus spinosus（トゲハアザミ）といった植物の根の活力ある錯綜を論じたのは、この大著のポルトゲージただひとりである。

❖五――デボラ・シルバーマン『アール・ヌーヴォー――フランス世紀末と〈装飾芸術〉の思想』（天野知香＋松岡信一郎訳、青土社、一九九九）。

❖六――高山宏「商人アリスティッド・ブーシコーの世紀末」（初出：一九八五、前掲書『世紀末異貌』所収）。

❖七――Joseph Siry, *Carson Pirie Scott: Louis Sullivan and the Chicago Department Store*,（Univ. of Chicago Pr., 1988）, pp.136-137.

樹幹と円柱という永遠のアナロジー

土居義岳

建築の柱、とくに円柱は樹幹であるとする考え方は太古からあったようだが、どこで、いつから、だれが、といった初源はわからないようだし、それを明らかにしようという試みもないようだ。ウィトルウィウス以前にいくつか建築書が書かれ、それらはすでに失われているのだから、初出を探すのも無駄である。樹幹と円柱とを似たものとして理解するために、円柱は樹木の幹を適切な長さに切り出して支柱としたものというアナロジーがあるいっぽうで、樹木は天空を支える支柱である、といった自然的なものを人工的なものによって喩えることも、樹木の象徴的意味づけとしては一般的である。前者は建築構法起源論的であり、後者は世界創造神話的である。この世界にはまず樹木が登場して、そののち人間が円柱を立てた。しかし神が円柱のイデアをもって樹木と円柱を創造したのなら、順番は逆でもいいし、じっさい、そう考えた人びともいたということになる。さまざまな文献によれば、である。

したがって樹幹と円柱というアナロジーはすでに結論が出ている設問であり、それはけっしてトートロジーではないが、レシプロックであり、相互依存的であり、鏡像的とまではいえないものの反射的とはいえるであろう。このようにすでに確固としてある、循環する構図のなかに介入しようと思えば、みずからその一部となり、新たな意味を附加するような参入方式か、そうでなければこの論理のサーキットからいったん抜けだし、まったく異質の要素をもたらすことであろう。

だからアルベルティの論法は意表をついている。古代ローマ建築の一種の自己批判であったウィトルウィウス建築書を補注するような論でありながら、むしろある箇所ではローマ建築をストレートに擁護してもいる。壁体が円柱よりも先行するものであったとする視点である。『建築論』第一書第一〇章で、彼は「一つの円柱列それ自体は、多くの箇所で穴があけられ、開かれた壁以外の何物でもない」[❖一]と述べている。彼はもともと壁があって、開口が穿たれ、残された実体、もともと壁の名残りであるというのが円柱の定義である、とはっきり述べている。同様に、フランスの建築批評家ジャック・リュカンは、ルイス・カーンの建築を論じながら、設備や構造をまとめた独特の垂直エレメントを壁に「穿たれた柱」という概念でとらえる[❖二]。カーン自身による機能主義的な説明には頓着せず、リュカンは壁体を出発点にすえる。西洋の記念碑的な大建築においては、壁の厚さは二〜三メートルか、それ以上になることもある。するとそこにアルコーブ、小部屋、階段などをそなえることもできる。このマッシブな壁体に穿たれた虚の空間が、柱なのだ、という。アルベルティと出発点を共有しながら、ルネサンスの人文主義者は実を柱としたのにたいし、リュカンは虚を柱とする。そしてルイス・カーンは基本的には壁の建築家でありながら、いや壁の建築家であるからこそ、こうした穿たれた柱をつかっている、と述べる。リュカンは伊東豊雄の《せんだいメディアテーク》もこの範疇にいれる。そしてメルロ＝ポンティの現象学を援用しながら、人間は空間の輪郭を外から観察するのではなく、空間のなかに浸透してゆくのであり、したがって人間にとって空間はニッチでありヴォイドである。穿たれた柱はそういう意味で人間が場のなかに投げ込まれることの象徴である、という解釈をする。

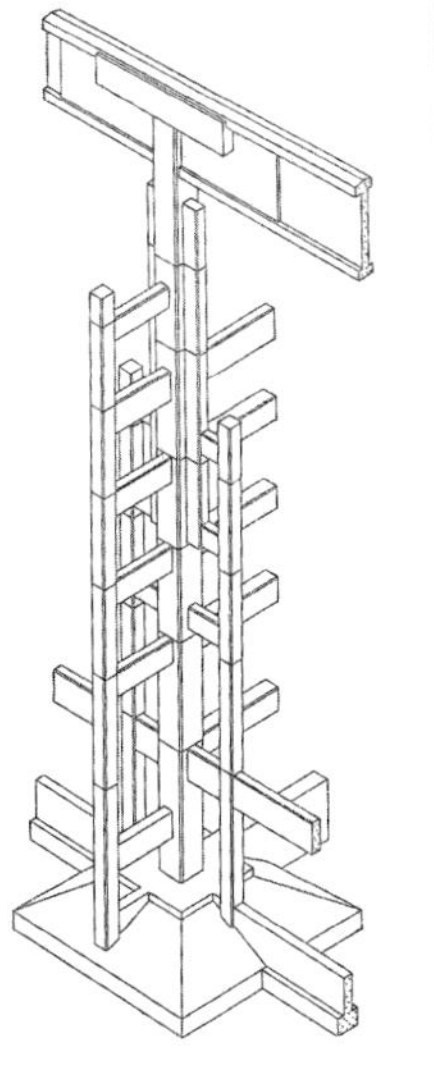
【図1】菊竹清訓《ホテル東光園》支柱

伊東は《せんだいメディアテーク》を、水中をゆらめく藻のイメージから出発させた。それが中空の柱であるとするリュカンの説は、現象を見ての直截な理解としては正しいのであろう。鉄のパイプでできた網のようなものでつくった、円筒形の、柱。それは透明性をすこし保つことで、フロアを明確に区切ることなく、連続性を与えている。建築の内部でありながら、都市の空間がそのまま流れ込んできているような印象は、この柱の実体のありようにおおきく依存している。しかし場の生成におおきく貢献しているとすれば、それは複合柱の系譜としてもとらえることができるのではないか。とくに伊東と菊竹清訓の師弟関係を念頭におけば。

菊竹は《ホテル東光園》においていわゆる複合柱により場をつくろうとした。論文「柱は空間に場を与え床は空間を限定する」によれば、この複合柱は、日本の伝統的な建築構造からインスピレーションを得たもので、主柱と添柱からなる立体的な支柱であり、それらの柱を貫が貫通し連結することで横方向の応力に対応しているという。❖三 その立体的な姿を抽出したアクソメ図が描かれ掲載されもした［図1］。別の論文「柱は空間に場を与える」でも同じような論を展開している❖四のだが、菊竹はいっかんして柱が空間に場を与えるという表現をしている。均質な空間のなかに、柱があることで、そこに特定のひろがりができる。それが場である、という発想である。それはまさに「空間柱」なのであった。❖五

丹下健三の《代々木オリンピックプール》が一九六〇年代における天平の甍であるように、磯崎新の《空中都市》が東大寺南大門の雄渾でスペイシャルな柱貫構造の再現であるように、菊竹は柱には場をつくる力があるという発想を、日本の伝統的建築あるいはそれにかんする研究から得ている。通史どおりに述べれば、日本に神社建築が誕生するまえは、自然そのもの、森、川、岩石そのものが、

神が降臨する対象であると考えられ、信仰された。つぎに柱がその対象となる。伊勢神宮の心御柱、出雲大社本殿の岩根御柱などは神が憑りつくべき神秘的な柱であった。柱が対象となるということは、降臨そのものの恒常化を意味した。[六]

菊竹は、二〇世紀中期における神社建築研究の成果を反映している。「わが国では、よく巨木の幹に、しめなわを張って神木として祀っているが、この樹をみるとき、われわれはその幹のもつ経年数の迫力にも打たれるが、と同時にこの幹が上部構造としての枝葉のつくる天に比すべき小宇宙と、地下に根を張ってこれをささえる下部構造としての樹根を、ひとつにむすぶという幹の緊張感にしばしば感動するのである」[七]。このように日本的な神の憑り代としての森、樹木という概念、そして西洋的な世界樹木の概念、などが渾然一体となっている。

現代の建築家たちはこのような宗教的バックグランドを感じさせるような思考は展開しない。しかし社会における全般的なランドスケープ意識の高揚と歩調をあわせて、あきらかに景観として構想され建築として実現されたと評することができる作品は多い。石上純也の《神奈川工科大学KAIT工房》はそうした一例である。設計者は星座をイメージしたという。しかし観察者たちは木立のなかを歩くよう、森みたい、という感想を述べる。柱をすべて排除した均質空間でもなく、一定のスパンで秩序正しく並ぶ古典主義的空間でもなく、あるところは粗でありあるところは密であり、まだらに、かつグラデーションをもち、ぼんやりと場のテンションを決めてゆく。それはアブストラクト化された景観であり、そのために柱が確率分布的に存在し、空間のなかに場の濃淡をつけている。これは宗教空間でもないし、神秘性はないが、それでも菊竹のいうように、柱が空間に場をつくっているのである。

宗教的な、民族的な、文化的な背景がなくとも、そうしたはっきりした主張がなくとも、森のような柱空間ができる。一見そのようであったとしても、じつは根は深いのであろう。今日ランドスケープという言葉がニュートラルな普遍的な外来語として使われようとも、民族誌的な原風景、鎮守の森、名所、見立てといった旧概念はその背後にいて、いつでも引用されうるように準備ができている。前者は多様な後者のためのメタ概念といえるであろう。

森としての建築、柱、について考えるとき、森はゲルマン的原風景であるという観念をただちに思い出すのであるし、とくに建築に関連しては、一八世紀末から一九世紀初頭のロマン主義のなかでゴシック教会を森に喩えることが定式化されたことがとうぜん言及されるべきであろう。その立役者はゲーテ、シャトーブリアン、シュレーゲルである。

若き日のゲーテが、フランスの建築理論、とくにロージエの合理主義に対抗して、シュトラスブルク大聖堂を評価したことは、ペヴスナーが簡潔に述べている。❖八 一七七二年、ゲーテはこの大聖堂の前に立つ。そして「ゴシック建築の正面が『こんもりと広がる崇高な神の木のように天にそそり立』っていることを、そして木が気まぐれな方向には生長しないのと同様に『すべてが集中して』いる」というロジックによって、ゲーテはゴシック建築の視覚的質を評価したのであった。周知のように彼は古典主義擁護の側にまわるのであったが、晩年になってもこうした評価の仕方は一貫していた。ゴシック建築は「非凡な状態から咲き出た花」として見ることができるのであって、「植物の内部の秘密な生命」「力の流動するさま」のようなものがその建築にも見られるのであった。❖九

ユルギス・バルトルシャイティスは『アベラシオン』(一九八三年)のなかで、ロマン主義におけるゴシック=森のアナロジーについての説を紹介している。シャトーブリアンは、フランス革命における歴史的建造物の破壊をつよく批判しつつ、ヴィクトール・ユゴーとともにいわゆる文学的保存の始祖となった。シャトーブリアンは『キリスト教神髄』(一八〇二年)のなかで、ゴシック教会の内部空間は「森の迷路」であり、それは森の再構築にとどまらず「森のざわめき」を、パイプ

オルガンや鐘楼によって再現するのである、と指摘する。フリードリヒ・シュレーゲルも論文『ゴシック建築芸術の特徴』(一八〇五年)のなかで、森のアナロジーを展開している。小塔、フライングバットレス、ピナクルといった外部の構造のみならず、内部の列柱も、森を再現したものであった。シュレーゲルにとって、ゴシック建築は、植物的であり、要素は無限に繰り返されつつ、どこまでもおなじ方法で細分化されうる。❖一〇

バルトルシャイティスはさらに論を展開し、このアナロジーが一九世紀の文学に方向性をあたえたという。たとえばボードレールは「大きな森は大聖堂のように私をおびえさせる」と書いたのであり、ユイスマンスは「身廊、側廊は、並木道の空間そのものだ」と述べる❖一一、など。しかしバルトルシャイティスは、ドルイド教、ムーア人、イシス崇拝、中国建築、エジプト建築、ペルシャ建築との混交という事態があって、こうした混交についてのポエジーが中世を動かし、それがゴシック建築を生んだとするのだが、それは古典主義の立場からゴシック蔑視の論理を組み立てる立場を、そのまま逆転させたものである。博識にして広範な引用にもかかわらず、論はそれほど成功しているとは思えない。私たちにとってさまざまな素材を提供してくれてはいるが。とくに一六世紀のフランス人建築家ドロルムについてふれ「ドロルムは、中世的シンボリズムに近い」と指摘するが、本当だろうか。占星術も知っていたこの建築家には、近代的な合理主義精神も共存していた。しかしそれは後述しよう。

しかしそれよりも『アベラシオン』で論じられていないのは、フリードリヒの絵画と、シンケルの建築である。

ガスパール・フリードリヒについては、アイネムが『風景画家フリードリヒ』のなかで詳述している。そもそもロマン主義とは啓蒙主義、近代社会の成立に対抗し、近代によって過去のなにかが失われたという心性なのであって、つよい欠落感と超越への強い指向が特徴的であり、そ

の風景画は、人物、風景、樹木、廃墟など具体的なものを描きながら、そのコンポジションにおいてはつねに垂直と水平の強い対比からなるたいへん抽象度の高いものである。そこでは樹木、人物はおたがいにアレゴリカルな関係にある。廃墟、人物、樹木はそれらを交換しても絵として成立するのではないかと思うほど、強い抽象的な構図に支配されている。そして絵の鑑賞者は、それらの背後に「柱」を見るという欲望にさいなまれる。柱は、垂直という概念を示す記号である。たとえば《雪の中の巨人塚（ドルメン）》はそんな解釈を誘う。

こうしたランドスケープはきわめて普遍的な性格を帯びる。特定のランドスケープを忠実に再現するものではない。❖一二 ゴシック様式の教会堂らしきものの廃墟という同じモチーフが《エルデナの廃墟》、《雪の中の修道院の墓地》、《樫の森の修道院》において繰り返されている。同じ廃墟モチーフがいろんな風景のなかで描かれる。ここで風景は、目の前に展開する固有の具体的なものではなく、あらかじめ心のなかに描かれた、超越的、先験的、観念的、一般的なものである。

人物は風景の「点景」ではなく「意味の担い手」である。彼が描く人間は、特性をもった個々の人間ではなく、一般に人間的なものの代表であり、さらには被造物一般の代表である。ということは人間はかんぜんに自然の一部であり、その特別な立場を失っているのであり、木、岩、道具がその代理であってもよい。これはまさに「自我の中に世界への鍵を見出すというロマン派一般の謎」なのである。❖一三 さらに人物はつねに後ろ向きで描かれている。この人物は、無限や超越にむかってあこがれながら、しかし自分の肉体という有限性に囚われている。この無限は、なんらかの超越であり、その超越的なにかは「光」によって代理されている。光は、無限のかなたの、向こう側からこちらに投げかけられる。

人物、樹木、記念碑、帆船のマストといった垂直のエレメントは具象である。垂直、柱は抽象である。これらは交換可能であり、相互にアナロジカルな関係にある。

光。ロマン主義特有の光の演出がある。図式的にいえば、古典主義は順光であり、ロマン主義は逆光である。陽光のもとでパルテノン神殿が照らされ、その細部の隅々まで明瞭に示されるのは順光における観察である。しかしロマン主義的な美学では、太陽やそのほかの光源は向かいにあり、建物や帆船のマストや人物があるので光源を直接みることは希であるが、光は対象の周囲を迂回して観察者までとどき、ときには対象が半透明なので光はそれを透過してとどき、ときには影がこちらに投げかけられる。それは森を歩くとき、木々の間から、枝や葉っぱの間から、光がもれて眼球を刺激するという経験に似てる。

フリードリヒ・シンケルはランドスケープのなかで建築を展開することを意図的になしたロマン主義の建築家であった。彼は一八〇三年にイタリア旅行に出発する。とくにミラノ大聖堂が気に入った。シチリアには一八〇三年から〇四年に滞在した。とはいえ古代建築はすでに学習済みのものであって、古代建築はすでに知っているので、見学してもたいした効果はないと師ジリーにも書き送っている。いっぽうで建築が自然のセッティングのなかで、ピクチャレスクな群としての造形を展開している様は驚きであった、と書いている。

国民にも人気のあったルイーゼ王妃は、彼に宮殿のインテリアを依頼したばかりか、公共事業局の局長に指名した。王妃は不幸にも一八一〇年に若くして亡くなる。その霊廟のためのデザインも、彼は提案する。彼がゲンツとともに設計した厳格なドリス式神殿はシャルロッテンホフに建設される。さらにゴシック様式の幻想的なものも設計する。同一八一〇年、ベルリン・アカデミーの展覧会で展示される。この展覧会には画家フリードリヒも絵画二葉を展示している。[❖一四] シンケルは木々に隠れたゴシック教会堂、《川辺の城》《朝》、などを描いている。[❖一五] 対象の正確な描写というより、観察者の内面を投影したその画風は、画家フリードリヒと同様、あきらかに

【図2】シンケル《川辺の大聖堂》

ロマン派である。しかし画家と若干異なるのは、肖像はこちらを向き（背中を向けられては肖像画にならない）、木々はやさしい。しかし《川辺の城》では、光源が木の幹で隠されており、神＝超越の存在がそれだけ強調されている。しかし最後の《朝》でも同様に光は扱われている。超越ゆえにそれに到達できない。しかしその超越と一対一のはっきりした関係が保たれている。

ミラノ大聖堂を描いた絵がある。《海辺の都市を見下ろす丘にある大聖堂》である。実際は市中にあるミラノ大聖堂を、丘の上に置いた、舞台装置を描いたものだ。❖一六 様式はゴシックだが、ランドスケープとの関係は古代的かもしれない。いっぽう《川辺の大聖堂》は、いわゆる逆光で、隠れた光源から光はむこうから（つまり超越から）やってくる［図2］。塔は透かし彫りのように、半透明である。古典主義建築は、光を反射し、はっきりした輪郭を示す。しかしこの大聖堂は、光を吸収し、光と一体化する。あたかも人間が神の教えと一体化するように。❖一七《川辺の中世都市》を描いた絵画では、兵士たちが、大聖堂を目指している。その大聖堂は塔が一基未完成であり、旗がはためいている。これはプロシア、ドイツが近代国家としてこれから建設する途中にあり、その完成のための国民的な情熱を注がねばならないことが主張されている。虹は、完成への希望の表現である。❖一八

シンケルは一八一五年からベルリン都市計画の担当者となる。新衛兵所、劇場、アルテス・ミュゼウムなどを建設する。ここでは古典主義を展開する。このプロシアの首都は、その厳格で清廉な性格を表わさねばならなかった。アルテス・ミュゼウムを描いたドローイングでは、景観との関連で、ギリシアのストア建築を再現したものが描かれている。とくに下右は、列柱廊の階段から、都市景観を眺めたものである。

ブルーノ・タウトの幻想的なプロジェクト《アルプス建築》もまた、ランドスケー

プのなかのゴシック的造形というシンケルのなにがしかを受け継いでいる。その構築物は、フライング・バットレスや尖頭アーチなど細部の形から、ゴシック建築のモチーフを再利用していることは明らかだ。それをアルプスという自然景観のなかに挿入する。全体は、植物に喩えられ、生命をやどす全体として構想される。谷間に埋め込まれた、巨大な生命体としての植物、あるいはその花弁、が息づいている。

惑星の山脈内に挿入された生命体としての建築。これは世界樹木という別の概念にきわめて類似している。ルルカーが『シンボルとしての樹木』のなかで、その概念を説明している。樹木は、媒介者である。天国と地獄、空と大地、空気と土塊を結びつける樹木は、世界や宇宙を統一できるものとなる。古ゲルマン人にとってトネリコはそんな存在であった。世界樹木はイグドラシルと呼ばれ、この巨大な一本の樹木は宇宙そのものであった。地上をすべて覆っているこの大樹は、天空をもささえる。つねに白い霧に包まれているが、そこから露がうまれ、谷間に落ちる。樹木のそばにはウルズという名の泉があり、女神たちはその水をいつもイグドラシルに振りかけ、生命力をあたえる。水の循環、生命のそれをも体現している。[19] こうした発想が、神話、民族誌、絵画、伝承を横断して発見される。

もちろん「柱で支えられた寺院の起源を、聖なる森に求める試みが目新しいものでないように、〈樹木と建築〉〈樹幹と柱〉の連想は、芸術史ではもはや目新しいものではない」[20]のではあるが。ルルカーがその最古の実例としているのがエジプト神殿におけるナツメヤシ柱、ハス柱、パピルス柱などであり、親切にロータス柱も追加してあげてもよいのだが、それらが多数で構成する多柱室が一種の森であったことの証拠として、リヒャルト・ハーマンを引用して「繊細なレリーフや絵で描かれた天井装飾に、星や星座、あるいは翼を広げた巨大なハゲタカが広間の上を飛翔するのを見ることができるのが、それは広間の天井が、森のように開口していると考えられている証拠である」と指摘する。

ルルカーが引用するさまざまな樹木、樹木のシンボル、その多様な象徴性は、それらそのものはひとつの林となり、森となり、象徴の森を形成してゆく。もし樹木が、そして森が、世界となり宇宙となるのであれば、彼が論じているその場そのものが森となるのである。そして森は神が創りたもうた神殿であり、木々のひとつひとつは柱である。などといった建築の自己撞着にたどり着くのは難しいことではない。

❖二

ここで古典主義／ロマン主義という周知の枠組みで整理しておこう。複合柱や空間柱という概念は、一本の柱にまず注目しているという点では古典主義の側に分類されるのであろう。ところで私たち自身が森を原風景としてとらえるのはロマン主義的な心情においてであろう。仮説として、「森」という表象はロマン主義的であり、集団的表象であり、ゴシック建築をロマン主義的観念から解釈することで、はじめて教会堂と森とのアナロジーが成立した。いっぽう一本の「木」はどちらかといえば古典主義的であり、ひとつの垂直的エレメントに普遍的原理を求めようとする立場であり、柱が意味を受容するために、広範囲からの集音ができるようにするレセプターの役割を、木とのアナロジーに託するのである。

近代における合理主義的な解釈は、ゴシックが西欧起源であれムーア建築であれ、イスラム起源であれ、その起源の問題はさしておいて、普遍性をゴシックに与える。ゴシック建築は普遍的モデルであり、メタ建築というように位置づけられる。特殊性からこの普遍性への昇華が、ヴィオレ＝ル＝デュクの貢献なのであるのだが。

ところが古典主義／ロマン主義という二元論はまだ二〇〇年ほどの実績しかないのであって、この二元論がそれ以前に遡及的に適応されることはあっても、二〇〇年以上前にいた当事者自身にとってはさほど関係のないことである。

そこで生成的／構築的というもうひとつの二元論を借用しよう。バルトルシャイティスやルルカーの、森のアナロジーは典型的な生成の考え方であって、構築的とはいえない。世界はすでに神によって創造されているのであるが、人間はそれらを分類しさまざまに介入しつつ、微細な差異をつぎつぎと産出してゆく。構築的な考え方では、樹木と柱はどうなるのであろうか。円柱はもともと樹幹であり、それゆえその中央部がわずかに膨らんでいるという説明は古今東西の建築書に、ある密度をもって散見されるのであるが。その膨らみのありようは、抽象的な図式にまで昇華されることがしばしばである。

ウィトルウィウスは、建築の起源について積極的なことはそれほど書いていないように思える。人類が野獣のように生きていたとき、彼らは森や洞窟に生息し、野生のものを食して生きていただけであった。しかし樹木の枝が風でたがいに擦れて、火を発生し、それが社会と文明の起源になった、という。つまり火を共有するために言語、集団、が発生し、情報や技術の交換、そして絶え間なきテクネーの向上がはじまった、のであった。❖二二 こうした観点からは、森林は木材を採取するための、介入と伐採の対象でしかない。実際、彼はどこそこの森林のどの木は建設によいなどといった伐採地の話しはよくする。また木構造からどのように石構造に変換されたかという議論もよくする。しかし自然状態の樹木にはほとんど言及しない。ウィトルウィウスは徹底して構築の人であり、自然は、人間が能動的に搾取する対象でしかなかった。

古代建築においても、柱は樹木の幹であり、どうじに人間の身体を表象し、その意味で自然性を保ったものであった。しかしウィトルウィウスの論はそうした表象関係を下敷きにしながらも、あくまで観念的であり、プラトンのイデアのように、神殿はシュムメトリアの理に従わねばならない。すなわち自然が人間の身体を構成したときのシュムメトリアを、そのまま神殿の全体と各部に適用しなければならない。❖二三 正方形、円、いくつかの完全数。そしてドリス式オー

【図3】ドロルム《樹幹としての円柱》

ダーは成人男性の身体からの比例を適用し、イオニア式は成人女性、コリント式は繊細な少女のほっそりした身体から、などと説明は続く。

とはいえ建築書を記した西洋の建築家たちが、柱＝樹幹という発想を忘れることはけっしてなかった。中世、ヴィラール・ド・オヌクールはその『画帳』のなかで、二連アーチの構造を図示しているが、その三本の円柱のなかの中央のものは、木の幹をそのまま使用したものであって、枝がそのまま残されている。二連アーチといっても構造的にはひとつのアーチであって、中央の支柱には釘がうたれ、そこからひもがのびている。それは隠された実アーチのなす半円を示すものである。❖二四 だから中央の円柱とその上部構造は、構造といっても実際は飾りなのであり、この樹幹の姿をした支柱はなにも支える必要がない。飾りであるから、純粋な樹幹をおけるということなのか、飾りだから遊びなのか、飾りだから本音なのか、これだけではわからない。

一六世紀、フィリベール・ドロルムというリヨン生まれの建築家はその人文主義的教養を融通無碍につかって、建築は、マクロコスモスに照応しているミクロコスモスであり、人体を、したがって自然を反映していると述べ、建築の円柱は樹幹であると説明する［図3］。「私の観察するところ、ドリス式オーダーやその他が発明される以前、当時の建築にあって重量や荷重を支えるために使ったのは、支柱や木の幹であって、円柱ではなかった。このような作法や考案は非難されるべきではないように、私には思える。石造の躯体を支えるのに木製コラムでしょう、というのではない。そうではなく石が樹木に似てくるのである。なぜなら石でもほかの円柱のように美しく優雅でありうるし、他の円柱のシンメトリや比例に対応する寸法や美を与えるならば、なにか他の場所のものがより適切だということにはならないだろう。木々を見ればはっきりしている。本性からして、下部よりも上部が細く、その寸法低減が良き優美さをもたらす。その結果、どのオーダーにするか、模倣するかによって、直径の六倍、七倍あるいは八倍、九倍の高さを与える……[二五]」

さらにドロルムは、樹木を模倣しつつ、男性身体の比例、女性身体の比例を導入することでドリス式、イオニア式オーダーが定まるとしている。またある長さに切られて柱とされた樹幹の両端が裂けるのを防ぐため、鉄輪がはめられたが、それが柱礎のトルスといったモールディングになった、などと続ける。

王の建築家としてフォンテーヌブローにおいて王室建築の監理を行なっていた彼は、いわゆるフォンテーヌブロー派に近く、とりわけセルリオと彼が創案したとされるルスティカの手法、磨ききられていない粗々しい石材、植物モチーフを反映した装飾、などに親しんでいた。

このような植物模倣について、ド・モンクロは、その起源はアルベルティやフランチェスコ・ディ・ジョルジョの建築書、ブラマンテがミラノに建設したサンタンブロジオ教会の建物などである、としている。[二六]なるほどアルベルティは、壁に開口を穿ったのが円柱列であるという有名なテーゼの直後に「自然は最初、木の丸太の柱を当然ながら提供した。…(中略)…木造柱の両端に鉄製や銅製の輪をはめこむことで、絶えず荷重を受ける柱が割れるのを防ぎうる[二七]」とのべている。しかしドロルムは論を一歩進め、列柱は壁の異体であるという説に頓着しないで、それは森のようであるというアナロジーを展開する。「だから、最初の建築家たちが樹木(の自然模倣)にしたがってドリス式、イオニア式、コリント式という三オーダーを使い、つぎにその比例とシンメトリをもってトスカナ式、コンポジット式、アテネ式とそれらの装飾を考案したというのなら、なぜゆえ、願わくば、この自然模倣の原理によって、樹木から抽出された最初の円柱の処方をとることが許されないのか。その様子は次の挿図に見ることができる。考えてほしい、列柱、周柱式、住宅の正面が美しくないというのか、それらすべての円柱が樹木のかたちをなし、その柱頭が枝のようであるときに。信じてほしい、円柱に適切な高さを与え、然るべき柱間とすれば、見ていとも美しいものとなろう。列柱は、私の想像では、ほとんど小さな森のように見えるであろう。じっさい、私は台座など付加しようとはまったく思わない。そうではなく、柱を、伐採した樹木の幹のようにして、そこにコーニスや基部をつけるのではなく、もともとの寸法や高さのままとするのみであり、アーキトレーヴのかわりにも樹木の形態を使うのであり、そもそも円柱の姿をしている他の樹木にかかわるのである」❖二八と、円柱を樹幹としてそのまま扱うことを主張する。

一六世紀におけるこの森のアナロジーは、しかし一九世紀初頭のロマン主義的なものとはまったく異なるものであろう。それはオナイアンズが指摘した、フォンテーヌブローにおける田園的なもの、ルスティックなものの展開の一例であろう。そこでは樹幹とのアナロジー、人体比例、一本の樹木としての把握、森という展開など、近代においては矛盾するものとなる諸概念が併存している。

「エンタシス」の問題は、円柱を樹幹とするアナロジーのもうひとつの普遍性指向のかたちでありながら、そのアナロジーの起源もまた曖昧であるという、典型的な円柱問題のひとつである。後年の建築家たちを悩ませたのが柱の膨らみ、この「エンタシス」である。柱の中ほどに加えられる増分であるこの膨らみを、後継者たちは、まさに人体のシルエットであり、いや柱の起源であるはずの樹の幹のそれである、とさまざまに解釈した。しかしウィトルウィウスがその根拠として展開したのは、いわゆる視覚補正の理論、すなわち下から見上げたときの形の歪みをあらかじめ補正するという、古代には汎用性のあった理論のみであって、彼は樹木にも身体にも言及していない。しかも「最後の巻にそれの図形と計算が記されるであろう」としながら、そうしていないのである。❖二九 このように彼はエンタシスの輪郭を図示するといいながらそうしなかったので、ルネサンスの建築家たちは独自のものを考案した。

それを補足するかのようにルカ・パチョーリは中央部に膨らみをもつ円柱を提案している。『神聖比例』(一五〇九年)における建築の章の第五章において、エンタシスについて「円柱における小平縁の手前の下部直径は、小平縁を含む上部直径よりも大きいのであって、円柱が支える加重に対抗できるためである。この下部直径から円柱の下三分の一の箇所までは直径はしだいに太くなり、人体のようにする。中央の三分の一はこの直径は同じままである。第三の三分の一、すなわち円柱の最頂部までは直径はしだいに小さくなってゆく」。❖三〇 樹木という言葉を使っていないことと、中央部が膨れたこのような樹幹は希であることを考えれば、パチョーリはエンタシスが樹幹に由来するというように書く意図はなかったようである。

影響力があったのはヴィニョーラの方法と、パラディオのそれである。ヴィニョーラが『建築の五つのオーダー』三一章で図示したふたつの方法は、いずれも柱身下三分の一の高さのを基準とすることは共通しているが、ひとつは半円を等角に細分したものを投影する方法と、もうひとつは基準高さにおける直径を、上下になるほど角度をつけることで直径を低減するが、その角度をつけた延長線はつねに決まった一点を通る、というものである[図4]。いっぽうパラディオが『建築四書』第一書第一三章で説明するのは、理論的というよりプラグマティックなもので、柱の下三分の一に定規を固定し、上三分の二に内側に必要なぶんだけ曲げる、というものであり、数学的根拠ではなく定規の弾性に委ねられる。

さて円柱の輪郭について理論的考察が最も展開されたのは、建築アカデミー初代教授フランソワ・ブロンデル『建築の主要四問題の解決』(パリ、一六七三年)であろう。四問題とは、柱の輪郭、斜めアーチの輪郭、斜めアーチの要石、梁の幅と高さ、である。円柱の輪郭について、ブロンデルがみずから検討の経緯を説明している。それによると、ウィトルウィウスの説明は不十分で、後世の建築家たちの説明もまちまちである。これまでこの輪郭は自然の法則ではなく、趣味によって決められてきたからである。ブロンデルはある日、ヴィニョーラの方法でイオニア式、コリント式の輪郭を描いていたが、それらの線はニコメデス(紀元六〇頃から一二〇頃、古代ギリシアのピタゴラス派の数学者)が考案したいわゆる「コンコイド曲線」であることに気がついた。ブロンデルはそのことをアブラアム・ボスに話したことから、ふたりはそれを検討し、その結果、放物線(トスカナ式、ドリス式のために)、楕円、円、双曲線などをつぎつぎと提案して行く。そのなかでもデカルトが円錐曲線を最も賞賛したということを根拠に、三種類の円錐曲線である楕円、放物線、双曲線が柱の輪郭にふさわしいと考えた。❖三一 世界は幾何学によって成立しているという哲学をそのまま建築に適用したのであった。

ブロンデルの影響下にあったアカデミーの建築家オギュスタン・シャルル・ダヴィレもまた『建築教程』(一六九一年)において、円柱の輪郭を検討するために、直径低減(diminution)という柱の上部直径が下部直径よりどのくらい小さいかということ、膨らみ(Renflement)＝エンタシスという柱の上下端を結んだ直線より輪郭がどのていど膨れた曲線をなしているかということ、という二項目を区別している。原始的な小屋において、太古の人びとが木の幹を柱としてつかったということが建築オーダーの起源であると説明している。❖三二 輪郭曲線とし

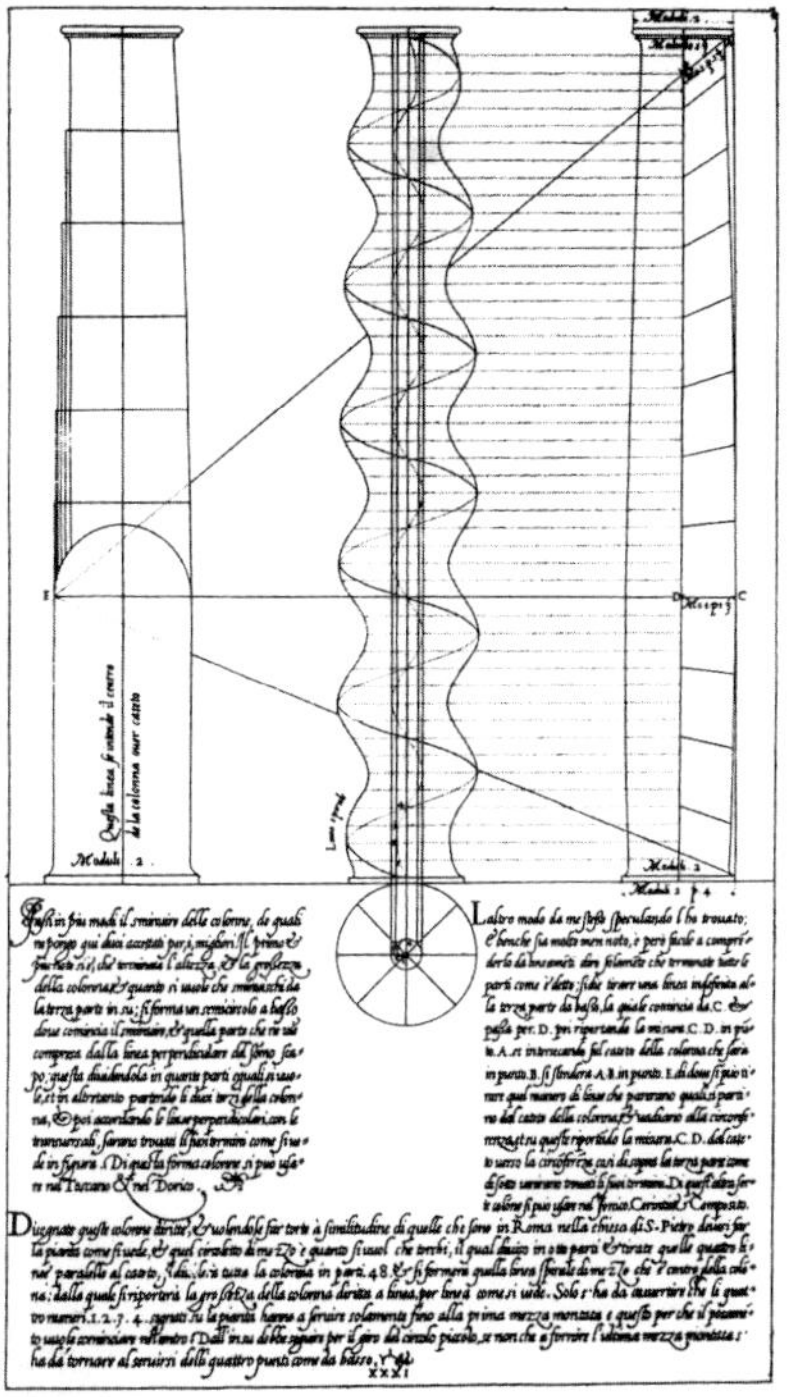

【図4】ヴィニョーラ《エンタシスの作図法》
引用出典:『建築の五つのオーダー』

てはヴィニョーラがコンコイド曲線を建築に応用した最初の建築家であることを確認したうえで、その方法論をより整合化するという立場である。[三三]
ブロンデルは教授であったとはいえ、数学者であり、その極端な幾何学至上主義はより実践的な建築家たちから若干緩和されるようになる。一八世紀初頭のアカデミー教授アントワーヌ・デゴデは『建築オーダー論』(一七一七年)のなかで、ヴィニョーラの輪郭作図法を紹介しながらも、一節をさいて、大きな円弧の一部とする方法を説明している。[三四] さらにフィリップ・ド・ラ・イールになると、ヴィニョーラとパラディオの方法を併置し、どちらかというとコンコイド曲線を擁護するような姿勢を見せている。[三五] これらは緩和されたデカルト主義とでもいえるだろう。そして一七世紀から一八世紀はじめにかけてのこのような観念的な建築理論への反動として、新古典主義が、そしてロマン主義がたち現われてくる。こうしたパースペクティヴのもとでは、逸脱と奇想について探求を重ねたバルトルシャイティスもまた近代人であることが容易にみてとれる。

このように樹幹=円柱というアナロジーそのものが迷宮のような森を構成しているのであるが、そのなかのおおまかな見取り図としては、一本の「幹」に類似させるのは、一で全体を代表させようとする、古典主義的、普遍主義、観念論、構築主義的な味方であり、多数の樹木からなる「森」に類似させるのは、ロマン主義的、集団表象的、生成的であるというように二元論的に考えることもできよう。しかしすでに指摘したように古典主義/ロマン主義という二元論そのものは近代的なものである。幹と森はかならずしも両立しないものではなく、じっさい、ルネサンス期の建築家たちは両方の発想を受け入れることができた。こうした立場は、もちろん相対的なものであるとはいえ、現代建築において建築空間そのものをランドスケープ化したり、柱を樹幹に見立てたり、柱がまさに林立するさまが、自然の光景のように思わせることに、近いのである。

一例としてセルリオが建築書第二書のなかで触れている劇場の舞台セットがある。ウィトルウィウスがすでに第五書第七章で述べているように、劇場のスカエナには三種類あり、悲劇のそれは「円柱や破風や彫刻やその他王者に属するもの」で構成され、喜劇のそれは「私人の邸宅や露台の外観また一般建物の手法を模して配置された窓の情景」により、風刺劇のそれは「樹木や洞窟や山やその他庭師のつくる景色にかたどった田園の風物で装飾される」[三六]。セルリオはそれを踏襲して三種類を用意するのであるが、ジョン・オナイアンズが指摘しているように、三種類の舞台は、古代建築、中世ゴシック建築、森などの田園風景、に対応している[三七]。悲劇は古典主義的な町並みがバックになるが、喜劇ではゴシック的な民衆の日常的な町並みであり、風刺劇では都会の洗練や礼儀作法が及ばない田園が舞台となる。放縦な生活をおくっている人びとが批判され嘲笑されるのであり、腐敗と犯罪はおなじである。しかしこうした逸脱も田舎の民衆には大目にみられることもある。それゆえ風刺劇のセットは、森、岩、丘、山、花、泉で飾られ、ときには粗野な小屋も備え付けられる[三八]［図5］。

【図5】セルリオ《風刺劇のセット》

奥行きのあるパースペクティヴにするため当然だとはいえ、古代風、中世風の書き割りと同様、中央部は、木々が若干のランダムではあるが、列柱街路のように、奥にのびている。あきらかに建築的な構成による森の景観である。だからここでも人工的な柱と、自然の森はアナロジー的に循環しているのである。森からなる自然と、柱からなる人工は、たがいに反映しあう。セルリオの構想のなかでは、森は反都市、反秩序、反良識であり、都市という人工的世界からの解放をもとめて構想される、もうひとつの人工的な世界である。このようなものに近いことが現代建築のあるもののなかでも構想されているのであろう。

❖一――アルベルティ『アルベルティ建築論』（相川浩訳、中央公論美術出版、一九八二）、二八頁。

❖二――Jacques Lucan, *Des colonnes, mais creuses: de Louis I.Kahn à Toyo Ito*; Roberto Gargiani ed., *La Colonne*, 2008, pp.507-519.

❖三――初出：『建築』一九六三年九月号。再録：菊竹清訓『代謝建築論』（彰国社、一九六九）、一〇四頁–。

❖四――初出：『a/a』一九六四年六月。再録：菊竹清訓『代謝建築論』（彰国社、一九六九）、一一〇頁–。

❖五――菊竹清訓『代謝建築論』、一〇七頁。

❖六――稲垣榮三『原色日本の美術一六　神社と霊廟』（小学館、一九七一）、一六八―一七二頁。

❖七――菊竹前掲書、一〇五頁。

❖八――ペヴスナー『美術建築デザインの研究　一』（鈴木博之他訳、鹿島出版会、一九八〇）、二四五頁。

❖九――ペヴスナー、前掲書、二五七頁。

❖一〇――バルトルシャイティス『アベラシオン　バルトルシャイティス著作集一』（種村季弘＋巌谷國士訳、国書刊行会、一九九一）、一五七頁。

❖一一――前掲書、一五九頁。

❖一二――アイネム『風景画家フリードリヒ』（藤縄千艸訳、高科書店、一九九一）、一二三頁。

❖一三――前掲書、九七―一〇〇頁。

❖一四――David Watkin, *German Architecture and the Classical Idea 1740-1840*, London, 1987, p.87.

❖一五――Snodin, *KF Schinkel a universal man*, 1991; Szambien, *SCHINKEL*, Hazan, 1989.

❖一六――Snodin, *op.cit.*, p.97.

❖一七――Szambien, *op.cit.*, p.20.

❖一八――『世界美術大全集二〇　ロマン主義』（小学館、一九九三）、vol.20-461。

❖一九――ルルカー『シンボルとしての樹木』（林捷訳、法政大学出版局、一九九四）、二五頁。

❖二〇――前掲書、九九頁。

❖二一――前掲書、一七五頁。

❖二二――ウィトルウィウス『建築十書』第二書、第一章。

❖二三――前掲書第三書、第一章。

❖二四――藤本康雄『ヴィラール・ド・オヌクールの画帳』（鹿島出版会、一九七二）、一四二―一四九頁。

❖二五――Philibert De L'Orme, *Le Premier Tome d'Architecture*, p.217.

❖二六――Monclos, *Philibert De L'Orme*, Menges, 2000, p.191.

❖二七――アルベルティ『建築論』（相川浩訳）第一書第十章、二八頁。

❖二八――Philibert De L'Orme, *op.cit.*, p.217.

❖二九――ウィトルウィウス、前掲書、第三書第三章の末尾。

❖三〇――Luca Pacioli, *De divina proportione*, Venezia, 1509.

❖三一――François Blondel, *Résolution des quatre problemes principaux de l' architecture*, Paris, 1673.

❖三二――D'Aviler, *Cours d'Architecture*, 1691, p.2.
❖三三――*Op.cit.*, pp.100-105.
❖三四――Antoine Desgodets, *Traité des Ordres d'Architecture.*
❖三五――Philippe de La Hire, *Architecture civile*, 1717.
❖三六――ウィトルウィウス『ウィトルウィウス建築十書』(森田慶一訳、東海大学出版会、一九七九)、一三一頁。
❖三七――ジョン・オナイアンズ『建築オーダーの意味』(日高＋土居他訳、中央公論美術出版、二〇〇四)、三一四-三一七頁。
❖三八――Hart & Hicks, *Sebastiano Serlio on Architecture*, Yale Univ. Press, 1996.

プロスペローの苑

初期近代の幾何学庭園における世界表象

桑木野幸司

序

楽園と庭

ローマから東へおよそ三〇キロ、古代以来の風光明媚な避暑地として知られる小邑ティヴォリ。オリーヴが群生するその静かな丘を削って築かれた、マニエリスムの名園ヴィッラ・デステは、夏の一時期、涼をもとめる人々でにぎわいをみせる。苔むした無数の噴水が運ぶ涼気、鬱然たるシダの茂みに覆われて何やら判別のつかない幾多の彫刻、そして亭々と茂る糸杉の巨木が落とす濃い蔭。園路のいたるところ、奔々と繁る木々に視界をさえぎられ、時には自分の居場所を確認することさえ容易ではない［図1］。この、強靭旺盛な自然の生命力になかば屈し、朽ちかけたかのように見える庭園が、実はかつて一面、精巧な幾何花壇に覆われ、上下のテラスを貫いて幾本もの通景線《ヴィスタ》が縦横に走り、その整調美のうちに、理想世界の雛型をミクロコスモスとして表象していたという事実を知るならば、人はたまらない感懐におそわれる。人工と自然をめぐる無窮の葛藤史の一幕に、自分も立ちあっていることに気づくからだ。

古代メソポタミアやギリシャの神話伝承を引くまでもなく、庭園とはつねに、理想の世界を表象する精神的空間であった。楽園を渇仰する人々の造形意思が、もっとも純粋なかたちで発露されたのが、庭園であったとさえいえる。❖一 創世の原初に失楽園という、残酷にして甘味な神話を持つキリスト教徒にとっては、ことのほか、エデン神苑の再創造は、焦眉の課題であったに違いない［図2］。

やがて文明の進展とともに、遠い神話世界の素朴な写しではあきたらず、自らが知りえた森羅万象の知識、すなわちコスモグラフィーを視覚的に再現する場へと、庭園は発展を遂げて行く。人の手で囲いこまれ、調伏された自然はこうして、観念を盛るための器へと姿をかえる。庭という空間を知性化するそのようなメンタリティの強度は、西欧の文学伝統に繰り返しあらわれるロクス・アモエヌス（心地よき場）というトポスが、これをよく傍証している。❖二 ホメロスよりこの方、たいていの文学作品には、花樹菓林が茂り、清冽な泉が湧き、繚乱たる百花が咲き笑う、そんなお決まりの自然描写が一つや二つはある。人々はそうした心地よい情景から感興を得て、詩作に興じ、あるいは哲学的清談にふけりながら、緑陰の中で知的瞑想に身をゆだねる。プラトンの『パイドロス』もまた、プラタナスの木陰で交わされた哲学的対話であった。馴致された、甘やかな自然は、人々を哲学的思索へといざなうポテンシャルを秘めているのだ。そして庭園もまた、理想化された自然の一つとして、知的活動を誘因する理想の環境をそなえていた。

こうしてみると、庭園という空間は、きわめて

【図1】エステ荘（筆者撮影）
【図2】楽園としての庭（逸名画家、1410年頃、フランク・フルト、Städelsches Kunstinstitut）

知的密度の高い、一種の観念複合体を形成してきたことがわかる。そして、その知的テンションが西欧で頂点に達するのが、一六世紀の後半、芸術区分においてはマニエリスムからプレ・バロックにかけての時代であった。新大陸やアジア諸国から大量に流れ込む未知の文物や知見、台頭する新科学、宗教的動乱、資本主義経済の発達などなど、当時の人々の知的基盤を根底からゆさぶったに違いない数々の出来事は、知の空間たる庭園にも、はっきりとその痕跡を残している。いやむしろ、人々の世界観を鏡のごとく反映する庭園こそが、当時の知の動乱をもっともクリアーに映し出す、特権的な空間であったとさえいえよう。

英国庭園史の泰斗ロイ・ストロングはかつて、玄妙精緻な仕掛け噴水だの、魁偉な彫像だの、珍獣奇鳥だのにあふれた往時のマニエリスム庭園を心に描きながら、まるでプロスペロー（シェークスピア『あらし』）の魔法の島を往くようだ、との感懐をもらした[三]。冒頭に紹介したエステ荘もまた、訪問者たちをメラヴィリアの渦に巻き込む、そんな魔術的空間であった。本稿では以下に、マニエリスム庭園という最高の世界表象装置が織りなす観念の織り糸を、丁寧に解きほぐし、その色合いや強度をつぶさに検証しながら、精神史研究における庭園の豊穣性を明らかにしてみたい。そして、その魔法の糸を再び心の中で編み上げたとき、プロスペローの苑はその真の姿を、我々に見せてくれることだろう。

一　マニエリスム庭園における世界の表象

一―一　庭園における地誌の再現

一六世紀後半の庭園を分析するまえに、そのスタイル上の基盤となったルネサンス庭園について概観しておこう。中世までの閉塞的な隠園が、その殻を破り、空間造形史に大革命を巻き起

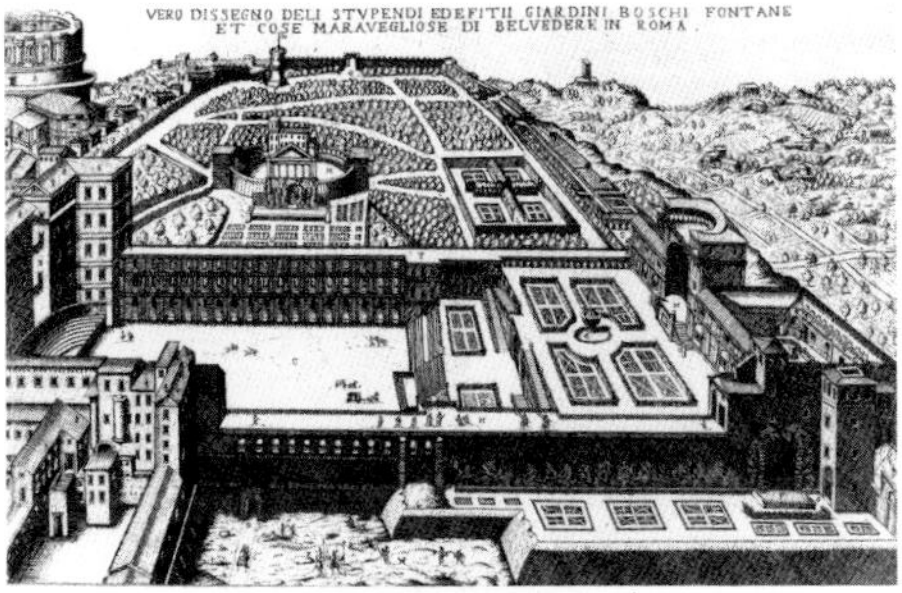

［図3］ベルヴェデーレの中庭とヴァティカンの庭園（M. Cartaro, *Speculum Romanae Magnificentiae*, 1574）
［図4］カステッロ庭園（G. Utens, *Villa Medici*, Castello, 1599, Firenze, Museo di Firenze com'era）

こす契機となったのは、ルネサンスに沸く聖都ローマの特殊な文化風土であった。

一六世紀初頭の教皇庁――。自らを古代ローマ皇帝に比してやまない教皇の権力表象欲と、やはり古代建築の探究から生まれた遠近法という魔術的な視法が、これ以上ない絶妙のタイミングで結合する。それが、単体建築のスケールをはるかに超え出た、ヴァティカン宮殿のベルヴェデーレの中庭建設（一五〇五年以降）であった［図3］。教皇ユリウス二世のもと、建築家D・ブラマンテがその天才ぶりを遺憾なく発揮したこの空間は、テラスによる敷地高低差の吸収、パースを強調した劇場的空間演出、バロックを先取りするモニュメンタルな連結階段、噴水の大規模な使用など、その後のあらゆる造園の参照点となる、幾多の革新性を備えていた。古代ローマの再現にとどまらず、それを凌駕したという近代人の自負が、空間に結晶化した事例といえるだろう。

こうしてローマで開発されるや一挙に完成の域に達した、遠近法が支配する庭園空間は、次のステップとして、権力表象のための精緻な図像プログラムを盛る器として、機能するようになる。この流れを徹底的に推し進めたのが、フィレンツェに専制権力を確立したメディチ家のコジモ一世（一五一九―七四）であった。彼は権力を奪取してすぐのち一五三七年、フィレンツェ郊外のカステッロの地に、広壮な幾何学庭園の造営を開始する。トリーボロ、ヴァザーリ、アンマナーティ、

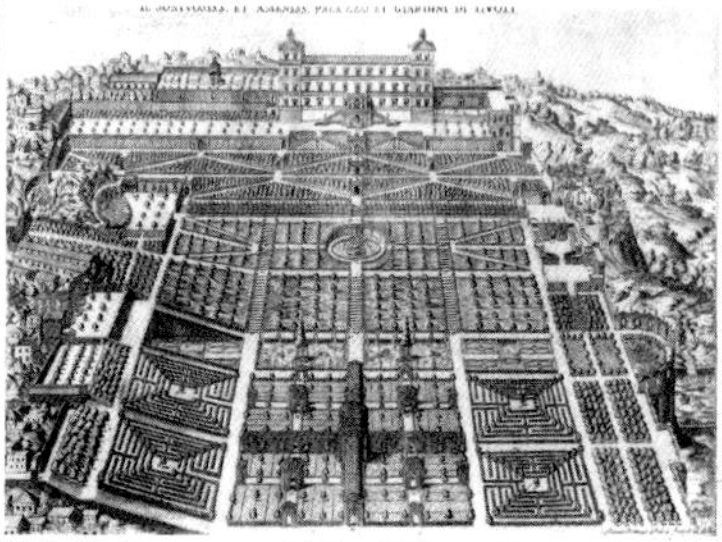

【図5】カステッロ庭園の動物のグロッタ
【図6】エステ荘（E. Dupérac, *Villa d'Este, Tivoli*, 1573, The British Library, London）

ブオンタレンティといった錚々たる芸術家たちが作り上げたこの庭園こそ、メディチ家によるトスカーナ支配を視覚的に称揚する、権力演出のためのポリティカル・シアターであった❖四［図4］。

庭園の中心テーマは、「地誌の再現」である。最上部には巨大な養魚池が、アペニン山脈を表象する巨魁像とともに設置されているが、これはトスカーナの水源を示したものだ。これに続く下段テラスでは、上段との高低差を吸収する擁壁の部分にニッチが穿たれ、ムニョーネ河とアルノ河の水源が、彫像噴水で象徴的に表現されている。ともに、トスカーナを潤す二本の水流だ。そして同じ擁壁の中央部には、多様な動物彫刻が蝟集するグロッタが掘りこまれ、豊かな動物相と調和的な治世とをシンボライズしている［図5］。ここからさらに下った庭園中央の大区画は、フィレンツェを象徴する噴水を中心に構成されている。四周を囲う壁面には、四季、枢要徳、諸学芸などの擬人像が、それぞれメディチ家の先人たちの肖像として設置されている。学芸庇護によって徳知が行き渡る公国首邑を賛美した、一種の理想都市だ。そして庭園中央軸の最後を締めくくるのは、アンタイウスを締め上げる勇壮なヘラクレスの噴水。敵を打ち負かし、徳を確立するコジモ一世への強烈なオマージュだ。

このように、カステッロ庭園は全体として、アペニン山脈から流れ出てフィレンツェに到る自然の水流を、彫刻と噴水の連鎖によって図式的に再現したものであり、それはコジモ一世が統治する領土のミニチュア化に他ならなかった。庭を逍遥する者たちは、秩序然と構成された緑の空間の背後にトスカーナの豊穣な地誌を透かし見つつ、メディチ一族の業績を精神に刻みつける。それは一種の記憶劇場でもあった。

庭園におけるこの種のトポグラフィー再現は、これ以降の作庭様式の主流となる。冒頭で触れたエステ荘を取り上げて、もう一例だけ見ておこう［図6］。イッポーリト・デステ枢機卿が一五六〇年頃から造営した同庭園の上部のテラスには、三段構成の噴水が平行に連なる「百噴水の通り」が走っている❖五［図7］。この通りの両端には、それぞれローマの噴水とティヴォリの噴水が設けられている。容易に想像できるように、この三段構成の噴水群は、聖都ローマとティヴォリの地とを結ぶ、三本の河を表象しているのだ。ローマの噴水は、現在は傷みが激しいものの、かつては、七つの丘を象徴するミニ古代建築のファサードが連なり、一種のジオラマを構成していた［図8］。ティヴォリの噴水まで行き着いた水流は、さらに庭園のテラスを下ってゆき、最下段にある、海をあらわす巨大な養魚池へと注ぐ。

【図7】エステ荘の百噴水の通り（筆者撮影）
【図8】エステ荘のローマの噴水（筆者撮影）
【図9】エステ荘の庭園を描いたフレスコ画（筆者撮影）

以上の事例と関連して興味深いのが、当時の大庭園の多くが、絵画に描かれているという点である。メディチ大公のヴィッラ群は、一六世紀末にジュスト・ウテンスがあまさず記録している他、エステ荘やランテ荘、カプラローラといったマニエリスムの名園はいずれもフレスコ画に描かれ、時には別のヴィッラに所有されていた［図9］。世界を表象する庭が、一つのオブジェとして、また別の世界表象庭園でコレクションされるという、めまいのするような交映の連鎖が展開していたわけだ。その背景には、当時の地図蒐集やコスモグラフィーの大流行の影響も見え隠れする。❖六 ヴィッラ庭園はこうして、荘園経営といった実務上の制約を完全に離れ、領地の精神的コントロールの拠点として機能するようになったのである。

一―二　庭園における博物蒐集

上述したトポグラフィー再現は、しかしながらあくまで図面上の解釈であって、高低差の激しい広大な庭園を実際に歩いてみると、印象はまるで違ってくる。庭園とは、散策者の動きを前提とした三次元の空間であり、そこには、人々の五感を総攻撃し、その身体性を強烈に意識させる、実にフィジカルな泥臭い面があるのだ。このことを忘失した机上の庭園史研究は、美術史の亜流のイコノロジー解釈の域を抜け出ることはできないだろう。

庭園における知とは、体験する知であった。そのもっとも端的な事例が、園内で展開された博物コレクションである。精密な幾何学花壇には僻遠の異境・異国の花卉草木、大輪奇菓が放埓に咲きくずれ、馥郁たる香りであたりの空気をムっとさせる。養魚池や鳥舎や人工洞窟では、本物の虫魚禽獣、金石珠玉が、自動機械人形や古代彫像と綯い交ぜになって、立錐の余地なく空間を覆い尽くす。好奇心に駆られた散策者がうかつに近づこうものなら、たちまち遊戯噴水の洗礼を浴びてしまうという、そんな教訓的な仕掛もしっかり忘れていない。D・ハントが先駆的に指摘したように、庭園でのコレクションの問題は、同時代の芸術・博物蒐集趣味の大流

行との関連で、分析する必要があるのだ。[七]

ここでもう一度、一六世紀中葉の知的背景を見ておく必要がある。この時期、解剖劇場や博物蒐集、科学アカデミーといった近代科学の基礎を築く施設がヨーロッパ各地に陸続と建設され、新たな知が日々生産されていたかたわら、それらの新知見を旧套の知の結構に接ぎ木せんとする百科全書主義が台頭し、あるいはそんな未曾有の出版企図を理論面からバックアップするラムスの方法論だの、記憶術だの、普遍言語論だのが、知の煮沸状態を現出させていた。[八] 視覚芸術の世界もまた、こうした知的動向に歩調をあわせ、大きな変化を見せる。トスカーナ宮廷ではI・リゴッツィがミケランジェロ級と称された腕前で、蛮産の草木金石蟲魚を描いて博物画の傑作を量産する一方、アルプスの北では騎士G・アルチンボルドがその綺想の粋をこらした果物人面画を描いて皇帝ルドルフ二世を歓喜させていた。[九]

こうした背景のもとに見るなら、マニエリスム期の大庭園こそは、当時の爆発寸前の知を、絵画や彫刻や幾何学剪定術《アルス・トピアリア》や自動機械といった視覚表象物の形で、建築空間に整序し、布置するための手段でもあったと解釈できる。遠近法と幾何学によって完璧にコントロールされた空間に、天地・人倫から草木虫魚にいたる万般の事物がきっちりと腑分けされ、表象されているのを俯瞰する快感――。いわば、百科全書の紙面に盛られるべき珍詞綺語、珍物奇詞のひとつひとつを、具体的なオブジェとして園内に配置してみせていたわけだ。庭園は、真の意味でのミクロコスモスと化す。

では、具体的な作庭例を以下に見てみよう。先ほどのカステッロ庭園は、博物蒐集の面でも先

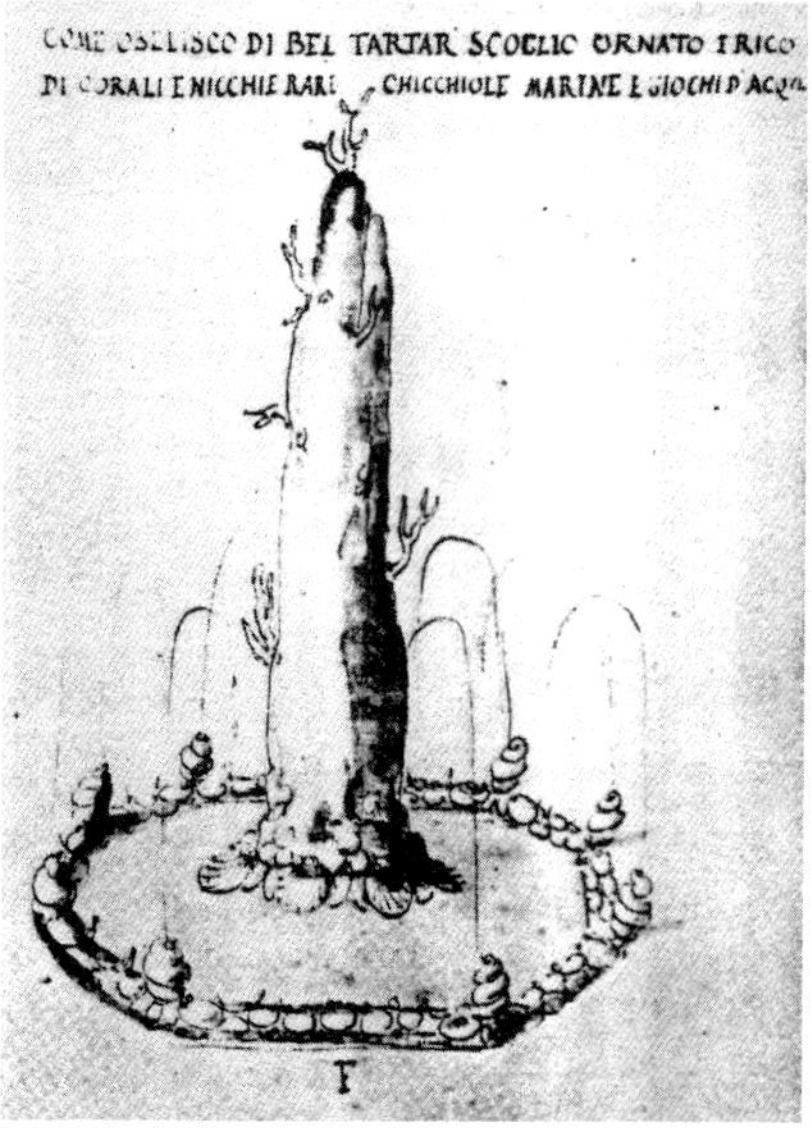

【図10】プラトリーノ庭園(G. Utens, *Villa Medici, Pratolino, 1599*, Firenze, Museo di Firenze com'era)
【図11】プラトリーノ庭園の鉱物グロッタ(G. Guerra, *Spugna at the Villa Medici, Pratolino, 1604*, Vienna, Graphische Sammlung Albertina)

鋭的な事例であった。グロッタ[図5]内には、同時代のヴンダーカンマーを彷彿させる密度で、無数の四足獣が蝟集している。各動物の体色や模様にあわせて、それにもっとも近い肌理をもつ石材を使用し、有蹄類にいたっては本物の角を用いている。さらに水盤には魚介類が掘りこまれ、また当初は天井からブロンズ製の鳥が多数吊られていた。これはもう立派な自然史ミュージアムだ。一方で、同園の豊かな植物相もまたつとに著名で、一六世紀中葉にここを訪れた博物学者P・ブロンは、庭に咲き乱れる奇葉異草のあれこれを嬉々として記録している。トスカーナの地誌を再現したこの庭に盛られた、豊かな山川草木鳥獣虫魚。それは、一種の共感魔術を通じた、領土の豊潤化を願う儀礼だったのかもしれない。

この傾向が頂点を迎えるのが、コジモを継いだ大公フランチェスコ一世が造営したプラトリーノ庭園(一五六八年以降)である[図10]。それは、無類の錬金術・博物学マニアであった大公の衒学趣味と、天才技師ブオンタレンティの綺想とが奇跡的に融合した、プロスペローの苑であった。❖一〇 まず指摘すべきは、園内の豊かな動植物相である。好奇心旺盛なボローニャの博物学者U・アルドロヴァンディがさっそく訪れて、目にした珍花奇葉をかたっぱしからカタログ化し、ここが立派な植物園たることを宣明した。庭園を覆う広大な森林には、狩猟用の動物や家畜類、異国産の珍獣が飼われ、大鳥舎には異邦禽や鳴禽類が舞い歌い、養魚池には無数の水棲動物たちが巣くう。一方で、園内の要所に置かれたグロッタ群は、貴石、鉱物、貝殻、珊瑚で一面覆われ、一種の鉱物ミュージアムと化していた［図11］。先ほどのアルドロヴァンディは、グロッタ内の写実的な壁画を見て、これが博物図譜として十分通用する精度を備えていることを喝破している。

王侯たちの庭がこうならば、家臣たちもまた、われ先にと真似をする。あちらの庭に新種植物が舶来したと聞けばたちまち人だかりができ、こちらの庭に見慣れぬ噴水装置がお目見えしたと聞けば、遠く国外からも見物客がおしよせる。そんな「園芸共和国」とでもいうべき趣味の共同体が、当時の貴紳たちのあいだでは形成されていたとおぼしい。❖二一 情報ネットワークの中の庭園という主題が、今後掘り下げてゆくべきテーマであろう。

二 庭園と記憶術

二―一　記憶術とキネティック・アーキテクチャー

庭園空間における世界知の表象というテーマを考えるとき、知にまつわる、あるメタファーが重要な意義を帯びてくる。西欧では伝統的に、情報がきちんと分類され、いつでも必要に応じてとりだせる状態を幾何庭園にたとえ、一方で知識が未整理のまま乱雑に集積した状態を、鬱蒼と生い茂った森にたとえてきた。❖二二 この類比が示唆しているのは、整形花壇の一片一片が、その形状と相互の位置関係によって、そこで栽培される育種、すなわち「情報」の検索を容易にする可能性を秘めている、ということにほかならない。実は西欧には、まさに場所の空間的秩序を巧みに活用した、蒼古たる情報管理テクニックがあった。それが、記憶術である。

記憶術をめぐる近年の西欧アカデミーの異常ともいえる関心の高まりは、初期近代のあらゆる知的活動を、記憶をキーワードに書きなおそうという勢いさえ見せている。F・イェイツとP・ロッシが半世紀前に提起した「記憶術とは何か」といった問題圏はとうに乗り越えられ、現在では、その受容や応用といった、社会的なコンテクストをさぐる方向へと、斯界の最先端はシフトしている❖一三。そしてここに、記憶術の応用としての庭園空間を考察する可能性が、ひらけてきたのだ。

記憶術の基本解説については成書にゆずるとして、ここでは要諦のみおさえておこう。術を実践するものはまず、記憶の受け皿となる仮想の建築空間を、脳内に刻印する［図12］。これを適度な間隔で分節したのち、その一つ一つに、記憶したい事柄を表象するイメージを順に置いてゆき、場とセットで覚える［図13］。イメージは、鮮烈で動きを伴うものがよい。そして最後に、この仮想建築を精神の眼で巡回し、イメージに出会うたびに、そこに託した記憶内容を取り出す、というものだ。記憶の要がなくなればイメージのみ取り換えればよく、記憶の器は何度でも使いまわせた。一見煩雑にみえるものの、空間の秩序的連鎖に、イメージのもつ情報圧縮力を効果的に組み合わせた実によくできたシステムで、近年、大脳生理学や認知科学の領域でもその有効性が実証されている。実際、未曾有の情報・物量の膨満に直面した初期近代には、記憶術は理想の情報処理モデルとして大流行を見せ、中にはG・ブルーノのように、これを応用して万有万象の知を管理操作しようとする輩もあらわれた❖一四。

ここで当然、初期近代の庭園空間の一部が、記憶術の教則に当てはまるのではないか、と考えてみたくなる。だが、分節された空間内にイメージが置かれている、と指摘しただけでは、実は何も言ったことにならない。❖一五 むしろ、記憶術が庭園の構成にどう応用され、また人々がそれをどう受容したのか、を問わなければならないはずだ。場とイメージに基づく記憶術のシステムは、人の精神構造が空間的な広がりを持つものであることを示唆している。であるならば、その脳内のストラクチャーを、実際の建築物として外延化することだって、不可能ではないはずだ。G・カミッロの記憶劇場やT・カンパネッラのユートピア都市計画など、その典型例であろう。あれは、著者の脳ミソの中身なのだ。記憶術の建築・庭園への応用をみるべきは、まさにこの点にある。

このような特殊空間においては、博学な装飾を愛でながら室内を移動する行為が、そのまま、「場＝イメージ」に準拠する脳内の認識プロセスにぴたりと一致してしまう、そんな不思議な一瞬がおとずれる。空間を巡見し、情報を整理するうちに、いつしか精神は外部空間と重なり、その境界はかぎりなく曖昧となってゆく。空間と視点の絶えざる移動・変化を前提とするこの種の建築は、見せかけの動きを追及したバロック建築とは異なる、言葉の真の意味での動く建

【図12】記憶のロクス（＝仮想建築）
（J. Romberch, *Congestorium artificiosae memoriae, Melchiorre Sessa*, Venezia, 1533.）
【図13】記憶イメージ（C. Rosselli, *Thesaurus artificiosae memoriae, Antonio Padovano*, Venezia, 1579.）

築、すなわち「キネティック・アーキテクチャー」と定義できよう。

記憶術を実践する者は、仮想の建築を精神内に建て、そこに動的イメージを配置し、自在に巡回する。一方で、記憶術的に構築された建築を往く者は、精神内の動的イメージを逐次外部に投影し、空間認識の大幅な修正を行なう。いずれのケースにおいても、その背後で機能しているのは、精神構造と物理空間との対応を主眼とする、一種の「認識的空間文法」とでもいうべき特殊な美学だ。初期近代に爆発的な流行を見せた記憶術は、この「動く建築」という不思議な概念を人々の心に植え付けた。これと正面から取り組むことなしに、当時の建築思想の完全な見取り図を描くことは難しいだろう。脳ミソもまた、真摯な建築史研究の対象となりうるのだ。

二―二　百科全書的庭園と記憶術

庭園をキネティック・アーキテクチャーの観点から分析する上で、格好の素材を提供してくれるのが、ドミニコ会修道士A・デル・リッチョ(一五四一―九八)だ。記憶術論の著者でもある彼は、遺作となった『経験農業論』(一五九六―九八)の中で理想庭園を計画するのだが、その一角に広大な迷路状の森林区画を設け、そこに、多様な装飾に溢れた合計三二のグロッタ(人工洞窟)を設置する[図14]❖一六。樹林迷路に、薄ぐらい洞窟――。ともすれば、無秩序な知の集積にもみえかねないこの計画は、しかしながら一審級上のレベルで、「整序されるべき百科全書的な知識」そのものへの深い示唆を行なう、実にメタな意識に貫かれている。

デル・リッチョは、各グロッタに神話伝承や博物学からとった一つのテーマを割り当て、それを絵画、彫刻、自動機械人形を用いて飾り立てる。ここで特徴的なのが、装飾イメージの写実性が、繰り返し強調されている点だ。たとえば四足獣の影像は、体色や模様にあった石材を用いる一方で、壁画として描く場合には、鮮やかな色彩で実物大に表現する。さらには水力駆動の自動機械装置が、リアルな動きで寸劇を上演し、訪問者たちの心に強い印象を刻みつける。写実的で実際に「動く」これらの装飾は、記憶術的な意図をもったイメージであるとみてよいだろう。さらに興味深いことに、これら装飾のテーマを巡ってあれこれ議論する散策者たちの情景が、テクストの各所に挿入されている。すなわちデル・リッチョは、グロッタ群をたんなる静的な知の保管庫ではなく、創造的思考を誘発する装置とみているのだ。鮮烈な装飾イメージは、記憶内の関連する他の情報を刺激し、新たなテーマと議論を生産する力があるのである。

では、具体的にどんな知識が、どのような方法で伝達されるのか、詳しく見てみよう。たとえば、「愛」をテーマとするグロッタでは、クピードの影像が中央に置かれ、その周囲を、愛を主題とする様々な図像が囲む。その中の一つは、黄金の鎖を手に持つクピードが玉座に腰かけた姿を描くものだ。鎖の先には、老若男女、高貴卑賤のあらゆる人々が束縛され、鎖にはラテン語のモットー「Omnes attrao」(我ハ、全テヲ惹キ寄セル)が結わえられている。つまり、愛の力は階級や年齢の別なく、全ての人を縛りつける、という訓戒だ。謎めいた図像とラテン語寸句の結合によって倫理的メッセージを生み出すこの手法は、同時代に大流行したエンブレ

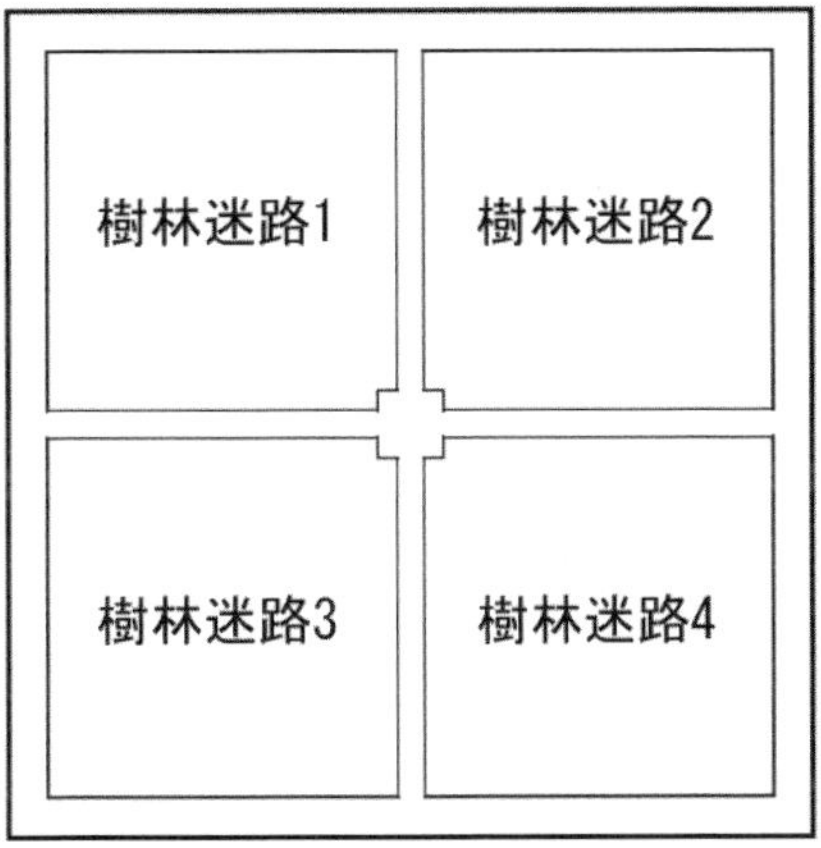

【図14】理想庭園の樹林迷路ダイアグラム（筆者作成）。四つの迷路区画にそれぞれ8つずつ、森全体で合計32のグロッタが配置される。

【図15】愛のエンブレム（Potentissimus affectus amor, in A. Alciato, *Emblematum liber*, H. Steyner, Augsburg, 1531

ム／インプレーザ文学とまったく同じだ❖一七〔図15〕。実はデル・リッチョはテクストの各所で、インプレーザを論じた自著について言及しており、この伝存しない彼の著作が、クピード図像の出典である可能性が高い。愛のグロッタはこうして、巨大な愛のインプレーザとなる。

この他にも、明らかに同時代のエンブレム文学から影響を受けたとおぼしい装飾が、多くのグロッタに見られる。これらに共通するのは、中心テーマとなる動物や神を彫像であらわし、その周囲に、関連する主題を装飾として描く、という手法だ。つまり、ライオンがテーマのグロッタなら、その壁画には、ライオンにまつわるあらゆる神話伝承や博物学的情報が描かれる。主題がバッコス神ならワインの文化史が、ヘラクレスなら闘争の博物誌がグロッタ内で展開する。つまり三二のグロッタは、修辞学でいうところの常套主題（loci communes）、すなわちトピック・インデックスの視覚的相応物なのだ❖一八。穿った見方をするならば、デル・リッチョは膨大な百科全書的知識を、エンブレム的イメージの情報圧縮力と、記憶術の立体的データ整理法とを巧みに利用して「物質化」してみせたといえる。迷路状の森に散布されたテーマ別のグロッタを巡見することは、そのまま、ドミニコ会修道士の頭の中の認識プロセスをなぞることに等しい。記憶術というアリアドネの糸を有するものは、この鬱蒼と生い茂る知の森林迷路の中でも迷うことなく、創造的記憶を生み続けることができるのだ。

これと同様の百科全書的な理想庭園は、B・パリシーやD・エラスムスなども同時期に構想している❖一九。いずれも現実の作庭例から着想を得た計画であり、当時の庭園を、記憶術を応用したダイナミックな情報処理空間として考察する可能性を我々に示している。

三 エデン神苑あるいは天空の写しとしての植物園

庭園空間と知識の管理・表象とが、もっとも端的なかたちで結びついた事例を、最後に見ておこう。それが、初期近代に生まれた特殊な庭園類型である、植物園だ。科学史と庭園史にまたがる対象だけに、これまで敬遠されがちであったのだが、前世紀の末から本格的な研究がはじまり、これが実に魅惑的なテーマであることが徐々にわかってきた。❖二〇

一六世紀初頭、ディオスコリデス『薬物誌』他の古典文献に記載されている植物を実地検分して、その記述を訂正・補完してゆく中から、医学から独立した近代植物学が自立してくる。その流れの中で、世界中の植物標本を一堂にあつめた研究・教育機関としての、植物園設立の機運が高まった。公共性をもった世界初の近代的植物園は、一六世紀中葉に、ピサ、パドヴァ、フィレンツェの各市に造営されたものをもって嚆矢とする。以降、欧州各地の大学都市に同様の施設が陸続と建設されていった。

植物園というと、純粋な科学研究を目的とする、機能主義的な空間と思われがちだが、黎明期には、そこに様々な象徴性や宗教的信条などが幾重にも畳みこまれ、王侯豪商たちの歓楽の庭に勝るとも劣らない、重厚なシンボリズムを醸成していた。その最たるものが、エデン神苑の再現、すなわち植物園を通じての失寵の回復というコンセプトである。花壇の脇には、博物標本ギャラリーが付設されるケースが多く、文字通り世界中の農林水産鉱物資源がここに一堂に会することになった。そして、それら自然産品の分類を極め、正しい名称を割り当てる営為は、そのまま、エデンにおけるアダムの命名行為に重なると考えられていたのだ。❖二一

植物園の象徴性は、花壇のデザインにもしっかり現われている。眺望をもとめた王侯の庭と異なり、植物園は平坦地に建設されたため、よりいっそう精緻な花壇デザインが可能となった。当時の植物園は全体を十字路で四分割するパターンが多かったが、これは、四のシンボリズムにかこつけて、四大陸、四方位、四元素、四気質、といった一連の観念を表現したものと思われるが、古代ローマの軍営地や都市の設計手法からの影響を認めることもできる。そして分割された区画の中には、時として雪の結晶かとみまごう細緻な花壇が張り巡らされた。もちろん、より多くの品種を分類栽培する要請から生まれた形状であるが、同時に一種の護符として、あるいは占星術のホロスコープとして意図されていた側面も、否定できない。そのもっとも象徴的な事例が、一五四五年に開設されたパドヴァ植物園だ[図16]。ヴェネツィア政府の肝いりで築庭された同園のデザインは、円形の外周路に内接する正方形を、十字路で四分割したものである。こうして得られた四つの方形区画には、さらに内接円が描かれ、その中に鋭い光芒を放つ星型の花壇が見える。ある仮説によれば、園内で栽培される植物の位置が、獣帯や惑星からの影響を考慮して決定されていた可能性があるという。❖二二

西欧の思想伝統においては、地上のあらゆる存在は、天を構成するのと同じ物質、すなわち第五精髄を分け持っていると考えられた。近代植物学が確立しつつあった一六世紀においてもこの理論は根強く揺曳し、たとえばパラケルスス学派は、植物を地上に落ちた星と見なし、渾天に散布された星々を天空に咲き笑う花々と観じる、詩的なイメージを提出した。❖二三 当時の農書や園芸書をひも解けば、庭師や植物学者の必須の教養として、天文・占星術の知識が必ず挙げられている。月齢の変化や、獣帯内の惑星の位置などが、樹液の増減や薬効成分の濃度を左右す

ると考えられていたからだ。一六〇三年造営のマントヴァ植物園にいたっては、ホロスコープそのままの形状をした花壇を天空にむけて晒していた[図17]。星澄める夜——。幾何花壇に降り立った植物学者たちは、天上に星度を推考しながら、もっとも好ましい星辰の影響を植物に封入する、占星術師でもあったのだ。

もちろん象徴性ばかりでなく、当時の植物園には地上の実益に結びついた世俗的側面もあった。薫香料の生産や、疫病・戦役時の薬物資源の確保に加え、パドヴァ植物園では、対トルコ戦争用の毒薬開発まで行なわれていたという。必要な植物を素早く検索するため、分類花壇内には細かく数字が振られ、標本の位置と名称を記したカタログが常備された。花壇を記憶の器とし、植物をイメージとする、一種の記憶術の応用である。当時の植物園の多くには、前述した博物標本館のほかにも、薬学実験用の蒸留工房、図書館、そして博物図譜を生産するアート工房などが付設されていた。この総合的な自然研究施設の中で、学究たちは花々の芳香や色、開花時期を人工的に操作する実験に明け暮れ、最新の分類システムの開発に没頭し、画家を指揮して目を射る美麗な図譜を描かせていた。活発な知の生産が行なわれた一六世紀の植物園は、天地自然の

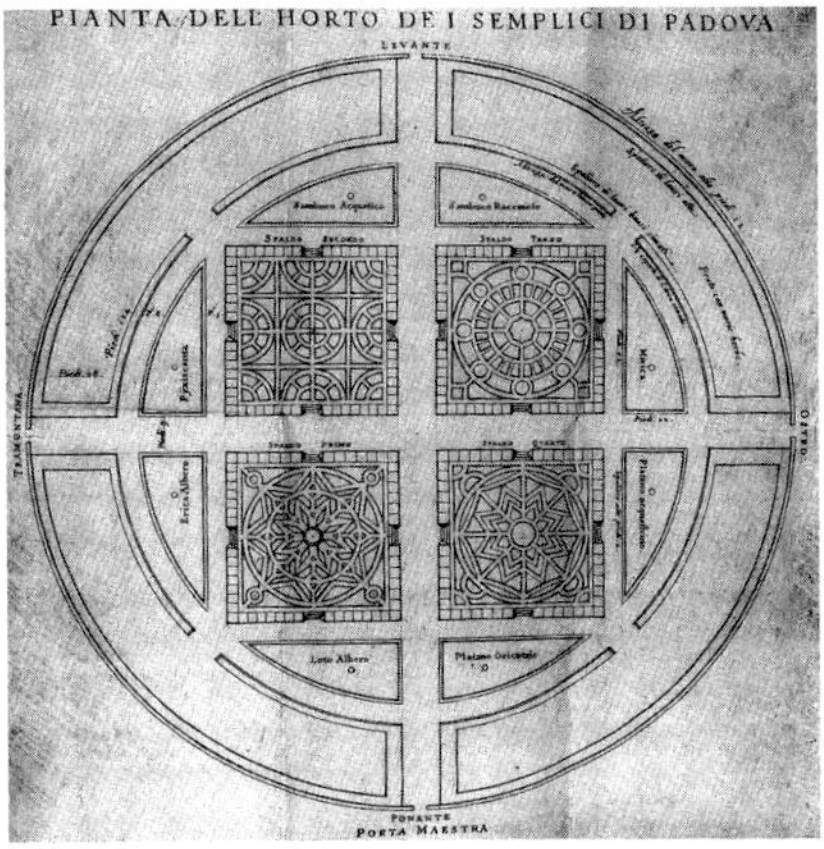

【図16】パドヴァ植物園（G. Porro, *L'Horto dei semplici di Padova*, Venezia, 1591）
【図17】マントヴァ植物園平面図（Z. Bocchi, *Giardino de' Semplici in Mantova*, Francesco Osana, Mantova, 1603）

あらゆる驚異を展覧に供する、世界劇場ではあったのだ。

結　終らぬ宴

フィレンツェから路線バスの一つに乗り、終点で降りたところに、プラトリーノ庭園が静かに横たわっている。かつて欧州中に聞こえたこの驚異の庭も、今では一面をのどかな芝が覆い、風狂の仕掛け類はことごとく散逸した。ここに限らず、一六世紀の名園奇苑の数々は、英国風景式庭園の席捲と、それに続いたロマン主義の廃墟美学の流行によって、跡形もなく取り壊されてしまった。かつて植物園を覆っていた精緻な幾何花壇も、やがてリンネ式二命名法が世を風靡すると、単純な長方形へと姿を変えてゆく。風雨でも時の侵食でもなく、人の思想・趣味の変化こそ、庭の最大の敵であったことは、なんとも皮肉な話だ。だが、「精神史研究の方法論」という魔法の杖を有するかぎり、我々はプロスペローのごとく、いつでも胸裏に、大宇宙と小宇宙の共鳴・映発するマニエリスム庭園の佳景奇観を、たちどころに描くことができよう。宴をさらに深めるには、杖の一振りさえあればいいのだ。

❖一——庭園と楽園観念の通底を探った研究は無数にあるが、テクストと美麗図版の質量において類書を圧倒する以下の著作をおすすめする：M. Fagiolo & M. A. Giusti, *Lo Specchio del Paradiso: L'immagine del giardino dall'Antico al Novecento*, Amilcare Pizzi, Milano, 1996; AA.VV., *Sur la terre comme au ciel. Jardins d'Occident à la fin du Moyen Age*, Réunion des Musées Nationaux, Paris, 2002. なお、バビロニアからローマ帝政期に至る古代庭園文化について、最新の考古学発掘成果に基づいた大規模な展覧会がフィレンツェのボーボリ庭園で近年開催された：G. Pasquale & F. Paolucci (eds.), *Il giardino antico da Babilonia a Roma*, Sillabe, Firenze, 2007.

❖二——Cfr. E. R. Crutius, *Europäische Literatur und lateinisches Mittelater*, A. Francke Verlag, 1948, chap. 10, "Die Ideallandschaft", pp. 189-207.（邦訳『ヨーロッパ文学とラテン中世』、みすず書房、一九七一）

❖三——R. Strong, *The Renaissance Garden in England*, Thames and Hudson, London, 1979.（邦訳『イングランドのルネサンス庭園』、ありな書房、二〇〇三）

❖四——カステッロ荘庭園についての基本文献は以下：C. Lazzaro, *The Italian Renaissance Garden*, Yale U.P., New Haven & London, 1990, chap. 7, "Cosimo de' Medici's Little Tuscany at Castello", pp. 167-189; C. Acidini Luchinat & G. Galletti, *Le ville e i giardini di Castello e Petraia a Firenze*, Pacini, Pisa, 1992.

❖五——エステ荘庭園についてはD. Coffinの研究が古典である：D. Coffin, *The Villa d'Este at Tivoli*, Princeton U.P., Princeton, 1960. しかしながら近年、Coffinのあまりに図式的なイコノグラフィー解釈に対する様々な修正が試みられている：D. Dernie, *The Villa d'Este at Tivoli*, Academy Editions, London, 1996; I. Barsi, M. Fagiolo, M. L. Madonna, *Villa d'Este*, De Luca Editori d'Arte, Roma, 2003.

❖六——「マッピング・ルネサンス」とも呼ばれるほど、当時は地図作製技術が長足の進歩を遂げ、また美麗な地図の蒐集が王侯間で流行した。万有万象を一枚の絵に収めて所有しようとするルネサンスの地図狂い文化の諸相は、最良の執筆陣を取りそろえた次の巨大論集が徹底的に分析している：D. Woodward (ed.), *The History of Cartography vol. III: Cartography in the European Renaissance*, 2 vol., The University of Chicago Press, Chicago & London, 2007.

❖七——J. D. Hunt, "'*Curiosities to adorn Cabinets and Gardens*'", in O. Impey & A. MacGregor(eds.), *The Origins of Museums: The Cabinet of Curiosities in Sixteenth- and Seventeenth-Century Europa*, Clarendon, Oxford, 1985, pp. 193-203. なおイタリア庭園の珍品蒐集については次を参照：L. Zangheri, "*Curiosities and Marvels of the Sixteenth - Century Garden*", in M. Mosser & G. Teyssot (eds.), *The History of Garden Design*, Thames and Hudson, London, 1991, pp. 59-68.

❖八——旧套の世界観と新たな知的枠組みとが激しい角逐を繰り広げた初期近代には、両者の調停を試みるさまざまな知のモデルが提出された。一九九〇年代よりこれら知のストラクチャー自体が人文学研究の対象となり、分野通航的な優れた研究が数多く現われた。最低限おさえておくべき文献を、「知の蒐集・分類」テーマに絞ってあげておく：G. Olmi, *L'inventario del mondo. Catalogazione della natura e luoghi del sapere nella prima età moderna*, Mulino, Bologna, 1992; P. Findlen, *Possessing Nature: Museums, Collecting, and Scientific Culture in Early Modern Italy*, University of California Press,

Berkeley, 1994（邦訳『自然の占有』、ありな書房、二〇〇五）; A. Grote(ed.), *Macrocosmos in Microcosmo. Die Welt in der Stube. Zur Geschichte des Sammelns 1450 bis 1800*, Lesk + Budrich, Opladen, 1994; R. Schaer (ed.), *Tous les savoirs du monde: Encyclopédies et bibliothèques, de Sumer au XXIe siècle*, Flammarion, Paris, 1996.

❖九――アルチンボルド展が二〇〇八年にウィーンとパリで開催され、同画家の知的コンテクストを綿密に再構築する大変レベルの高いカタログが出版された：S. Ferino-Pagden (ed.), *Arcimboldo 1526-1593*, Skira, Milano, 2008.

❖一〇――プラトリーノのモノグラフ研究は以下を参照：L. Zangheri, *Pratolino: il giardino delle meraviglie*, Gonnelli, Firenze, 1987.

❖一一――当時の園芸共和国の様子を生き生きと伝えるG. B. フェッラーリの園芸論『フローラ』(一六三八)が復刻されている：G. B. Ferrari, *Flora overo cultura di fiori*, riproduzione in facsimile a cura e con introduzione di Lucia Tongiorgi Tomasi, Olschki, Firenze, 2001.

❖一二――このメタファーについては以下を参照：W. J. Ong, *Ramus: Method, and the Decay of Dialogue: From the Art of Discourse to the Art of Reason*, Harvard University Press, Cambridge (Mass), 1958, pp. 118-119; C. Vasoli, *Profezia e ragione. Studi sulla cultura del Cinquecento e del Seicento*, Morano, Napoli, 1974, p. 619.

❖一三――残念なことに、初期近代の記憶術をめぐる西欧アカデミーの圧倒的な質量の研究群は、ごく一部の例外を除いて、日本で本格的に紹介された形跡はない。記憶術の研究には、ラテン語に加え、伊・独・英・仏の能力が(この順で)不可欠のため、日本人には厳しい領域であるが、その見返りとして、分野と方法論を横断した精神史研究の醍醐味を味わうことができる豊穣なテーマともいえる。本文でも指摘したように、建築史の領域からも十分に切り込める。以下に、イェイツとロッシ以降の、秀抜な初期近代の記憶術研究を厳選しておく：L. Bolzoni & P. Corsi (eds.), *La cultura della memoria*, Mulino, Bologna, 1992; J. J. Berns & W. Neuber (eds.), *Ars memorativa. Zur kulturgeschichtlichen Bedeutung der Gedächtniskunst 1400-1750*, Max Niemeyer, Tübingen, 1993; L. Bolzoni, *La stanza della memoria*, Einaudi, Torino, 1995（邦訳『記憶の部屋』、ありな書房、二〇〇七）; J. J. Berns & W. Neuber (eds.), *Das enzyklopädisch Gedächtnis der Frühen Neuzeit. Enzyklopädie-und Lexikonartikel zur Mnemonik*, Max Niemeyer, Tübingen, 1998; C. Richter Sherman & P. M. Lukehart (eds.), *Writing on Hands: Memory and Knowledge in Early Modern Europe*, University of Washington Press, Seattle, 2000; J. J. Berns & W. Neuber(eds.), *Seelen Maschinen: Gattungstraditionen, Funktionen und Leistungsgrenzen der Mnemotechniken vom späten Mittelalter bis zum Beginn der Moderne*, Böhlau Verlag, Wien-Köln-Weimar, 2000; Barbara Keller-Dall'Asta, *Heilsplan und Gedächtnis: Zur Mnemologie des 16. Jahrhunderts in Italien*,Universitätsverlag C. Winter Heidelberg, Darmstadt, 2001; *Atti dei convegni dei Lincei: Il senso della memoria*, Accademia nazionale dei Lincei, Roma, 2003.

❖一四――ブルーノといえば日本では、無限宇宙論に殉教した近代科学の先駆者、といった程度の理解しかなされていないが、西欧のアカデミーにおいては時に「ブルーノ産業」などと揶揄されるほどの、圧倒的な質量のブルーノ研究が日々生産されている。近年では特に、前注であげた記憶術研究の流れとの融合を見せ、二〇〇四年にはブルーノの記憶術著作集vol.1と銘打った伊訳が出版された(*Opere mnemotecniche*, Milano, 2004)。秀抜な最新研究をいくつかあげておく：W. Wildgen, *Das kosmische Gedächtnis: Kosmologie, Semiotik und Gedächtnistheorie in Werke Giordano Brunos (1548-1600)*, Peter

Lang, Frankfurt, 1998; F. Meroi (ed.), *La mente di Giordano Bruno*, Olschki, Firenze, 2004; S. Bassi, *L'arte di Giordano Bruno. Memoria, fuore, magia,* Olschki, Firenze, 2004; O. Catanorchi & D. Pirillo (eds.), *Favole, metafore, storie. Seminario su Giordano Bruno*, Scuola Normale Superiore, Pisa, 2007.

❖一五——Cfr. J. D. Hunt, *Garden and Grove: The Italian Renaissance Garden in the English Imagination 1600-1750*, University of Pennsylvania Press, Philadelphia, 1996 (1 ed. 1986), pp. 68-69.

❖一六——A. Del Riccio, *Agricoltura Sperimentata*, Firenze, B.N.C., ms. Targioni Tozzetti 56, III, cc. 42v-92v. なおこの手稿については、筆者も加わる翻刻出版計画が進行しており、Olschki社より近日出版の予定である。

❖一七——エンブレム&インプレーザ文学研究もまた、西欧のアカデミーでは記憶術やエクフラーシスのテーマと結びつき、爆発的な流行と深化を見せている。最新の必須文献をあげておく：D. Russell, *Emblematic Structures in Renaissance French Culture*, University of Tronto Press, Toronto-Buffalo-London, 1995; H. J. Boeker & P. M. Daly, *The Emblem and Architecture: Studies in Applied Emblematics from the Sixteenth to the Eighteenth Centuries*, Brepols, Turnhout, 1999; G. Arbizzoni, *«Un Nodo di Parole e di cose»: storia e fortuna delle imprese*, Salerno Editorice, Roma, 2002; J. Manning, *The Emblem*, Reaktion Books, London, 2002; K. A. E. Enenkel & A. S. Q. Visser (eds.), *Mundus emblematicus: Studies in Neo-Latin Emblem Books*, Brepolis, Turnhout (Belgium), 2003.

❖一八——もともとは脳内で主題(= topoi［希］／loci［羅］)別に情報を整理する古代以来の方法論であった「トピカ」は、初期近代には記憶術や書誌学等の情報処理学と結びつき、大きな発展を閲する。この界限を徹底的に探った非常にすぐれた基礎研究は、やはり前世紀末に現われた：W. Schmidt-Biggemann, *Topica universalis. Eine Modellgeschichte humanisticher und barocker Wissenschaft*, Felix Meiner Verlag, Hamburg, 1983; A. Serrai, *Dai « Loci Communes» alla bibliometria*, Bulzoni, Roma, 1984; A. Moss, *Printed Commonplace-Books and the Structuring of Renaissance Thought*, Clarendon Press, Oxford, 1996; F. Goyet, *Le sublime du «lieu commun»: L'invention rhétorique dan l'Antiquité et à la Renaissance*, Honoré champion éditeur, Paris, 1996.

❖一九——パリシーは『*Recepte véritable*』(一五六三)のなかで動物装飾に満ちたグロッタから成る理想庭園を構想し、一方でエラスムスは『Colloquia』中の一篇(一五二二)において珍花奇葉・珍獣奇鳥にあふれる理想苑を博学なラテン語で描き去っている。

❖二〇——植物園研究の基本文献は以下：M. Azzi Visentini, *L'Orto Botanico di Padova e il giardino del Rinascimento*, il Polifilo, Milano, 1984; A. Minelli (ed.), *L'orto botanico di Padova, 1545-1995*, Marsilio, Venezia, 1995; F. Garbari, L. Tongiorgi Tomasi, A. Tosi, *Giardino dei Semplici: Garden of Simples*, Edizioni Plus, Università di Pisa, 2002.

❖二一——これらのコンセプトがとりわけ強調されたのが、知の改良を通じて宗教的融和の実現を夢見た、英国一七世紀のハートリブサークルにおいてであった。以下を参照：J. Bennett & S. Mandelbrote, *The Garden, the Ark, the Tower, the Temple: Biblical Metaphors of Knowledge in Early Modern Europe*, Museum of the History of Science, Oxford, 1998.

❖二二——Cfr. P. Schiller, *L'orto botanico di Padova. Geografia astrologica e scienza dei semplici alle origini della botanica moderna*, Centro Tedesco di Studi Veneziani, Quaderni-37, Venezia, 1987, pp. 66-67. ただしこの論文の実証面については多くの留保をつけねばならず、今後のさらなる研究を必要とする。

❖二三——占星術的植物学についてはアーバーの古典的研究が今なお参照に値する：A. Arber, *Herbals: Their Origin and Evolution. A Chapter in the History of Botany*, Cambridge University Press, Cambridge, 1986（1st 1918）, chap. 8, "The Doctrine of Signatures, and Astrological Botany", pp. 247-263（邦訳『近代植物学の起源』、八坂書房、一九九〇）。パラケルスス派の植物学理論については以下を参照：M. L. Bianchi, *Signatura rerum: segni, magia e conoscenza da Paracelso a Leibniz*, Edizioni dell'Ateneo, Roma, 1987.

ツリー建築のための哲学？

瀧本雅志

1

ハイデガーの思想が、ドイツの黒い森《シュヴァルツヴァルト》と密接な関係にあったことはよく知られている。例えば、ベルリン大学からの二度目の招聘を断った際に発表された『なぜわれらは田舎に留まるか？』(一九三三年のラジオ講演)でハイデガーは、「自分の仕事が黒い森とそこに住む人々と内的に一体である」旨を語っている。[1] それからさほど時を置かずに行なわれた著名な講演『芸術作品の起源』(一九三五年)では、建てることは存在するものを明け透かせる投企であると述べる。[2] この「明け透き(Lichtung)」という語に注意しよう。それは、間伐地や林間の空き地も意味する言葉なのだ。建てることをめぐるハイデガーの思索は、鬱蒼と木々が茂る土着民の森とともに営まれる。だが、ハイデガーの建築が立ち上がるのは、あくまで樹木の生えていない林間の明るみからであるだろう……。

植物と建築の関係を根源的に問うとき、ハイデガーがわれわれに示すのはそうした仄暗い風景である。ハイデガーの建築は、樹木の闇に立ちながらも、それが立つ場所自体は植物を排除しているように見える。もちろん、ここでは樹木を能動的に切り倒すことが建築の要件とされている訳ではなかろう。だがそれにしても、ハイデガーの建築が、植物の絡み合う密林やベルリンのような都市と相容れないだろうことは、たぶん確かなのだ。では、そうした「明け透き」に立つ建築とは、どのようなものなのか？　例えば、ハイデガーが黒い森の中の小村トートナウベルクに長年所有していた、あの簡素な山小屋がそうなのだろうか？　とはいえ、その建築は広い渓谷の斜面に立ち、渓谷の底には農家が点在している。とりあえず、それは「明け透き」に立つ建築には少し見えにくそうだ。もっとも、この山小屋をハイデガー自らが紹介している『なぜわれらは……』は、山小屋から「明け透き」に立つ別の建物へ繋がるルートを開いてもいる。というのも、ハイデガーがこの講演で孤独な調子で語るのは、小屋での自分の哲学が農夫の仕事と全く同じだということだからである。ハイデガーによれば、彼は農夫たちとともに田舎に属している。そして、山小屋は他の農家とともに同じひとつの時空のうちにある。その時空とは、大地に根づいて労働する農夫の世界だ。よって、それは『芸術作品の起源』に登場するゴッホの絵の世界へと重なってゆくだろう。

ハイデガーが『芸術作品の起源』でとりあげるゴッホの絵に描かれているのは、日々の作業の辛苦が染みついた質素な農夫靴である。そして、この靴という道具の信頼感からもまた、農夫の世界が開示されるのだ。ハイデガーはというと、じつにこの作品に時空をトリップさせる効果を認めていた。作品の近くで、われわれは突如、普段たいてい居るところとは別のところに居てしまった、云々……。❖三 その「別のところ」とは、いま述べたように、トートナウベルクの村が同じくそうである農夫の世界だ。そして、この絵の議論は、もうひとつのトリップにも繋がってゆくのである。ハイデガーが芸術作品に認める真価は、対象を描写する機能自体にはなかった。よって、芸術作品の芸術性を注視するためにも、今度は絵でない作品を検討しようとハイデガーは言い出すのだ。そこでハイデガーが不意に（あるいは予想通りに？）幻視するのは、ギリシアのアクロポリスである。❖四 その上に立つ建物、それこそがハイデガーにとって次に語るべき芸術作品だ。こうして黒い森の山小屋から、農夫の世界を通じて、「明け透かされた」ギリシアの大地へのルートが開かれる。そして、その聖なるアクロポリスの丘の上に、ギリシア神殿は始原の世界を開基しているのだ。

ここで注目すべきは、この建築のまわりに様々な自然が立ち現われてくることだろう。建物が建つことで、大気や光や波は可視的になって輝くほか、鷲や雄牛、蛇や蟋蟀、ひいては樹木や草が、はじめて自らの真に出来するさまを示すのである。早初のギリシア人たちは、そのように現われ出て芽生えること(herauskommen und aufgehen)を自然《ピュシス》と呼んだ。ギリシア神殿は反自然的な制作物ではなく、むしろ自然の立ち現われという真理が宿る住まいなのである。[五]だとすれば、建築はいまや(あるいはかつては?)植物と場を争いあうものでも、木々の隙間に建てられるものでもなかろう。建築によってこそ、植物が存在することの真理が隠れなく現われ、植物の生える大地と世界の開闢が改めて見えてくるのだ。植物にとって建築は、自身の生え現われるさまを根源的に開示する作品=開け(oeuvre)に他ならない。そしてあの黒い森に戻るなら、建築の立つ間伐地(Lichtung)は、木々の育つ大地を照らし(lichten)、植物の立ち現われを可視的にしてくれる明るみ(Lichtung)であったのだ。では、山小屋はどうだろうか？『なぜわれらは……』によると、トートナウベルクでのハイデガーは、「花咲く草地の光り輝く素朴な景観」、もしくは「樅の木の悠然とした成育」等々を日ごと経験していた。それら自然《ピュシス》は、山小屋の立つ場の日常的現存を突き抜けて鳴り響いてくる。そして、思索を言葉にしようと辛苦するハイデガーは、そうした「山々や森や農家の語ることへと耳を傾け」[六]るのである。つまり、ここでは農家は建築というより森の木々と同類なのだ。そして山小屋はというと、それはそれら植物たちの中にひとり立つ建築なのである。

とはいえ変わらないのは、建築が植物の生えていない場所へ向けて投企されることだ。存在する植物と、その中に開けられた建てるための空虚な活動余地(Spielraum)……。このことについて、ハイデガーが特異な空間関係を口にしていることに注意しよう。明け透いた森の中心は、木々に取り囲まれているのでは実はない。それは、われわれが殆ど知ることのない無のようにして、全ての木々のまわりを回っているのだ。❖七……これはハイデガーの存在論では、存在という一なるものが多なる存在者をそれとして存在させる事態と解せるだろう。つまり、ここには一対多の図式が描かれ、多は一のもとへと取り集められているのだ。そして、多である黒い森の木々はおそらく、どれも基本的には同じ種であるに違いない。それは多とはいえ(大よそ樅の?)単生林であり、熱帯の密林のように多種多彩な生命が交錯しあう多様体の空間ではないのだ。ごく粗く約言するなら、ハイデガーはドイツから早初のギリシアへと回帰し、植物の生成がモデルとも言える自然《ピュシス》的な存在論を思考し直そうとした。❖八 しかし、その営みは同時に、歴史的な地理関係(=トリップのルート)の描出を行なうことにもなったのだ。ハイデガーは、黒い森の下に自然が湧出する起源の泉を透かし見ていた。ドイツ土着の木々は、その泉を通してギリシアへと結ばれることだろう。

ここでは、上のふたつの講演がナチスと微妙な関係にある点は詳述できない。だが、黒い森の木々は大地に根付く一系の民族に等しく(ハイデガーの仕事が内的に一体なのは「黒い森とそこに住む人々」である)、それを糾合する「明け透き」に(あの山小屋から)幻視されるのがギリシア神殿なのだ。そしてハイデガーは、神殿の立つのが岩盤であることも見逃してはいない。❖九 そうして、ドイツの起源となる地の揺らぎなさを確認していたのだ。このことについては、ドゥルーズ+ガタリの哲学地理学が見事な分析を行なっている。そしてその分析は、大地とテリトリー(=住まい)と思考の関係をまさに地理的に問題化するのだ。彼らによれば、ハイデガーの考える存在者は存在のうちに住まい、存在するという動詞をテリトリーにしている。これを植物について言い換えるなら、植物の生成の運動が存在という大地の上で再領土化され、存在するという言葉の建物の内へと固定化されるということだ（『なぜわれらは……』のハイデガーは、言葉を鋳造する哲学の仕事に、黒い森に固有の空間を空け開く建築作品的機能を認めていた）。またドゥルーズ＋ガタリは、ハイデガーたちドイツ人がギリシアの大地を再征服し、そこに堅固な地盤を築こうとしていたとも指摘する。❖一〇 干潟や沼地や砂漠ではなく、磐石の大地に根付いた歴史的な樹木たち。そうした土着の系統樹を結集し、それらの起源を開示するモニュメントが、他ならぬハイデガーの建築なのだ。よって、それは鷲や雄牛、あるいは蛇や蟋蟀以上に、樹木をめぐる地に立つ樹木と親近なる建築であるだろう。ハイデガーにおける植物と建築の関係、それはまさしく樹木的なのである。

それでは、そうしたハイデガーのツリー型思考に対し、ドゥルーズ＋ガタリの思考からはいかなる建築と植物の関係が生まれるだろうか。なるほど、ドゥルーズ＋ガタリは、ハイデガーがさほど重視していなかったある植物に注目していた。それは、大地の表層を侵食して這う草であり、木々や建物の間を縫って走る雑草だ。それらは、常に住まいをなし崩しにしながら脱領土化の線を描いてゆくだろう。❖一一 ならば、ツリーに対するリゾーム？　確かにその通りだ。だが、それをいまさらクリシェのように反復してみても、さほど意味はあるまい。むしろ、そうした雑草のリゾーム性よりも前に感じてみるべきこと。それは、植物の持つ本来的建築性とでも言うべき性格である。

2

ドゥルーズ＋ガタリは、植物にも感覚する能力を認めていた。プロティノスに倣い、人間や動物ばかりでなく植物もまた観照し感覚すると考えるのだ。ここでの観照とは、概念によってイデアを仰ぎ見ることを指すのではない。そうではなくて、物質的要素《エレメント》の持続を縮約し(contracter)

感覚することを意味するのである。例えば、光、炭素、塩等の振動を植物は縮約しながら観照し、それをひとつの感覚的質へと変える。そして、それを保持しながら自らをその質で満たし、それが色や香り等の「感覚のブロック」として表われるのだ（表現＝現出されるのは、花の色ではなく色＝感覚に成る花だ）。ドゥルーズ＋ガタリによれば、こうした観照（＝持続の縮約）は反復されるものであり、「習慣をつける（contracter une habitude）」際にも見られるという。ところが、「習慣（habitude）」は、ラテン語の「habere（持つ、〜の状態にある）」に由来し、語源が「住む（habiter）」と同根であるのだ。つまりは、観照された「感覚のブロック」とは、持ち合わされた住まいなのである。植物の感覚は、それ自体が家であるのだ。[一二] ドゥルーズ＋ガタリは、こうした始原の小さな家を「モニュメント」と呼ぶ。だが、それは過去を想起したり、系譜や偉業を寿ぐための建物ではない。じっさい、それが光、炭素、塩等の要素《エレメント》の振動を起源として記念する訳などなかろう。むしろ、それらを変性させた作り物＝仮構（fabulation）の瞬間（モーメント）が、感覚のブロック＝家なのである。[一三] なお付言しておくなら、ドゥルーズ＋ガタリはそれらを部分面と見なしていた。この小さな家＝部分面が複合されることで、より大きな家や建物ができあがるのだ。[一四] むろん、ドゥルーズ＋ガタリが推奨（？）するのは、それらがリゾーム状に連接することだろう。[一五] よって、それらは権利上リゾームに先立つ始まりの建築なのである。

そして、ドゥルーズ＋ガタリは、こうした「感覚のブロック」こそが芸術表現であると考えていた。また、芸術は家とともに始まるとも述べていたのだ。[一六] それゆえ、「感覚のブロック」は芸術としてまず家から始まる。植物の感覚は、芸術の始まりとなる家をまず第一に建て、感覚表現されるものは、何より最初に住宅的なのである。もっとも、こうした議論にはすぐさま疑問が呈されるかもしれない。というのも、プロティノス（＝ドゥルーズ＋ガタリ）に従えば、観照するのは何も植物だけではないからである。人や動物にくわえて岩や大地までもが観照し、無機物もまた観照を行なう。そうであるなら、いまことさらなぜに植物をここで取り上げるのか？……とはいえ、「感覚のブロック」は物質的要素《エレメント》の「純粋受動」なのだ。それは認識に繋がることもなく、しかも運動から切り離された状態で現前している。[一七] その意味で、あの始原の家はやはりきわめて植物的であるだろう。もしくは、それは不動ながらも生きている無機物的であり、つまるところ植物的なブロックなのである。

植物のうちに建築を認める、あるいは建築のうちに植物を認めること。そうした思考のラインをわれわれはトレースしている。このラインにはしかし、いくつもの異質な考え方が含まれるに違いない。その点は意識しつつ、さしあたりはそれを論じずに先へと進もう。いずれにせよ、ここで一度参考にしてみたいのは、植物学者たちの考える植物と建築の関係である。彼らのなかにも、植物のうちに建築を認める者が見られるのだ。例えば、植物生態学者の鈴木英治は、『植物はなぜ五〇〇〇年も生きるのか』で植物の体の支え方を建築に喩えている。そして、それを動物等の体支持と比較しつつ、植物の特性を明確化しているのだ。鈴木が言うには、内骨格を持つ動物の体は、硬い骨のまわりに柔らかい組織が肉付けされる。それは、いわば柱を立てその間を柔らかい土壁で埋めるやり方であり、在来の日本建築的と言えるだろう。一方それに対し、植物では硬い細胞壁で覆われた細胞が積み上げられてゆく。よって、それは石造りの西洋建築に構造が似ているのだ。[一八] しかも注意しよう。樹木の場合はその殆どが死んだ細胞から成り立っている。ツリーという建築物は、まさに死した祖先たちのブロック積みのうえで先端を伸ばすのである。

ならば、鉄骨と（壁や床の）平面とからなる近代建築は、どんな生物の構造と同形的なのか。少なくとも、それは植物よりは動物の方に近いのだろうか？（鈴木は、植物の細胞壁のセルロース繊維を鉄筋、それを覆うリグニンをコンクリートと見なし、細胞壁を鉄筋コンクリートに喩えている）[一九] また、表皮の甲殻で体を支持し、変身の際にはそれを取り替えてゆく（＝脱皮）昆虫は、いかなる建築に類似しているのか。このように、植物と建築を重ね合わせて考えるとき、植物を超えて広く様々な生物の形態や構造へと思考は及ばざるをえない。むろん、既存の植物の形態をただリテラルに模しただけの建築は、語る価値がなさそうにも見える。だが、その場合でもなぜそうした形態の模倣に至ったか、状況は問われてもよいだろう。またそれに、形態の外的引用とは言い難い類の植物の模倣も中にはあるのだ。そして、それについてわれわれは既にひとつの歴史＝物語を持っているのである。

3

……ある時代を振り返ってみよう。それは、一八世紀後半から一九世紀前半にかけての時期だ。場所は、分裂状態にあったドイツ。この歴史的時空に登場したロマン派の思潮のなかで、ゴシック建築は森や樹木に喩えられた。有名なのは、ゲーテがシュトラースブルクの大聖堂に感銘を受け、熱のこもった一文を綴ったことだろう。大聖堂は、「神の樹木のように完全で偉大で、細部に至るまで必然的な美を備えたバベルの塔の構想」を実現している、云々。それは、巨大で圧倒的ながらも、無数の小さな部分のどれもが生気を帯び、偉大な調和を保っている壮麗な建築だ❖[二〇]。ちょうどこの頃は、「有機体」という概念が活性化する時期にあたるが❖[二一]、大聖堂もまさに「有機的」な美を誇っていたのである。周知のように、ドイツ・ロマン派は機械論に抗し、生命を部分に還元しえない全体性として称揚した。ゲーテは、大聖堂の「すべてが全体を目差していること」❖[二二]に歓喜で満たされたのだ。それは、全体性の存在論とでも言うべき思考として、ロマン派の特徴のひとつとなる。しかも生命は経験的現存在を超える「無限者」とさえ、ときに見なされてゆく❖[二三]。また他方、イギリスに端を発したゴシック・リバイバルが、本格的にドイツへ浸透するのもこの頃である。それは、のちのヴォーリンガーの思考にも繫がるような、古典的ギリシアとは異なるもうひとつの西洋精神の再興を喚起していた。こうして、ともに無限的なゴシック教会の精神性と有機的生命の精神性。この両者の出会いのもとで、建築と植物(そして人工と自然、精神と自然)は重なり合うことになる。

先に述べたゲーテの文章は、『ドイツの建築芸術について(Von deutscher Baukunst)(一七七三)』と題されていた。それは、ヘルダーが刊行したパンフレット『ドイツ的流儀と芸術について(Von deutscher Art und Kunst)』の一篇として掲載され、ドイツにおけるゴシック建築論の嚆矢となった。あるいはむしろ、ゴシック建築論の形をとってドイツ建築論が開始されたと言うべきだろう。じじつ、ゲーテは同じ題名で再度ペンをとるだろうし(一八二三年)、そこでは「ゲルマン風(tedesca, germanica)」建築たるゴシック建築の偉大さが再認されることになる。そして、この二度目の文章でゲーテが関心を寄せるのは、他でもないケルン大聖堂なのだ。当時未完成なまま工事が放擲されていた、あの「巨大な廃墟」❖二四……。当時のケルンは、地政学的に見て重要な地であったことに注意しよう。それは、プロテスタントであるドイツ北部とは異なり、中世キリスト教に連なるカトリックの地であったのだ。そのケルンを含むラインラントは、ナポレオン失墜後の一八一五年にプロイセンへ割譲される。❖二五 つまり、ケルン大聖堂は、ドイツの有機的統一へ向けての要地に立つ未完成なゲルマン風建築であったのだ(以来、オリジナルの設計図が発見され、一八四二年には工事が再開し、一八八〇年に最終的な完成を見るだろう……)。

この寺院については、シュレーゲルも一文を記している。いわく、「無数の塔や小塔のある遠くからの外観全体」は、まるで植物的で森のようではないか、と。シュレーゲルから見て、この奇跡的な芸術作品は、「有機的な無限性と形態の充実の点で、自然そのものの作品と産物に最も似ている」❖二六。つまりは、カントの『判断力批判』の、「あたかもそれが純粋な自然の産物であるかのように」[二七]だ。「あたかも……かのように」、すなわちそれは植物の模倣なのである（ゲーテもまた、シュトラースブルクの大聖堂が『永遠なる自然の作品のよう』だと述べていた）[二八]。しかし、いかなる意味で模倣であるのか？　カントのロマン派的と言える考えを振り返ってみよう[二九]。カントは、芸術とは自由で自然な制作であるから、自然の活動による効果に似て見えなければならないと言う。そして、天才については、それを通じて自然が芸術の規則を与えるところの資質と見なし、これをいわば第二の自然と解していた。それゆえ、カント風に言うなら、ケルン大聖堂はドイツ民族の天才（Genie）を示している。そして、この建築は芸術作品である限りにおいて、必然的に自然のミメーシスなのである。単なる植物の形態の模倣ではなく、植物の自然《ピュシス》的産出作用の模倣。それは、要するにアナロジー的なミメーシスなのだ[三〇]。

もっとも、なぜ動物ではなく植物のミメーシスかは、ここでも考えてみる価値がある。むろん、アーキグラムの「ウォーキング・シティ」のような例（動く建築！）もあるにせよ、通常の（？）建築は不動であるから、植物に比せられる方がより自然とも言える。とはいえ、シュレーゲルの論点はそれとは若干異なる。動物性が植物性（die vegetabilisch）ほどに美しくない（つまり芸術作品に見えにくい）のは、「いつでも必ず目的や仕事を想起させる」からだと言うのである。なるほど、確かに動物の器官や組織は何かのための道具として作られている感がある[三一]。再びカント風に言うなら、それは実践的関心を示すので、無関心的で自由な芸術とは判断し難いのである[三二]。

ところで、忘れてはならないことをひとつ確認しよう。それは、生物の形態をゲーテが固定的には捉えていなかった点だ。生物においては、因果関係や種の分類（リンネ！）以上に、形態の発生や変化を重視すべきであること。そうした問題意識に応える学問として、ゲーテは自ら「形態学（Morhpologie）」を創始したのである。これに関連するエピソード。一八三〇年に、ゲーテは色めき立った友人にこう尋ねたという。「あの大事件のことをどう思われますか？」。聞かれた友人は当然七月革命のことと思い答を返すが、ゲーテはそんな話をしているのではないとむべもなく一蹴する。革命以上にゲーテにとって重大だったできごと、それはフランス学士院におけるキュヴィエとジョフロワ・サンティレールの激しい論争だった。……一方のキュヴィエは、生物の精確な記述と確固たる識別を主張する。むろん、そうした個物についての経験的分析は、ゲーテにしても軽視する訳ではない。だが、ゲーテにとって圧倒的に魅力的だったのは、ジョフロワの方だ。彼は、生物どうしの同形性とその親縁関係をまさに動的に示していたのである。つまり、生物の任意の形態から別の任意の形態へと移行が起きうること。それは、胚の発生に見られるような同一個体の内部における変成ばかりではない。分類学的に見ると異質の生物どうしさえ、変形によって互いへと変わりうること。例えば、脊椎動物を折り紙のようにうまく折り畳んでみよう。すると、そこから頭足類ができあがり、人間はタコやイカに成りうるだろう。ゲーテが感激したのは、すべての生物の形態の間に構造上の同形性が認められていたことだ。そこでは、異なる生物タイプ間の統一を可能にする、ひとつの全体性が直観されていたのである。というのも、ゲーテ自身もまた、自らの比較解剖学の研究や植物観察のなかから、あらゆる有機体の構造の基本的同一性を確信していたからである。個的形態どうしがそのうちで通じ合い変化するところの、眼に見えない全体的存在。ジョフロワは、それを想定した総合的な研究方法を行なおうとした（全体から個へ）。そして、そのことはゲーテにとって精神性の称揚を意味していたのである（「今後はフランスの自然研究においても精神が君臨し、物質を支配するようになるでしょう」[二三]）。

キュヴィエ・ジョフロワ論争と聞いて、ドゥルーズ＋ガタリを思い出す人もいるかもしれない。じじつ、『差異と反復』や『千のプラトー』では、天才ジョフロワ（これはカント的意味で取ってよい）が何度か論じられている。ジョフロワにおける生物の「折り畳み（pliage）」という概念は、もちろんドゥルーズの著書『襞（Le Pli）』にも接続する（この書にもジョフロワへの言及がある[二四]）。そして、それに触発されたグレッグ・リンやピーター・アイゼンマンらのいわゆる襞建築が、ある時期建築思潮を賑わせたことも、またよく知られた話だ。❖三五 それゆえ、ここでひとつのラインが描かれるようにも思われる。すなわち、ゲーテやドゥルーズ＋ガタリから、ジョフロワを通して襞建築へと引かれるラインだ。それは、変容へと開かれた生物的形態の建築を生成させるだろう。あるいは、後成説的《エピジェネティック》な風景《ランドスケープ》の生長を動的に変奏してゆく……。❖三六

ならば、ゲーテはゴシック建築に一種の植物的な襞建築を透視していたのだろうか？　少なくとも、その建築論から見る限り、答えはイエスと言えそうである。じっさい、シュトラースブルクの大聖堂についてゲーテは、個々の装飾がバランスを保った全体性から展開されている点を洞察していた（全体から個へ）。その慧眼は、ひとつの塔がじつは未完成であることを見抜き、完成形態へのメタモルフォーゼを秘めたものとして建築を捉えたのである（全体にそぐわない個！）。では、ケルン大聖堂はどうであったか？　この未完成な建物にゲーテは崇高なる不調和を感じ、ある種の不安な揺らぎを認めていたようである。この点については、ゲーテ本人ではないにしろ、同時代人であるゲオルク・フォルスターの文章が注目に値する。ケルン大聖堂の内部の柱の林立に「太古の森の樹木」を見て取ったフォルスターは、じつに次のように記しているのだ。

……個々の柱は葦の茎のように揺れている。しかし、それら多数がひとつの柱身に結ばれると、質量を形成し垂直な成長を支えるようになる。そして、その穹窿《アーチ》は陰影豊かな森の梢のアーチのように軽やかに浮遊するさまを示している。❖三七 ……この記述では、木々の樹冠が建築と重ね合わされている箇所なども興味深い。しかし何より、建築が植物のように動き成長し統一されてゆくさまが決定的ではないか。とはいえ、それにしても……と言おう。「太古の森」とは、いったいどのような森なのか？（中世の森？）　フォルスターがそこで耳にしたのは、ことによると黒い森の来たるべきざわめきではなかったのか？（ケルンから黒い森へは、少し時間がかかるにせよ……）

ともあれ、ドゥルーズ＋ガタリがゲーテに共感を示したことがなさそうなことは、改めて指摘しておいてもよい。それどころか、ゲーテは国家の思想家であり政治家的文学者であるとも難じられているのだ。ドゥルーズ＋ガタリから見ると、ゲーテはクライストやヘルダーリンらの仇敵であり、あのヘーゲルの仲間である。❖三八 よって、たぶんゲーテ的な襞建築とドゥルーズ＋ガタリ的な襞建築は同じではないのだろう。しかし、もしそうであるなら、ふたつのタイプの襞建築はどう異なるのか。そして、そもそもあのいわゆる襞建築にしてもが、単に襞状の形態のリテラルな模倣に過ぎず、本当にドゥルーズ＋ガタリ的なのかと疑問視されることもあった。ならば、襞的な建築のポテンシャルはどこにあり、植物の形態が動的に変化する建築の可能性の中心はどこにあるのか。思うにこの問題は、内と外というまさに建築的なプロブレマティクとも関わってくるはずである。

4

ヴィレム・フルッサーは、『デザインの小哲学』で家の基本要素として、屋根、壁、窓、扉の四つを挙げている。そして、これらのうちで屋根を何よりも重視している。フルッサーの考えでは屋根は主体＝臣下(Subjekt)が存立するうえで欠かせない。主体＝臣下は、君主(神、王、自然等)に庇護されながらも、その下に身を屈して隠れる領域を必要とするのだ。パラフレーズするなら、普遍的な境位《エレメント》に包摂される特殊なエリアが屋根によって画定されること。屋根の下でこそ私的で内面的な空間も確保され、そこには法の適用も留保されるだろう。また面白いのは、フルッサーが太古の原人たちについても想像を馳せていることだ。すでに木々の樹冠は、彼らの寝床の屋根として役立っていたのではないか？……ここには、建築と植物の関係をめぐる、また別の刺激的な思考が示されている。はたして樹冠は、主体＝臣下(Subjekt)の成立に関係するのだろうか?(樹冠の下でのビッグネス?)

フルッサーはこのように示唆に満ちた言葉を語るが、それは建物の内と外に関しても同様である。われわれが壁に窓と扉を開けるのは、外との繋がりを持つためだというのである。窓からは危険なしに外を見て認識でき、それはtheoria(=観想・理論)となる。ところが、それでは実地の経験とは言い難いから、外の世界を実体験すべく今度は壁に扉が開かれるのだ。こうして、扉を通じて人は世界を経験するために外へ行くが、世界のなかでは自分の居所は見失われる。そこで家路へとつくが、家の中に再び戻ったときには、先に征服を望んでいた世界は喪失されてしまうのだ。このような扉を通じての往復運動を、フルッサーはヘーゲルの「不幸な意識」だと述べる。つまり、その往復運動は、フルッサーに従えば弁証法的であるということだ。❖三九

ここで問題にしてみたいのは、この主体=臣下の家の形態の動静である。それは、なにぶんヘーゲル的意識の住まいであるのだ。『精神現象学』の序論は、真理の形態がいかに全体的体系へ至るかの弁証法的運動を主題化する。そして、ヘーゲルはその運動を説明するにあたって、植物の成長過程を例示しているのだ。すなわち、つぼみが花に成り、花が果実に成ること。それをヘーゲルは、花がつぼみを否定し、果実が花を否定すると言うが、この語り口の是非はさておくとしよう。ポイントは、弁証法の運動が植物のある形態から別の形態へのメタモルフォーゼと重ね合わされていることだ。また、これらの形態が「有機的統一」の諸契機となり、「全体の生命」を成立させるとも言われている点である。❖四〇 もちろん、ヘーゲルは自然の生命と意識を峻別し、後者の方に比較にならない重要性を与えていた。だが、われわれが注目したいのは、主体=臣下の意識の家を植物的にメタモルフォーゼする家として考えうることである。そして、内と外との往復運動を通じて変成するタイプの植物的家は、ヘーゲル的弁証法の住まいとも呼べるだろうことだ。

再びゲーテへと戻ろう。その形態学の目標は、生物の形態が諸条件のなかで変容する可能性の見定めにあった。そのために必要なのは、ゲーテによると、「自然は外からばかりでなく外に向かってつくられ、内からばかりでなく内に向かってつくられていることを見てとる」眼差しである。というのも、「内的な中核をなす決定的な形態があって、これが決められた外的なエレメントによってさまざまな姿に形成されてゆく」からである。例えば、水という境位《エレメント》に置かれた魚。この魚は、外の水にアジャストして内的な形態を変成させてゆくだろう。それゆえ、研究方法としては、「内から外へ、外から内へと考察してゆく」精神が要求される。つまりは、内と外の間の往復運動が肝要となるのだ。[四一] そうした弁証法的運動によってゲーテへと現象してくる形態の変容、それが、ゲーテ的なジョフロワ流襞建築の動態なのである。そして、気をつけよう。「内的な中核をなす決定的な形態」と、ゲーテは口にしている。

ゲーテは、すべての生物に共通する「原型(Typus)」を想定していた。あらゆる形態は、そうした不可視の型から生成してくるだろう。むろん、ゲーテはヘーゲルのような哲学的な物言いはしない。花がつぼみを否定し、果実が花を否定することなど、ありえないだろうからだ。しかし、「原型」は不可視の超越的な設計図であり、信じることの対象となっている。それが、すべての形態の彼方にそれらの共通の起源として透視されているのだ。ドゥルーズ＋ガタリは、キュヴィエの生物学を「非連続的な写真と化石的な複写の術語」によるものと批判していた。[四二] それは、峻別されたタイプどうしの間に類似を認めるだけで、相互への生成変化は遮断されていたからだ。この言い方に倣えば、ゲーテは一枚の見えないネガから現像された多数のプリント的形態を比較していたのだと言えよう（多様体ではなく一に係留された多）。結局のところ、形態学は、否定的なもの《ネガ》からの展開＝現像(Entwicklung)の歴史＝物語(Geschichte)を語る、ヘーゲル的な形成《ビルドウン》＝教養小説《グスロマン》なのだ。だがそれに対し、ドゥルーズ＋ガタリのジョフロワ流襞建築は、内と外が区別される構造自体の生成に参与するだろう。内と外との差異は、それらの区別立てにとっての絶対の外部から折り込みによって生じるのだ。また、形態どうしが総合されるとすれば、それは必ずしも有機的ではなく離接的でもあるに違いない。そして、形態間の移行の際には、コード変換もしくは形態のなし崩し《デフォルメ》が作動するはずである。こうして、草や木ばかりでなく、鷲や雄牛、蛇や蟋蟀、岩や大地、そして大気や光や波などの物質的要素《エレメント》までもを襞によって折り連ねてゆくひとつの自然《ピュシス》。主体＝臣下の家にとっては絶対の外をなすそうしたフィールドが、ドゥルーズ＋ガタリの考えるジョフロワ的建築のプラン＝平面なのだ。この平面＝プランでは、設計されるべき形態があらかじめ位置決定されることはない。それは、様々な強度と速度の布置から成る平面＝プランであり、その質的地勢の勾配により、設計プラン自体が適時適所に発動するのだ。言い換えるなら、質的に異なる可能性の諸プランが、そのなかで齟齬しながら潜在的に内接する厚みある平面。そうした自然の平面が、様々に折り畳まれ、折り込まれ、折り解かれ、折り合わされることで、襞建築の諸形態が発生してくるのである。

それゆえ、ゲーテ的な家もまた、別タイプの家への変成へと開かれているのである。ゲーテの家で問われたのは、内と外の往復運動において発現する表面形態の変化であり、つまりは界面上の現象が基本的に問題とされていた。これは、フルッサーの議論では、主体《サブジェクト》＝臣下から投企《プロジェクト》への転換の折り返し地点をなすだろう。というのも、内と外の関係における現象が問われてゆくなら、次第に注目は関係性それ自体へと向かうだろうからである。内と外、主体と客体は、その関係性の場である界面へと解消してしまうだろう。それゆえ、もはや主体《サブジェクト》＝臣下の外的対象へ向かう実践ではなく、関係性の面＝プランの投企《プロジェクト》をこそ急務にしようとフルッサーは呼びかけるのだ。[❖四三] おそらく、フルッサーが提唱するのは、同一の界面を保持したままでの、その面内でのメタモルフォーゼへ向けた投企ではないだろう。たぶん、新たな関係性の面

＝プラン自体を、外部の複合的で可変的なネットワークとの接続へ向けて投企することなのだ。そして、それはフルッサーによれば、アクチュアリティを欠いた思弁どころではない。これは、家をめぐる現況ゆえのクリティカルな提案なのである。

いまや、屋根、壁、窓、扉を無傷のまま保持した家は存在しないこと。屋根の上にはアンテナ、壁を通して電話線、窓の代わりにテレビ、そしてドアの代わりに車の入ったガレージだ。こうした物言いは、インターネット普及前夜にフルッサーが文を書いていることで多少は割り引こう。いずれにせよ、「物質的および非物質的なケーブル線は、家をエメンタールチーズのように穴だらけにした」のだ。[❖四四] 現代の家は、諸々のコミュニケーションのラインにより貫かれ、植物的に変成する関係組織に各方面を横断されている。それは、関係性の網の目のなかから編み上げられ、植物的な分枝の織り合わせとして構成されてゆく家なのだ。そこには、屋根も壁も窓も扉も殆どないが、フルッサーが試みているのは思考実験でありプロジェクトである。そして、それは昨今の建築家たちの活動ともいくぶん共鳴しているようなのだ。

たとえば、藤本壮介が『原初的な未来の建築』で「大きな樹のなかに住むような」と言っているのは、そうした植物的建築のひとつなのかもしれない（樹木に貫かれた家）。それは、植物の形態をリテラルに（あるいは象徴的に？）模倣しようという表現主義的発想とはたぶん異なっている。[❖四五] こうした事例は、他にも認められるだろうが、ここではヘルツォーク＆ド・ムーロンを一例として挙げてみよう。思うに彼らは、建築の界面に創造性を示してきたアーキテクトであり、例えば「リコラ社の工場と倉庫」（一九九三年竣工）では、半透明の壁に植物の葉の写真がプリントされていた。そうした界面上の植物イメージは、屋外の樹木の緑や闇と互いを反映しあう。とはいえ、やはりそれはまだ、内と外の差異構造に縛られている感も否めなかったのだ。[❖四六] ところが、北京に計画された「樹村キャンパス」のプロジェクトを見てみよう。そこでは、様々なタイプの植物的なパターン平面が、その異質性を保ったままで重合している。ファサードでは、構造体となる大規模の樹木の網状オープンフレームに、中規模のそれが葉のようにランダムに外付けされている(さらに小規模のネットも場合に応じて付加される)。要するに、幹や枝のレベルの界面と葉のレベルの界面とが分離され、それが離接的総合の関係に置かれているのだ(そして、その関係性は建物によって異なる)。また、敷地の区画プランでは、植物的な網目パターン(=可能的な建築物)の拡がりを、その上にかぶせられたグリッドが切断する。それによって、敷地ブロックの画定と分岐が発生しているのである(植物的平面と非植物的平面との重合)❖四七。

ところで、ドゥルーズは『アンチ・オイディプス』への「口さがない批評家」に対し、「分裂症《スキゾ》」のキーワード化への辟易をあえて見せつけたことがあった。「スキゾという奴には、それが本物であれ贋物であれ、もううんざりだから、喜んでパラノに宗旨変えをしたいくらいなんだよ」、等々❖四八。ツリーとリゾームにしても、それは二つの対立するモデルではなかったことを、いま一度思い出そう。「問題はたえず高く伸び、深く潜ることをやめないモデルであり、そしてたえず伸張し、中断してはまた再生することをやめない過程なのである」❖四九。たぶん、それが建築の植物性の可能性のひとつであるだろう。問題は、建築を植物的に見えるにすぎないと単に退けるのではなしに、そうした植物性とともにどうわれわれが感じどう思考するかなのだ。そうした観点から言うと、昨今の植物的建築は、ツリーという「思考のイメージ」に気兼ねすることなく、樹木を建築とクロスさせている(それにひきかえ襞建築は、襞という「思考のイメージ」に足をとられていなかったか?)。これは、ドゥルージアンにとってのみならず、思考や感性にとって好ましい状況であるはずなのだ。むろん、これには半ば期待が込められている。それらは、哲学や建築思想へ向けての意志(あるいは懸念?)が以前より希薄な、建てるだけの建築の兆候かもしれないからだ。ポストモダンの動物化したという以上に植物化したアーキテクトたちによる、イノセントでナチュラルな建築の繁茂？　それに、植物的な関係線のラインは、すぐにも束ねられてごくソフトに枢軸化しかねない……。

（注）翻訳があるものは、すべて邦訳書だけを記した。

❖一――M・ハイデッガー「なぜわれらは田舎に留まるか？」（矢代梓訳）（『三〇年代の危機と哲学』イザラ書房、一九七六、所収）、一〇九頁。

❖二――あらゆる芸術は詩作であり、詩作とは「明け透かせる投企」であると言われている。ハイデッガー「芸術作品の起源」（茅野良男＋ハンス・ブロッカルト訳『杣道［ハイデッガー全集　第五巻］』創文社、一九八八、七六―七七頁）。また、マルティン・ハイデッガー『芸術作品の根源』（関口浩訳、平凡社、二〇〇二）も参照のこと。

❖三――同、三〇頁。

❖四――晩年になるまで、ハイデガーはギリシア旅行を実現しなかった。高田珠樹『ハイデガー　存在の歴史』（講談社、一九九六）等を参照せよ。

❖五――同、三八―四〇頁。

❖六――ハイデッガー「なぜわれらは田舎に留まるか？」、一〇七―一〇八頁。

❖七――ハイデッガー「芸術作品の起源」、五三頁。

❖八――木田元『ハイデガーの思想』（岩波新書、一九九三）、一六二頁。

❖九――ハイデッガー「芸術作品の起源」、三九頁。

❖一〇――ジル・ドゥルーズ＋フェリックス・ガタリ『哲学とは何か』（財津理訳、河出書房新社、一九九七）、一三四―一三七頁。

❖一一――ジル・ドゥルーズ＋フェリックス・ガタリ『千のプラトー』（宇野邦一他訳、河出書房新社、一九九四）、三一―三二頁。また、ジル・ドゥルーズ＋クレール・パルネ『ドゥルーズの思想』（田村毅訳、大修館書店、一九八〇）、四六―五五、六四頁等を参照せよ。

❖一二――同、三〇〇―三〇三頁。

❖一三――同、二三七頁。

❖一四――同、二五四―二五五頁。

❖一五――ブロックのリゾーム状の連接については、ジル・ドゥルーズ＋フェリックス・ガタリ『カフカ』（宇波彰＋岩田行一訳、法政大学出版局、一九七八）も参照せよ。

❖一六――ドゥルーズ＋ガタリ『哲学とは何か』、二六四―二六五頁。

❖一七――同、三〇一頁。

❖一八――鈴木英治『植物はなぜ五〇〇〇年も生きるのか』（講談社ブルーバックス、二〇〇二）、五九―六〇、六七頁。

❖一九――同、一五九―一六〇頁。

❖二〇――ゲーテ「ドイツの建築について（一七七三年）」（高木昌史編訳『ゲーテ美術論集成』、青土社、二〇〇四、所収）、一七七―一八一頁。

❖二一――加藤尚武「有機体の概念史」（『シェリング年報'03　第一一号』晃洋書房、二〇〇三）、四―一五頁。

❖二二――ゲーテ、前掲論文、一八〇頁。

❖二三――加藤尚武「有機体の概念史」。

❖二四――ゲーテ「ドイツの建築について（一八二三年）」（前掲『ゲーテ美術論集成』所収）、一八二―一九二頁。

❖二五――クリス・ブルックス『ゴシック・リヴァイヴァル』（鈴木博之＋豊口真衣子訳、岩波書店、二〇〇三）、一三七―一三八、二六一頁。

❖二六――シュレーゲル「オランダ、ライン地方、スイスおよびフランスの一部をめぐる旅の書簡」（前掲『ゲーテ美術論集成』所収）、一九八頁。

❖二七――カント『判断力批判 上（カント全集 八）』（牧野英二訳、岩波書店、一九九九）、一九七頁（第四五節）。

❖二八――ゲーテ「ドイツの建築について（一七七三）」、一八〇頁。

❖二九――ドゥルーズは、『判断力批判』における古典主義とロマン主義の複雑な均衡について指摘している（ジル・ドゥルーズ『カントの批判哲学』（中島盛夫訳、法政大学出版局、九〇―九一頁）。天才は、前者の美学に対する、後者のメタ美学の主要なひとつを成す。また、ドゥルーズの論文「カントの美学における発生の観念」（『無人島 一九五三―一九六八』（宇野邦一＋他訳、河出書房新社、二〇〇三、所収）も参照せよ。

❖三〇――ジャック・デリダ『エコノミメーシス』（湯浅博雄＋小森謙一郎訳、未来社、二〇〇六）。

❖三一――シュレーゲル、前掲書間、一九八―一九九頁。

❖三二――デリダ『エコノミメーシス』。

❖三三――ゲーテ『自然と象徴』（高橋義人編、前田富士男訳、冨山房百科文庫、一九八二、一四〇―一四二頁。また、ゲーテ「動物哲学の原理」（『ゲーテ全集 一四』（高橋義人他訳、潮出版社、一九八〇、所収）の第一、二章も参照せよ。

❖三四――ジル・ドゥルーズ『差異と反復』（財津理訳、河出書房新社、一九九二）、二八二―二八三頁、三二三―三二六頁等。ドゥルーズ＋ガタリ『千のプラトー』、六五―六七頁、二九三―二九四頁等。ジル・ドゥルーズ『襞』（宇野邦一訳、河出書房新社、一九九八）、二〇―二一頁。（欄外注）

❖三五――ドゥルーズと襞建築については、『建築文化』（彰国社）一九九六年一二月号の「特集：ドゥルーズの思想と建築・都市」、また、『Architectural Design: Folding in Architecture』（一九九三）を参照せよ。襞建築を意識した、ドゥルーズの『襞』の書評は、五十嵐太郎編『READINGS:1 建築の書物／都市の書物』（INAX出版、一九九九）所収の拙文（三九〇―三九四頁）を参照されたい。

❖三六――後成的風景について大変わかりやすい文章のひとつは、岡田節人「個体づくりの様式」（多田富雄＋中村雄二郎編『生命 その始まりの様式』、誠信書房、一九九四、所収）。

❖三七――ゲオルク・フォルスター「低地ライン地方の風景」（前掲『ゲーテ美術論集成』所収）一九三―一九五頁。

❖三八――例えば、ドゥルーズ＋ガタリ『千のプラトー』、三八、三〇九、四一一―四一二、四三四、五三八頁等。

❖三九――Wilem Flusser, *Vom Stand der Dinge: Eine kleine Philosophie des Design*, Steidl, 1993.

❖四〇――ヘーゲル『精神現象学 上』（樫山欽四郎訳、平凡社ライブラリー）、一八頁。また、同じくこの序論では次のように言われている。「基礎がすえられたときに、建物が出来あがっている訳ではないのと同じで、全体という概念に行きついたからと言っても、それは全体そのものではない。逞しい幹と、はられた枝と、しげった槲の木を見たいと思っているときには、これらのものの代りに槲の実を見せられても、満足しない」（一七頁）。

❖四一――ゲーテ「普遍的な比較理論の試み」(前掲『ゲーテ全集 一四』所収)、一七二頁。

❖四二――ドゥルーズ＋ガタリ『千のプラトー』、六七頁。

❖四三――ヴィレム・フルッサー『サブジェクトからプロジェクトへ』(村上淳一訳、東京大学出版会、一九九六)の序を参照せよ。

❖四四――Flusser, *Vom Stand der Dinge.* また、フルッサー『サブジェクトからプロジェクトへ』の第三章「家をデザインする」も参照せよ。

❖四五――藤本壮介他『藤本壮介 原初的な未来の建築』(INAX出版、二〇〇八)、六四-七三頁。

❖四六――『a+u』一九九五年九月号、八四-九九頁。

❖四七――『a+u』二〇〇六年八月臨時増刊号、一八四-一九一頁。

❖四八――ジル・ドゥルーズ『記号と事件』(宮林寛訳、河出書房新社、一九九二)、九頁。

❖四九――ドゥルーズ＋ガタリ『千のプラトー』、三三頁。

花柄を探す旅
植物とデザイン

藤崎圭一郎

無地の系譜

インダストリアルデザイナー柳宗理が、第二次大戦後、復員して最初に手がけたのは、真っ白い無地の陶器だった。なぜ陶器かというと、焼土の東京で手に入る材料は、土しかなかったからである。柔らかでふくよかな曲面を持つティーポットは取っ手も大きく手にやさしい。カップ&ソーサーや円形の洋皿は、無駄な装飾を省きシンプルさを極めたフォルムをしている。松村硬質陶器製のこの陶器シリーズ(一九四八年)は、柳のデザイナーとしての原点というべきものである。

柳はこの無地の陶器を三越に売り込みに行ったが、「模様のない陶器は半製品だ」と言われて突き返された。絵付けして初めて製品として完成するのであり、無地はまだ未完成品だというのだ。しかし、銀座の喫茶店「トワエモア」のフランス帰りのオーナーが気に入って店で使ってくれたことがきっかけに、この陶器シリーズは広まった。

柳がこの陶器シリーズを無地にしたのは、装飾を嫌っていたわけだからではない。「機械生産のプロダクトにハンドペイントの絵付けは合わない」(『Casa BRUTUS』二〇〇一年二月号三九頁)と考えたからであった。柳は機械で生産するプロダクトのあり得べき姿を求めていたのである。職人が最後に絵付けを手で行なえば、機械による量産品なのに、手づくりの一点物のように見える。手づくりの製品をコストダウンのために機械生産に切り替えれば、多くの場合、それは粗悪な模造品になる。機械生産をするなら、成型や印刷などの特長を最大限引き出し、機械生産にしかできないデザインを創出することが、デザイナーのとるべき姿勢である。そしてそうしたデザインは正直なデザインといわれる。

イギリスの美術評論家ジョン・ラスキンが『建築の七燈』(一八四九年)で建築における正直さを説きながら、ゴシック建築を賛美して以来、木造をレンガ造と偽ることなく、機械生産を手づくりと見せることなく、材料・構造・労働に対して正直さを貫くことは近代デザイン・近代建築を支える倫理となった。

ラスキンは装飾を否定したわけではない。ラスキンは機械生産自体に否定的であり、『建築の七燈』では、ゴシック建築の装飾に手仕事の正直さを見出している。ラスキンの思想に直接影響を受けたアーツ&クラフツ運動の主導者ウィリアム・モリスが壁紙や装幀の仕事で多用したのは、植物柄であった。

柳は機械生産ならではの新しいプロダクトのあり方を求めたが、その倫理はラスキンのそれを受け継いだ。複雑な三次元曲面に印刷する技術がない時代において、無地とは正直さの証しだったのである。

柄物とグッドデザイン

『Gマーク大全 グッドデザイン賞五〇年の歴史』(二〇〇七年、日本産業デザイン振興会)という本がある。第一章は「一〇〇のデザイン、一〇〇の物語」と題され、過去のグッドデザイン賞受賞作品一〇〇点を紹介している。それぞれ一頁で、写真一点と現役デザイナーによる短いエッセイで構成されている。最初は東芝の自動式電気釜（一九五五年発売／一九五八年グッドデザイン賞受賞）。真っ白な丸みを帯びた形はシンプルそのもの。無地の美しさが際立つデザインだ。次頁は富士電機の小型卓上扇風機。ページを繰っても見事なまでに柄物は出てこない。

唯一、柄物といえるデザインは、グラフィックデザイナー松永真がデザインした「スコッティティシュー」のパッケージ（一九八六年発売／一九九四年受賞）である。松永は「自分の半径三メートル以内に置きたくなるようなデザイン」を目指してこのパッケージをデザインした。たしかに柄物であるが、それは花柄・植物柄に取って代わる「存在を主張しない」ミニマムな柄物だから評価されている。グッドデザイン賞の審査員であるプロダクトデザイナーの廣田尚子はこう書いている。「当時のティッシュペーパーのパッケージといえば、花柄や曲線で、ただ何となく彩られていました。どこに置いてもおかしくないような配慮が、実は余計な華やかさだったのです。食品や化粧品のパッケージと違って、ティッシュボックスにはそれまで、時代の感性を読んだ表現のパッケージの提案はなかったように思います」。旧来の花柄は余計なものとされている。実は一〇〇点の中にもうひとつ特殊な柄物がある。ミズノの鮫肌水着（二〇〇〇年受賞）。鮫の皮膚をヒントに水流のデータ解析などをもとに生地を開発したもの。ウロコのような柄は、バイオミメティクス（生体模倣）の研究成果であり、花柄のような自然の形を模した「装飾」でなく、自然の機能を模した「機能する柄」なのである。

ブーケ柄やペイズリーや唐草模様は、たとえそれが癒しや情感を高める機能があるとしても、速度を何パーセント向上させると数値化して実証することが困難な機能であるために、「機能する柄」としては認められない。その柄を好まない人にとってはむしろ「余計な華やかさ」となりうるため、出来る限り多くの人の生活の質を向上させるデザインを標榜するグッドデザインの歴史から排除される。柄物は、個人の好みや流行に左右される趣味・嗜好（テイスト）の問題として片付けられる。

しかし消費者・生活者は、デザイナーたちが推奨する無地のミニマルなデザインだけを好んだわけではない。デザイナーたちは、大学や専門学校で近代デザインの理想をみっちりたたき込まれたせいで、いささか自分たちの趣味が偏向していることを自覚していない人たちが多い。無印良品が誕生したのは一九八〇年。しかし当時は色や形や柄の遊びがたっぷりのポストモダンのデザインが台頭しはじめる時期であり、シンプルなデザインは影の薄い時期であった。かつての「半製品」が「シンプルでモダン」とか「ミニマリズムのデザイン」と形容されて、一般向けファッション雑誌に紹介され、インテリア系セレクトショップが生まれはじめるのは日本では一九九五年前後から。ブームとなるのは二〇〇〇年前後からである。柄物はデザイン史の上では傍流であっても、生活史上では決して傍流ではない。

花柄家電を探して

柄物といっても幾何文様、キャラクターもの、星、水玉など多数ある。今回は主に植物柄に絞って考察するが、植物はただのモノを美しく飾るための文様でないことを頭に入れておかねばならない。横縞や格子など幾何学的抽象文様な柄に比べ、植物には象徴的意味や政治的・文化的イメージが付着しやすい。「桜＝日本」「菊＝天皇家」「百合＝純潔」「木目調＝ぬくもり」「緑の唐草＝泥棒」など、植物が表わす意味は地域や世代やコミュニティによって変化する。しかし、それゆえに時代や社会を読み取る絶好のツールとなる。

私は表象学の研究者ではない。ジャーナリストだ。現場取材が仕事。そこで家電や調理器具に現われる花柄を探して旅に出ることにした。

まず近所から。武蔵小杉駅からバスで二〇分、川崎の東芝科学館へ。同館には「東芝一号機も

【図1】自動式電気釜の取扱説明書（1955） 提供：東芝科学館

のがたり」というコーナーがあり、同社が開発した国産第一号または世界初の電気製品を中心に、エポックメイキングとなった電気製品を展示している。一九五五年東芝が初めて発売した自動式電気釜［図1］は、ボタンひとつでコメが炊ける。火加減の調整は不要。しかもタイムスイッチを備えていて、夜に米を研いでおけば翌朝希望の時間に炊きたてのご飯が食べられるという手軽さが受けて大ヒット。他社も追随し、四年後には電気釜は日本の全家庭の約半数まで普及した。

この自動式電気釜は白の無地である。鉄板をプレス機で加工して、緩やかな膨らみのある美しいフォルムを実現した。しかし当時は、三次元曲面に多色刷りすることは難しく、白一色の塗装となった。白い理由は、機械生産の正直さを貫いた柳宗理の陶器シリーズと重なり合うのだ。一九五〇年代後半には白黒テレビ、冷蔵庫、洗濯機が「三種の神器」と呼ばれるようになる。当時の東芝の冷蔵庫も洗濯機も丸みがあって白い。デザイナーはプレス成型など金属加工技術ならではの美しさを求めていたことがよく分かる。そこに柄物が入り込む余地はなかった。

面白いのは発売当時の電気釜の取扱説明書の表紙だ。若い女性が電気釜を前に置いて、両手を挙げて微笑んでいる。右手には釜の蓋。開けたら「あらっま、もうおいしく炊きあがってる」と驚きを表わすために両手を挙げているのだ。電気釜はもちろん白無地だが、カメラ目線で微笑む女性のワンピースは、花と大きな葉と蔓の植物柄。女性の装いの柄が、電気釜や調理器具へプリントされるまでには、まだ一〇年以上かかる。「神器」といわれた頃の家電は、神棚のような家の中の神聖な存在で、まだ個人の趣味を映し出すファッション化された装置ではなかったのだ。

しかし、一九五〇年代の電気製品にも花柄はあった。電気釜の奥に、菊柄球形ラジオという珍品が……。球形ラジオ5LE-92形は一九五六年の製品。同館には、花柄と無地の二種が展示されている。当時ラジオはすでに一家に一台普及しており、外装デザインで商品を差別化し、消費者の購買意欲を刺激する段階に入っていた。

球形ラジオとしては国産初のものだ。地球儀と一体化した球形ラジオは、すでに戦前アメリカでレイモンド・ローウィがデザインしている。が、この球形は発売の翌年一九五七年に打ち上げられるソ連の人工衛星スプートニクを先取りするかのようだ。その未来のフォルムに、西陣の絹織物や蒔絵や有田焼の絵付けを思わせる菊が描かれている［図2］。当時の技術でどうやって球面に花柄をプリントしたのか。特別限定品で一点一点絵付けしたものなのか。そこまではわからない。このラジオの菊は、日本の伝統的な高級感をイメージさせる花柄で、バラやポピーのブーケが宙を舞い、主婦たちに憧れの洋風の生活をイメージさせる花柄とは違う。それにしても球形を菊の絵付けで無理やり和風高級電化製品にする強引さは微笑ましい。

一九一五年（大正四年）の花形電気ストーブも展示されていた。全体が桜の花の形をしており、反射板の中央にニクロム線が巻かれたヒーターが配されている［図3］。和風電化製品のはしりといっていいデザインだ。電気製品に多様な植物の形が現われるのは照明器具だ。電灯だけでなく灯油ランプも含め、明治・大正・昭和初期のガラス製シェード（笠）は、電笠と呼ばれ、ガラス工芸品として優れた質を持つものが多く、骨董品としてコレクターもいる。その形態は、植物モチーフを多用したアール・ヌーヴォーなどの影響が強い。まさに光る花――。花形電気ストーブもまた電笠と同じ光を発する花であり、光と花の親

【図2】球形ラジオ 5LE-92形（1956）
【図3】花形電気ストーブ（1915）
ともに所蔵：東芝科学館　撮影：筆者

和性を物語るものである。

展示全体では、植物を表現したデザインはごくわずかだが、よく見ると細かい部分に植物は現われる。一九三三年(昭和四年)の電気蓄音機は、木製キャビネットでスピーカー部に張られた布地は唐草文様。保守的嗜好を持つ高所得者にも訴求するイメージづくりに一役買っている。業務用電子レンジの国産第一号を生んだのは東芝だが、一九六九年発売の初期の家庭用電子レンジも展示されていた。シルバーメタリックで業務用のようなデザインだが、家庭用には抽象化された花のような文様が正面の最上部に一列だけ配されている。のちに詳しく触れるが、一九六七年から魔法瓶の花柄ブームが始まる。電子レンジの花柄は単色で抽象化されていて、決して魔法瓶のような多色刷りでリアルに花を描いたものではない。しかし花柄が業務用と家庭用を分ける記号として、さりげなく使われているのである。

ライフスタイルと柄物

東芝科学館を出て、歩いて四〇分。東京電力の電気の史料館へ。ここは主に発電の仕組みと歴史を知ることのできるミュージアムだ。一角にエジソンが開発した一九世紀末から二〇世紀初頭の蓄音機が数台展示されている。蓄音機は木製キャビネットが使われている。ラジオ、ステレオ、テレビなどの家具調家庭電化製品のルーツは、エジソンの時代にあったのだ。

同館には昭和の家電の展示もある。しかし、植物柄・花柄のものはなかった。電気釜や三種の神器に混じって展示されていた、一九六〇年発売の日立のトースターも無地だった。現代風にいえばミニマリズムのデザイン。絵柄に頼らず、シンプルさを極めるフォルムを追求したこの時代のデザイナーの意気を感じる。

ふと目に止まったのがタイガー魔法瓶工業の電子炊飯ジャー(一九八九年)。外装は柄物だが白とグレイのシンプルな横ストライプ。花柄は時代遅れとなり、食卓や台所から消えはじめ、柄は控えめになっていく。この炊飯器のストライプは、先述のスコッティティシューの存在を主張しないストライプを踏襲したものだろう。炊飯器の下部には"TOWN LIFE"というロゴが入っている。商品名かどうかは定かでないが、都市生活者、もしくは都市型のライフスタイルに憧れる人たちを意識した商品であると主張していることは間違いない。ロゴの下にはこう書かれている。"A life full of tenderness will make the beauty of a mind."訳すと「愛情あふれる生活は、心の美しさをもたらします」となる。この文章に大きな意味はない。問題はこの製品が個々人のライフスタイルと直接関係あることを暗示している点にある。時はバブル経済真っ盛り。都市生活者は個性を求め、自分らしいライフスタイルの確立を求めはじめる。そんな彼ら・彼女らが選ぶ炊飯器は、もはや花柄ではない。花柄製品は、実家の親が使っているものとなり、旧世代の遺物となっていく。

木目調はロングライフデザイン

電気の史料館を出て、東京へ戻った。調理器具の専門店の集まる合羽橋商店街で花柄を探すためだ。結論からいうと花柄調理器具は見当たらなかった。プロ用調理器具が多いため柄物自体がほとんどない。しかし合羽橋に買い物に来るのはプロだけではない。しゃれたデザインの食器や調理器具を扱う店には若者が多かった。柳宗理は合羽橋でもブランド扱いである。この日、唯一発見した花柄ものは傘立てだった。後日、筆者の最寄り駅の雑貨店をのぞくと、花柄の鍋や魔法瓶は売られていた。花柄は消えたわけではない。でもひっそり(いや、しぶとくか)生き残っているという印象は強い。

合羽橋での取材の最大の収穫は、業務用炊飯器には木目調という根強い人気の柄物があることに気づいたことだ。業務用といえば、冷蔵庫もレンジも調理台もステンレス無地というイメージがある。業務用炊飯器もステンレス無地が大半を占めるが、木目調はいまだ売られている。一九六〇年、木目調のジャー（ご飯を保温する）と卓上ポットを最初に売り出したのはタイガー魔法瓶工業である。同社の社史にはこうある。

「当時、八幡エコンスチール株式会社が開発したアートボンドと呼ばれる塩ビ鋼板、つまり鋼板に塩化ビニールシートをプレスしたものを魔法瓶やジャーのケースに利用することをわが社では考えた。いままでのジャーやポットのケースは主として鉄板またはブリキ板に塗装を施したものである。これは使用中に色がはげたり、さびが出たりするだけではなく、単色であるため、安価な印象を与えた。アートボンドはキズがつきにくく、熱にも強く、しかも天然の木材に似た美しい木目模様であり画期的なものであった。昭和三五年一〇月末にジャーおよびポットを木目模様魔法瓶として発売したところ、すばらしい人気を呼んだ」。

木目調炊飯ジャーがいまだに残っているのは、木のお櫃のイメージが強いのだろう。「ご飯＝和食」であり、「和」のイメージを木目が表象しているのだ。

しかし、これは不思議なことである。世界的な視野で見ると、木目は決して和風ではないからだ。電気史料館で見たように最初期から蓄音機は木製キャビネットである。かつてAV機器のデザイナーから、木目はヨーロッパで人気が高いと聞いたことがある。おそらくエジソン以来のオーセンティックなオーディオというイメージを表出しているせいであろう。しかしなぜか木製家具調の家電というと「和」のイメージを思い浮かべてしまう。いつそんなイメージを植え付けられてしまったのか。なぜ木目が「日本限定」で日本を表象する柄となったのか。そして花柄の盛衰の理由は？　その答えを求めて、翌朝大阪へ旅立った。

新幹線グリーン車の松葉柄

新大阪までN700系に乗った。二〇〇七年度グッドデザイン金賞を受賞するなどデザイン面でも評価の高い車輌である。N700系のグリーン車には植物柄が配されている。新幹線N700系の外装は白くてツルンとしている。東京・新大阪間を五分短縮。たった五分と思われるかもしれないが、この短縮は、カーブにさしかかると車体を横に一度自動的に傾ける最先端の技術を投入して実現したものだ。JR東海の公式ホームページにこう書かれている。

「(N700系の先頭形状は)デザインを最優先にして決められたものではありません。カッコ良いか悪いかよりも空気抵抗、乗り心地、そして省エネを極限まで考え、必然的にたどり着いたカタチ。心地よさと省エネを考えてつくりあげたものなのです。乗り心地と空気抵抗の微妙なバランスのためにシミュレーションを行なうこと五〇〇〇回以上。新幹線N700系の『顔』を、どうぞ、お見知り置きください」。

N700系の先頭形状は空力を考慮したスピードを向上させる形であるというのは、二〇世紀前半の流線形ブームと同じ語り口である。しかし、快適さと省エネを持ち出すところは二一世紀の現代だ。

すべては性能のためで、デザインによるイメージ操作はしていないということだが、内装の事情は異なる。通路(デッキ)のインテリアを公式ホームページではこう謳う。「そこは本当に新幹線? 木目調を施したホテルのロビーのようなインテリアに、驚くような静粛性」。

この場合、静粛性は性能である。しかし木目調はイメージ操作だ。「木目調=ホテルのよう」というイメージ操作は電車のデザインでよく使われる手法である。N700系のホームページのメインのコピーは「最新技術による、おもてなし」である。木目調はおもてなしの表象なのである。グリーン車の壁面は松葉柄が施されている。木目調が欧米の格式あるホテルのおもてなしなら、松葉柄は日本の伝統ある旅館のおもてなしの表象といえるかもしれない。植物柄はさりげなくきちんと企業の伝えたいことを表現している。と、確認して筆者は普通車の自分の座席へ戻っていった。

家電に柄物が現われるとき

新大阪から地下鉄を乗り継いで、守口市の三洋電機本社に併設されているサンヨーミュージアムへ向かった。同社の代表的な製品が展示されているが、花柄のある製品はたったひとつだけだった。同社が世界で初めて製品化した電子冷温蔵庫(一九六四年)。見た目は木製のサイドボード。とても電化製品には見えないが、実はビールも冷やせ、お燗もできる。サーモモジュールの片面が冷え、片面が温かくなる性質を利用したもので、スイッチひとつで電流の方向を変え、庫内を冷たくしたり温かくしたりする。この冷温蔵庫の左半分は常温でワインやウイスキーを置く棚になっていて、スライド式のガラス戸が付せられている。そのガラスにサンドブラストで鳳凰と洋蘭の柄が描かれている[図4]。

サイドボードも応接間もいまや死語になりかけている。黒革のソファーセット、テーブルの上のレースの敷物にはガラスの灰皿と卓上ライター、サイドボードにはウイスキーを並べ、書棚には百科事典、木彫りの熊、鹿の頭部の剥製、帆船の模型、シャンデリア風照明……、男の香りムンムンの応接間は、持ち主のステータスを感じさせるための空間だった。そうした部屋のためにデザインされたサイドボード風冷温蔵庫には、鳳凰と洋蘭の柄が現われるのだ。

植物柄ではないが、ユニークな柄物家電が展示されていた。アート・ドア冷蔵庫(一九六五年)だ。ドアには馬車が大小二台描かれている。黒地に金。車輪も幌の支えも極端に細く描かれ、欧米

SER-300H
1964年
当社が、世界で始めて開発した電子冷蔵・温蔵庫

SANYO NO FROST

【図4】電子冷温蔵庫（1964）
【図5】アート・ドア交換式冷蔵庫（1967）
ともに提供：三洋電機株式会社

の上流階級の洗練された生活をイメージさせる。パネルは六種類用意され（受注生産）で、好みの物から選べるようになっていた。館内に展示はされていなかったが、花柄も用意されていた［図5］。ちなみドアには鍵もついている。展示の解説には「愛用者、家事専門家らとの共同研究。冷気記憶装置、全自動ヒーター霜取り装置、アート・パネル交換方式の三大特徴を備え、市場の話題を独占」とある。各社横並びの性能を差別化するため、ドアに絵柄をつけたのでなく、アート・パネル交換方式も冷蔵庫の性能を向上させる新技術の一環として売りに出されたというわけだ。当時冷蔵庫の普及率は六〇パーセントを超え、新しい「売り」が必要となっていた。そのため新機能を次々投入し、同時にユーザーの好みに合わせて外装デザインを換えられるパネル交換方式を採用する――。着せ替えケータイという名の下に、携帯電話の市場で起こったことが、すでに一九六五年の冷蔵庫で行なわれていたわけである。

実機の展示はなかったが、一九六九年から一九七〇年頃の興味深い家具調テレビのＣＭ二本を見ることができた。ひとつはカラーテレビ「薔薇」。映像や写真で見る限り木製キャビネットの家具調テレビで、バラの柄が施されているわけではない。しかしCMは赤いバラが画面いっぱいに現われて、その後商品が登場する。カラー新聞広告でも赤いバラが使われている。ここではバラをカラーテレビの鮮やかな色彩をイメージさせるものとして使っている。ファッション性や欧米のライフスタイルの表象ではない。一九六九年の新聞広告にはこうある。メインのキャッチコピーは「今年は薔薇工場からカラーテレビをお届けします」。続くボディコピーには、「東海道新幹線が、鵜飼いで知られた長良川、岐阜羽島駅にさしかかると、窓の外には、色あざやかに咲く薔薇の風景がひろがります。いよいよ今春、白い直線美の最新鋭カラーテレビ工場が完成いたします。(中略)四季を問わず咲き誇る薔薇は、きっとあなたの目をやすらげることでしょう。薔薇に包まれた明るい環境のもとで、薔薇のように美しく、強いカラーテレビをつくろう……三洋電機はこう決意したのです」とある。

今、この工場で新幹線の乗客の目を引くのは巨大な太陽発電施設「ソーラーアーク」だ。時代によって企業の伝えたいことが変わることが、新幹線の車窓からはっきり見て取れるわけである。もうひとつ気になったCMは、白黒テレビ「日本」だ。約二〇人の黒い礼服姿の男性が整然と並んで「ニッポン」を連呼し、「日本」という題字が何度も現われる。この題字を書いたのは日系米国人彫刻家イサム・ノグチである。この題字を使った広告が生まれた一九七〇年は、俳優三船敏郎の「男は黙ってサッポロビール」、米国人俳優チャールズ・ブロンソンが出演する男性用化粧品「マンダム」のCMが流行した年である。作家、三島由紀夫が自衛隊の市ヶ谷駐屯地で自決した年でもある。一方で、魔法瓶や電子ジャー、ホーロー鍋などでは西洋風に描かれたブーケの花柄が流行っていた時期でもある。中性的なシンプルさが好まれる現代に比べ、男臭さや乙女チックなイメージが直接的な表現で市場やメディアの中に登場していた時代だったのだ。現代の男は男気では生きていけない。マッチョや乙女を強調することがかえって同性愛のイメージとつながってしまう。男っぽさも女らしさも単純に表明できた時代、本来見た目は男性的とも女性的ともいえない家具調テレビが「薔薇」になったり「日本男児」になったり、異なるジェンダーのイメージを乗せながら市場に現われていく。木目や植物柄は、消費文化によって増幅されていく性差や和洋のイメージに翻弄されていった。

花柄ブームの原点を求めて

さて、花柄プロダクトの本丸へ突入である。大阪城にも近い天満橋駅から徒歩一〇分。予約を入れておいた、象印マホービン本社に併設された「まほうびん記念館」へ。魔法瓶こそ花柄ブームの火付け役なのである。花柄の魔法瓶を最初に発売したのは「エベレスト」ブランドのナショナル魔法瓶工業。同社が一九六七年四月に花柄魔法瓶を発売すると、象印やタイガー魔法瓶もすぐさま追随した。全国魔法瓶工業組合が刊行した『日本の魔法瓶』(一九八三年刊)にこう記されている。

「昭和四二年に開発された花柄は魔法瓶の訪問着といわれ、六〇~七〇%が花柄で占められていた。顧客は必ず花柄と銘柄を指定して購入し、買い換えも花柄に集中したので、小売店はもちろん問屋筋までが『魔法瓶は花柄でないと売れない』といった神話が生まれたといわれる」。それから毎年一五〇万本以上の花柄魔法瓶が増えたという。一九六五年に比べ数量で三・三倍、金額で四・六倍、「魔法瓶市場、空前の高度成長を遂げたのである」(『日本の魔法瓶』)。

同館にも一九六七年の魔法瓶が展示されていた。バラ柄である。象印の社史によると、最初は抽象的な花柄だったという。その後、京都友禅の絵師の原図を使うなど、手の込んだ花柄が登場した。華道四流派の家元に実際に花を生けてもらい、その写真を印刷したポットまで現われる。一九六九年発売の「エールポットいけばなシリーズ」は、池坊流、小原流、

【図6】エールポットいけばなシリーズ（1969）
撮影：筆者

草月流、未生流中山文甫会の四流派の家元によるオリジナルの花柄と、家元のサインまで入っていた［図6］。

展示されていた「エールポット」の花柄は、和のイメージでなく、バラとアネモネ、アイビー、パンジーなど、生け花というよりフラワーアレンジメントに近い。一九七〇年世界初の電子ジャー（電子技術で保温する／炊飯はできない）もポピーやデージーが細密に描かれた西洋風の花柄である［図7］。象印は「エナトップ」というホーローの鍋やカップのシリーズを出していたが、一九七〇年発売の展示品はやはり花柄。こちらは花弁に斜めのストライプが入るなどかなり抽象的だ。一九七三年の花柄には花弁を大きくグラフィカルに描き、オレンジや黄色を使ったポップな色調のものも登場する。フィンランドのテキスタイルブランド、マリメッコのデザイナー、マイヤ・イソラの作品を想起させる柄もある。抽象的な幾何学模様も施された。

象印やタイガーの社史や、前掲の『日本の魔法瓶』に掲載されている当時の販売店の陳列棚の写真などをつぶさに見ると、日本画風に竹林や梅を描いたものもある。象印は花柄コンクールまで実施した。主婦が食卓に花を飾る感覚で花柄の魔法瓶を置くことにはじまり、花柄がダイニングキッチン全体へ広がっていった。コップや皿、鍋、電子ジャー、トースター、魔法瓶、オタマの柄、エプロン、タオル、テーブルクロス、スリッパ、カーテン、食卓椅子のシートまで……七〇年代初頭、花柄の帝国は最盛期を迎える。

花柄は今でも生きていた。まほうびん記念館を出て、象印の現行商品のショールームに行くと、花柄の卓上ポットがあった。花柄炊飯器はないという。現行の花柄は、原色系が多かった七〇年代と違い、パステル調の上品な色調だ。輸出向けポットも置かれていたが、特にアジアでは花柄や植物柄の人気が高いという。

近年、環境問題への配慮からペットボトルの代わりに携帯用魔法瓶を持ち歩く人が増えているという。象印ではケータイのパネルのようにユーザーの好みで着せ替えできる小型携帯用ステンレスマグを発売してる。用意された数種の柄の中に花柄がある。みんなが花柄という時代は過ぎたが、好きな人のための花柄は残っている。花柄は多様なユーザーの好みのひとつという正当な位置に戻ったのである。

【図7】世界初の電子ジャー(1970)
提供：象印マホービン株式会社

家具調家電の力学

まほうびん記念館を出て、京阪電車に乗って門真の松下電器歴史館へ向かった。見たいものがあった。家具調ステレオ「飛鳥」(一九六四年)である[図8]。校倉造りをモデルに日本伝統の簡潔の美を売りにした、テレビやオーディオの和風家具調ブームのきっかけをつくった製品である。実機の横に展示された当時の新聞広告のキャッチコピーにはこうある。

「日本のデザイン　飛鳥　芸術的な音響家具」。

続くボディコピーでは、誇らしげに日本の伝統美を踏襲したデザインであることを謳う。「いま、世界の家具デザイナーは、日本の伝統的な家具の、簡潔な美に心を奪われ、日本人の珍重する木地(きじ)や直線の美しさに大きな影響をうけていることを、あなたもご存じでしょう。ハイカラ・モダン・シック。明治以来、日本のデザイナーは、西欧の家具デザインを勉強し、それらのエキゾチシズムに捕らえられた時代もありましたが、いままでは、はっきりと〈日本の伝統の美の高さ〉を認識しています。その誇りの中から生まれ、日本の伝統の美を近代的にデザインしたのが〈飛鳥〉です」。

飛鳥のデザインは校倉造り以上に、一九五〇年代から一九六〇年代の丹下健三の建築――広島ピースセンター、香川県庁舎、旧・都庁舎、倉敷市庁舎――を彷彿とさせる。飛鳥の四本脚はピロティ、水平の桟はカンティレバーのテラスのようだ。丹下が求めた日本の伝統美と近代建築の和合を、飛鳥のデザイナーは家具調のステレオで試みたのだ。

飛鳥発売の翌年一九六五年には家具調ステレオ「宴」と家具調テレビ「嵯峨」が発売される［図9］。ともに同年のグッドデザイン賞を受賞。松下の家具調家電は、単に電気回路を木製の箱に入れ、家電と家具を合体させただけの製品でなく、「日本の伝統の美を近代的にデザインした」ことを評価されたのだ。剣持勇が提唱した「ジャパニーズモダン」を家電で花開かせたデザインといえる。

嵯峨の新聞広告のキャッチコピーは「こころ静かに楽しめる。優雅な家具調デザイン！　嵯峨　登場！」とある。その横のボディコピーは「木目の肌がジカに味わえる高級木材ウォールナットにツヤ消しオイル仕上げを採用。使うほどにシブさが増す家具調デザインです」。この広告の写真では嵯峨は障子と竹林を背景にして、明らかに和風を意識したイメージづくりがなされている。しかしこのボディコピーは欧米から輸入した高級家具の宣伝文句のようだ。ウォールナット（クルミ）はオーク、マホガニー、アッシュと並ぶヨーロッパ家具の代表的木材である。

嵯峨も飛鳥も宴も、ネーミングや広告写真のせいで、ついつい和風のデザインのように見えてしまう。しかし、その直線的な構成のデザインはインターナショナルスタイルといったほうがいい。もし欧米の家庭に置かれていれば、和のイメージは醸し出さないだろう。先にも述べたがエジソンの蓄音機は木製キャビネットであり、AV機器はその原点から家具調である。

家具調が和風に見えるのは、木目が和風に見えるように働きかけた力学がある。その力学が、

【図8】 家具調ステレオ「飛鳥」（松下電器、1964）
【図9】 家具調テレビ「嵯峨」（松下電器、1965）
ともに提供：パナソニック株式会社

松下電器の家具調家電のネーミングや広告にはっきり現われている。嵯峨の新聞広告には小さくこんな文句も入っている。「二台目テレビの決定版」。テレビはひと通り家庭に普及し、買い替え需要を刺激するために、新しい機能やデザインが求められた。一九六〇年代日本は高度経済成長を遂げ、再び国としての自信を取り戻しはじめていた。メイド・イン・ジャパンの自信を表明することが、二台目テレビや高級ステレオ需要喚起の有効な刺激となった。松下の戦略が功を奏したことは、先述の三洋電機の後発の家具調白黒テレビがまさに「日本」というネーミングで、イサム・ノグチが漢字で「日本」と広告の題字を書いたことからも分かる。

日本の自信を意識させるイメージには桜や菊や富士山を使わない。政治的な意味合いが付着しすぎているからだ。木目はその点極めてニュートラルである。といっても最初から松下のデザイナーが「木目＝和風」を狙っていたとは思えない。材料はヨーロッパ家具の代表的木材ウォールナットなのだから。日本の伝統美や丹下の建築から踏襲したプロポーションやストライプの簡潔美は、その後の家電デザインの中で広がりをみせたわけではないが、なぜか「木目=和風」だけが一人歩きしはじめる。それがロングセラーの木目調炊飯器ともつながっていく。家具調家電ブームが終わると、和を表象するものは木目に代わって無地となる。白い豆腐、漆黒の器、純白の和紙……現在ではミニマリズムと和風が入り交じっている。

松下電器歴史館では花柄を見ることができなかった。しかしパネル展示で面白い柄物を発見した。服飾デザイナー森英恵による蝶柄が施された「自動二槽ファッションタイプ洗濯機〈うず潮〉」（一九七七年）。パネルには赤と青二種の写真があった。全面真っ赤な洗濯機に蝶柄とはなんと斬新。柄物家電の多様な進化の頂点と呼んでいいプロダクトである。

花柄の居場所

翌日、奈良県天理のシャープ歴史・技術ホールへ。花柄ブーム以前の花柄家電として見たいものがあったからだ。ラジオ〈5―R〉（一九四八年）の漆芸家川端近左による特別仕様版［図10］。シャクヤクの柄が施され、金襴の織物がスピーカー部に緞帳のように張られている。東芝科学館で見た菊の絵柄の球形ラジオは、同じ精緻な絵付けがされた和風電化製品だが、球形ラジオは際物感が強い。こちらは美術工芸品である。大衆化される以前の花柄の居場所をよく示している。花柄はステータスシンボルであり調度品や女性の訪問着に使われていた。シャープ歴史・技術ホールに柄物家電は他にない。戦前の蓄音機やラジオの金属部に植物のレリーフがワンポイントで使われているくらいである。ただしワンポイントといえども、それはステータスシンボルである。

天理から近鉄で名古屋へ。名鉄に乗り換え、北名古屋市歴史民俗資料館へ。ここは昭和の生活

【図10】ラジオ〈5-R〉（1948）
提供：シャープ株式会社

資料を収集するユニークな博物館だ。住宅の居間や台所、商店の様子を再現したコーナーがある。ガラス棚にはいささかに無造作に食品パッケージや懐かしの雑貨類などがクレジットなどなく大量に陳列されている。

三種の神器の家電もある。でも花柄はトースターがひとつあっただけ。電化される以前の、土間の台所が再現されていたが、そこでひとつ大切なことに気づいた。もともと日本の庶民の台所にはほとんど柄物は存在しない。鍋、釜、すりこぎ、せいろ、ざるはみんな無地。実用本位で形態に無駄がなく、素材の持ち味を活かしたデザインになっている。土間自体は近代的なものではないが、土間の台所やそこに置かれた道具類の設計思想は近代デザインが目指していたものと合致する。それらが柳宗理の無地で実用本位のキッチン用品のルーツであることは疑いない。

花柄って意外とないものだなと思って見て回っていると、花柄が大量にある一角があった。化粧品を陳列したガラス棚である。パウダー、クリーム、化粧水などのパッケージは、アール・ヌーヴォー風植物文様もあれば、アール・デコ風ファッション画、和服のような花柄、抽象絵画風の幾何学文様もある。植物柄だけではないが、花柄・植物柄パッケージは圧倒的に多い。

鏡台こそ花柄プロダクトの居場所であった。一九六〇年代前半まで、家事は女性の趣味の発露の場ではなかった。食事の支度も洗濯も掃除でも、使う道具に柄物ではない。女性が女性らしいものを置くことのできる空間は、洋服ダンスと鏡台くらいで非常にプライベートな空間に限られていたのだ。

中原淳一の言葉に耳を傾けよう。中原は、一九四六年に婦人雑誌『それいゆ』、一九五四年には少女雑誌『ひまわり』を創刊して、戦後一貫して「愉しく新しく美し

【図11】『女の部屋』(中原淳一プロダクション、1970)

く」生きる女性のライフスタイルを啓蒙してきた編集者・挿画家である。「花模様の衣裳を着るのは日本の女性だけはありません。世界のどの国へ行ってみても、女性の衣服はその国らしい感覚で、みな花の模様だといってもいいくらいです。これも女性が自分の衣服はその国らしい感覚で、みな花のようでありたいと願う心から、必然的にそうなったのではないでしょうか。(中略)まことに花は、地球上の最も美しいもの。だから、女性が一番美しく装ったときには、自らが花となって、いや、あなたが花になりましょう。女性が『花のようでありたい』と願う心をもたなくなったときは、女がもう女であることをあきらめなければならないと自覚したときかもしれません」。

引用したのは一九七〇年発行の『女の部屋』No.2、特集「女らしさとは」から[図11]。中原の仕事としては最後期のものだ。すでに『アンアン』など新世代の女性ファッション誌が生まれ、若い女性のトレンドからは外れた存在とはなっていたが、中原の啓蒙的な言葉には復興期から高度経済成長期を育った女性たちに染みわたった価値観がにじみ出ている。「花＝女性らしさ」が花柄ブームで爆発する。しかし中原の啓蒙した「女性らしさ」は、『アンアン』を読み、パルコで買い物をする自立志向の新世代の女性たちのライフスタイルに取って代わられる。同時に花柄は時代遅れの柄となり、家庭から消えていく。主張しないデザインがファッショナブルとなり、炊飯器はステンレス無地の、昔のようなかまどのイメージに還っていった。

しかし最近、花や植物をモチーフにしたデザインが復活する気配がある。北欧のマリメッコのマイヤ・イソラが一九六〇年代にデザインした花柄・植物柄のテキスタイルが再評価され、インテリアショップで高い人気を誇っている。トード・ボーンチェは花や植物をモチーフにしたユニークな照明器具などで注目を集め、今や世界的デザイナーに登り詰めた〔図12〕。二〇〇七年東京モーターショーで展示されたシトロエンのディーゼルと電気モーターのハイブリッドカー「Cカクタス」の内装には大胆に植物柄が使われていた。吉岡徳仁がモローゾ社のためにデザインし、二〇〇八年にミラノサローネで発表した椅子は花をモチーフにしたもの。名前は「ブーケ」であった〔図13〕。ロナン&エルワン・ブルーレック兄弟の「アルギュ」(フランス語で海草を意味する)は、間仕切りや部屋のデコレーションとして好みの形に組み合わせられる。樹脂製パーツを組み合わせれば、部屋中をツタなどに覆われた森のような空間にしてしまうことが可能だ。

一度ミニマリズムのブームが来たことで、花柄・植物柄は、これまでのジェンダーや政治性の

【図12】トード・ボーンチェによる新柄のエッグチェア(椅子デザイン/アルネ・ヤコブセン、メーカー/フリッツハンセン)提供:ヤマギワ株式会社
【図13】Bouquet(MOROSO、2008)
提供:吉岡徳仁デザイン事務所

強いイメージから完全にではないにしろ自由になった。しかも、エコロジーや地球環境問題という新たな政治的・社会的イメージと結合し、デザインの中で植物が表象するものは変わりつつある。ただひとついえることは、政治や社会が大衆に向かってあるメッセージを放ちたいとき、花柄・植物柄は、極めて利用しやすい表象装置となることだ。花柄の美しさ、木目のぬくもり、緑の葉の安らぎ、これらは一見、作為のない自然さを表わすがゆえに、その柄に政治的・社会的メッセージを刷り込みやすい。新しい花柄には新しいメッセージが込められている。植物のイメージの背景にうごめく力学を私たちはしっかり読み取る必要がある。

計算素子としての植物

田中浩也

一 「(trans) Architecture is an Algorithm to Play in / Marcos Novak」[一]

「コンピュータライゼーション」ではなく「コンピュテーション」
――「計算」もしくは「演算」の集合として、世界を感じ、考え、そして制作するには。

いまこの原稿を書くのに使用している「コンピュータ」は、人間が「必要とする計算」を「アルゴリズムとして構成」し「実行」するための汎用機である。そうした営みには、通常「ある解を求める(問題を解決する)」という計算の「目的」が先立つ。人間はそうして「目的にあわせた」さまざまな計算法を発明してきた。ユニークな計算法を作り出したり応用したりするための実験環境として、「コンピュータ」はいますでに多くの人のもとにある。

一方、コンピュータの外へと眼を転じてみるならば、自然界のあらゆる物理・化学・生体の法則や反応も一種の「計算過程」と見なしうる。宇宙は太古のときから巨大な量子コンピュータであって、それ自身を計算によって常に作り出しているという。[二] 無限の自己言及的計算を、多重に、同時並行的に、実行し続けている環境世界。「それ自身を生成する」という究極の目的に基づいた多様な計算が、私たちのまわりの自然には幾重にも畳み込まれ、そしてまた、溢れ出している。私たちはつねにその一部に含まれながら、計算過程の状態遷移を観測し、ときにその過程に介入する。

「コンピュータの中に、自らが目的とする計算を構成して実行してみる」という制作の方法と、「生きている世界そのものが動的な計算の集合である」という環境世界の認識の方法。そこに、アルゴリズミック・デザイン(Algorithmic Design)という技法と、ネイチャー・アズ・アルゴリズム(Nature as Algorithm)という科学的な眼差しの接点がある。その二つを結び付けあわせ、制作と認識を、分かち難いひとつのものとして実践するために、私たちは、いま、どのようなものを、どのように、つくることができるだろうか。

二 LifeTime on Another BioRhythm

私は、『10+1』No.48「特集=アルゴリズム的思考と建築」において、「Natural Computation の景相化[❖三]」と題し、自然界の行なっている計算と人工的に構成する計算の二つをアマルガムのように半合成して、環境世界を観測するための装置を制作する方法について述べた。また、それらを複数配置することで、時とともに移り変わる計算過程を印象的に体験するための場として形式化できることを示した。自然界の行なっている計算と、人工的に構成する計算はそれぞれ性質が異なるが、むしろそうであるからこそ、双方の性質をうまく衝突させることで、境界面に新たな現象を立ち上げることができる。そうした現象が顕在化された場のことを、比喩的に「演奏する風景」と呼び、幾つかの具体例を紹介した。

世界を記述し、観測するための「計算」を、コンピュータの画面の中から実世界に取り出す——外在化する——ことの目的は何なのか——。ここでは、暫定的に二つの解答を与えておきたい。ひとつめは、コンピュータを外部の自然に晒すことで、外部の計算と内部の計算を相関的・相互浸透的に影響を与え合う入れ子の状態に置くためである。そうすることによって、あらかじめ記述された挙動(プロ＝グラム)でありながらも、予想された結果には必ずしも従わない、偶然とも必然ともつかない運動の可能性が担保される。それは実世界の開放性に晒されるが故である。もうひとつは、「身体を中に入れるため」である。「内部から観測する」という経験が、人間の持続的な内省的理解をつくりだす。茶室、メディアインスタレーション、環境アート、サイトスペシフィック……そうした形式に通じる「理解」の型が「中から見る」ことであることに関しては、もはや説明の必要はないであろう。

既報❖四では概して以上のようなことを論じたのだが、こうした文脈の上で、今回は「時間的な意味で中に入る」ことへと思索を進めてみたい。「中に入る」「内部から観測する」という経験を、ドアを空けて部屋の中に入る、境界を跨いである領域の中に入る……といった空間的「内／外」の意味を越えて、時間的な意味で「中に入る」という持続的経験として捉えてみるのである。あるアルゴリズムを主体的に構成しておいて、それが実時間に展開され、湧き出し、流れ出してくる状態遷移に包まれながら「暮らし」てみるということ。喩えるならば、終わらない音楽が常に発生する仕組みを構成しておき、それを常に流し、日々浴びるように時を過ごしてみるというようなこと。そうした状況を、「建築」ではなく、いま利用可能な技術群をうまく組み合わせて構成する「別のやり方」について考えてみたいのである。

そのように考えたとき、技術的な道具立てとして、コンピュータや機械のクロックのみでは、単調なリズムの生成しか望めない。そこで、未知なる時の流れを発生させる生命素子として、「植物」に注目し、そのバイオリズムを生け捕りするやり方について考えてみたい。これもまた「Natural Computation」の一実践である。

三 植物からリズムを生け捕るために

私たちの時間の流れは、通常「時計」が示す客観的な律動に支配されている。それとは異なる時の揺動――有機的な「バイオリズム」――を取り出すために、植物を用いてみる。

「生命が律動すること、すなわち生命現象とは何か。」という問いに対して、ルートヴィヒ・クラーゲスは著書『リズムの本質』において、「機械的な反復ではなく創造的な更新の連続」と捉えている。

ここではそうした観点に加え、予測不可能な変容、揺らぎを伴ったリズムを発生させるための一モジュールとして植物を扱い、電子部品・コンピュータシステムに接続する。そして回路(サーキット)を構成し、植物が持っている生命的なバイオリズムを増幅・変換して転送し、生活空間の機器や人工物まで、わたしたちが住む環境に広く反映させる試みを行なう。

具体的なイメージとしては、植物のサーカディアン(概日)リズムに応じて明るさが変化する照明、庭木の成長と連動しながら一年間に渡ってゆっくりと進行していくアンビエントミュージック、光合成に応じて物理的に微振動する家具など、さまざまなバリエーションが考えられる。植物の持つタイムスケールは、人間で言うと呼吸や脈拍に相当する秒単位の周期から、一日の周期、春夏秋冬としての年周、さらには何十年といった長さにまで連なってゆく。そうした、複数のスピードを孕みながら常にリズムを生成する素子として、植物を用い、それにさまざまな部品を繋げながら回路を構成し、それを組み替えて展開してゆく。まずはそうした創作を可能とするプラットフォームを構築したいと考えた。

理論レベルで言うと、「植物」という生物と、「スイッチ」や「センサ」、「アクチュエータ」、「プロセッサ」のような電気／電子部品という、本質的に全く異質なものを、回路設計という思考の上で繋げるためには、両者を同じレイヤ上で並べられるような適切な抽象化が必要となる。植物を「モジュール」として見立てるにはどうするか?という問題。そこで植物の次のような性

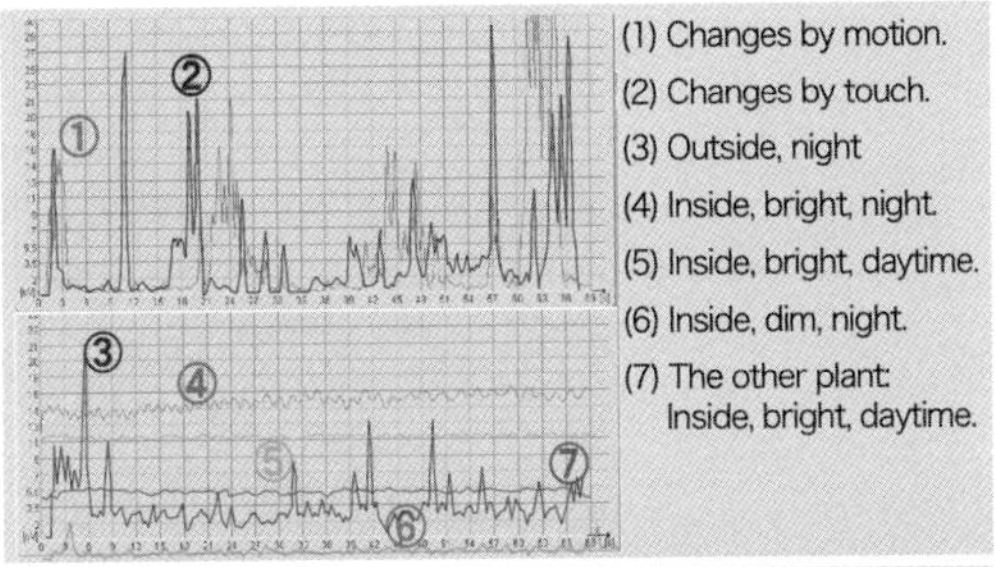

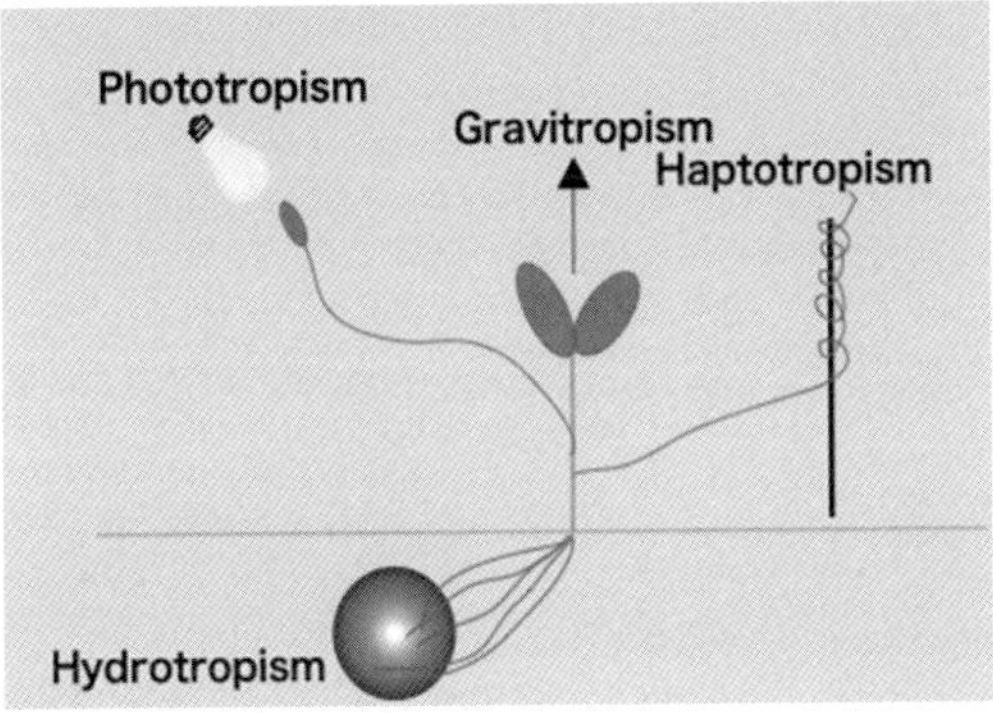

【図1】植物の生体電位信号
【図2】植物の形態誘導パタン

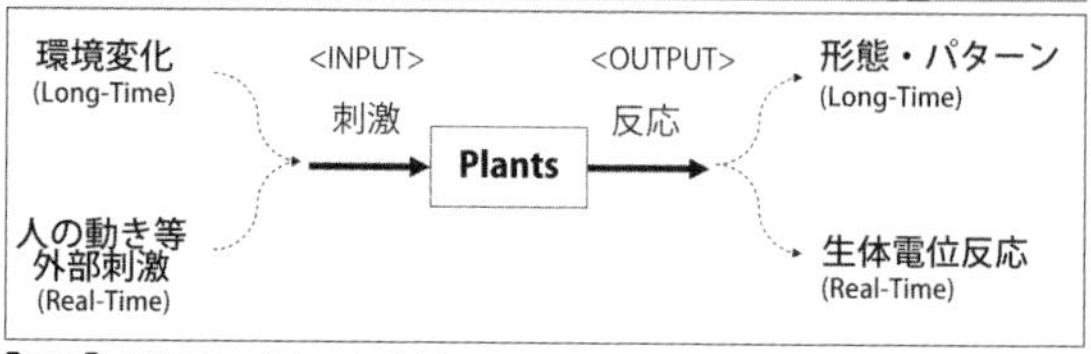

【図3】"I/O-Plant" キット全景
【図4】入出力モジュールとしての「植物」

質を応用する。

［植物の生体電位信号］

植物の表面には、常に微弱な生体電位信号が流れている。これは、動き・接触・接近・振動・音・水などの外部刺激（特定のイベント）に反応したり、空気中の温度・湿度・土壌の水分量に呼応する植物の活性度、あるいは植物自らの活動である光合成や日周・年周といった生体リズムに応じて、さまざまな部位に渡って変化している［図1］。

［植物の形態誘導パタン］

植物の形態は環境セッティングによってある程度制御可能である。植物ホルモン、光による茎の伸長や姿勢制御（屈光性・向日性）、日長による花芽形成や花茎の伸長、温度による茎の伸長や収縮根形成、機械的刺激による茎の伸長や屈地性の喪失などがある［図2］。

こうした性質（植物の挙動）を計算論的な視点で眺めてみれば、植物を、情報の入力（刺激）―処理―出力（反応）を行なう一種の「入出力モジュール」として見立てることができる［図3・4］。興味深いのは、そこに「短期的・瞬間的」なフローと「長期的・蓄積的」なフローの、二種類の異なるタイムスケールが捉えられる点である。「短期的・瞬間的」な入出力としては、光の波長や人や動きの違いといった細かな環境刺激（イベント）を入力とし、異なる生体電位反応を出力するセンサである

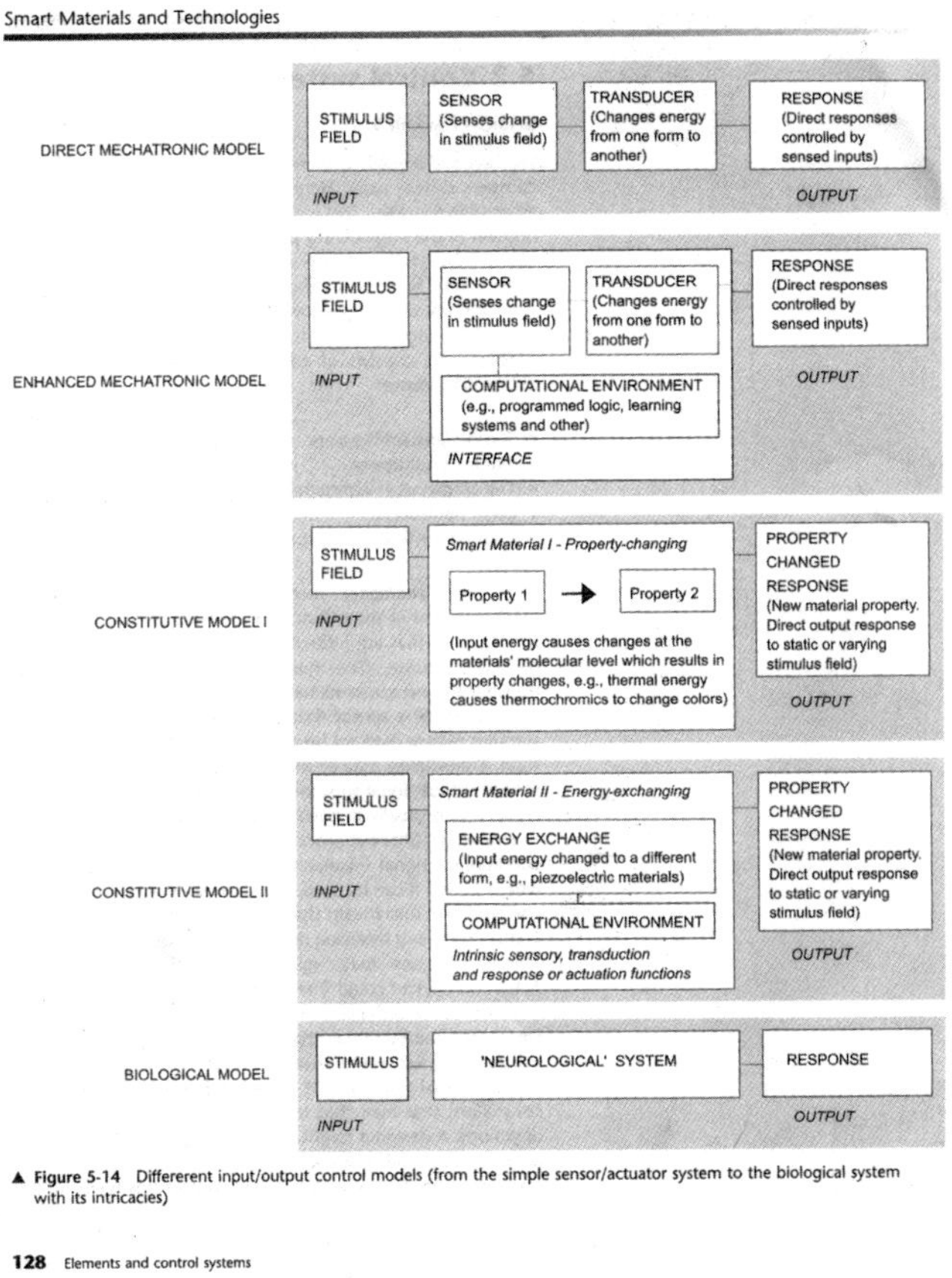

[図5] 電子回路等の入出力モジュールのパターン
出典：*SMART MATERIALS AND TECHNOLOGIES: For the architecture and design professions Michelle Addington and Daniel Schodek*, Architectural Press, p.128.

と考えられるし、「長期的・蓄積的」な入出力としては、外部環境からのエネルギを入力し、形態を自らに刻印しながら成長運動を続けるマテリアルであると捉えられる。このような抽象化した見方で植物を捉え、その特徴的な入出力を電気回路やコンピューティングシステムと接続すれば、あるシステム＝系を構築することができる。そのシステムは、安定した反復的な出力のみを供給するコンピュータシステムではなく、先の読めない一回性や、生物ならではの有機性、環境反応性を、コンピュータによって増幅・変換していくような、ヴィヴィッドでハイブリッドなものになる［図5］。そうした、植物を用いたシステムを構成するプロトタイピングツールとして、開発した具体的なキットが"I/O- Plant"である。

えば、接近や水やりに対する反応の提示や、植物側からの情報発信など積極的なインタラクションを生む。

4. (**Network**) 植物が化学物質を発生させて別の植物と通信する性質を利用して、センサネットワークを形成し、情報をリレーのように伝達する。

5. (**Reaction**) 植物が刺激やユーザの違いによって電位を変化させることで、アクチュエータの表現が変化する。

6. (**Growing**) 植物が成長するにつれて、アクチュエータによる表現が変化する。植物の一生という長期間に渡るインタラクションを実現する。

7. (**Site-specification**) 植物が一日の周期や一年の周期、場所の移動、地域の違いによって、アクチュエータの表現が変化する。

8. (**Cultivation support**) 植物の状態をセンシングし、健康状態や水の必要性などを伝えることで、農業や園芸を支援する。

9. (**Visualization**) 植物と他の生物のインタラクションにおける植物の反応を、アクチュエータの動きで可視化・伝達する。

10. (**Processing**) 植物栽培のためのアクチュエータを、環境変化や人の行動に基づいて動かすことで、植物の生長や形態や動きを制御する。エネルギの処理が植物種や個体ごとに異なっているため、それぞれの出力結果が異なってくる。

【図8】I/O-PLANT の取り付け
【図9】I/O-Plant で抽出できる植物のバイオリズム

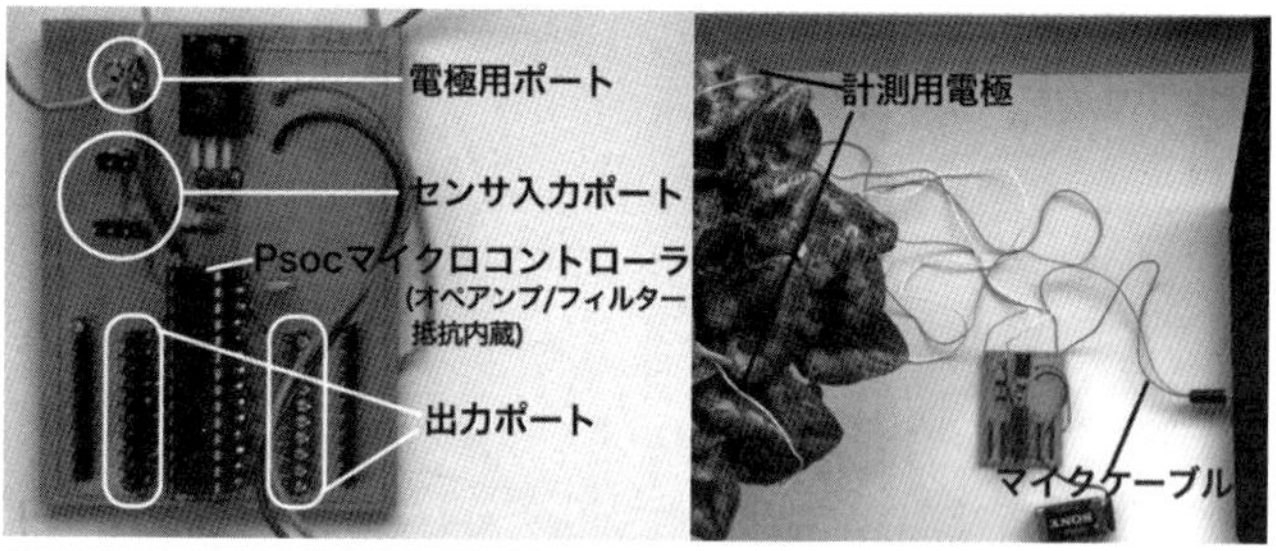

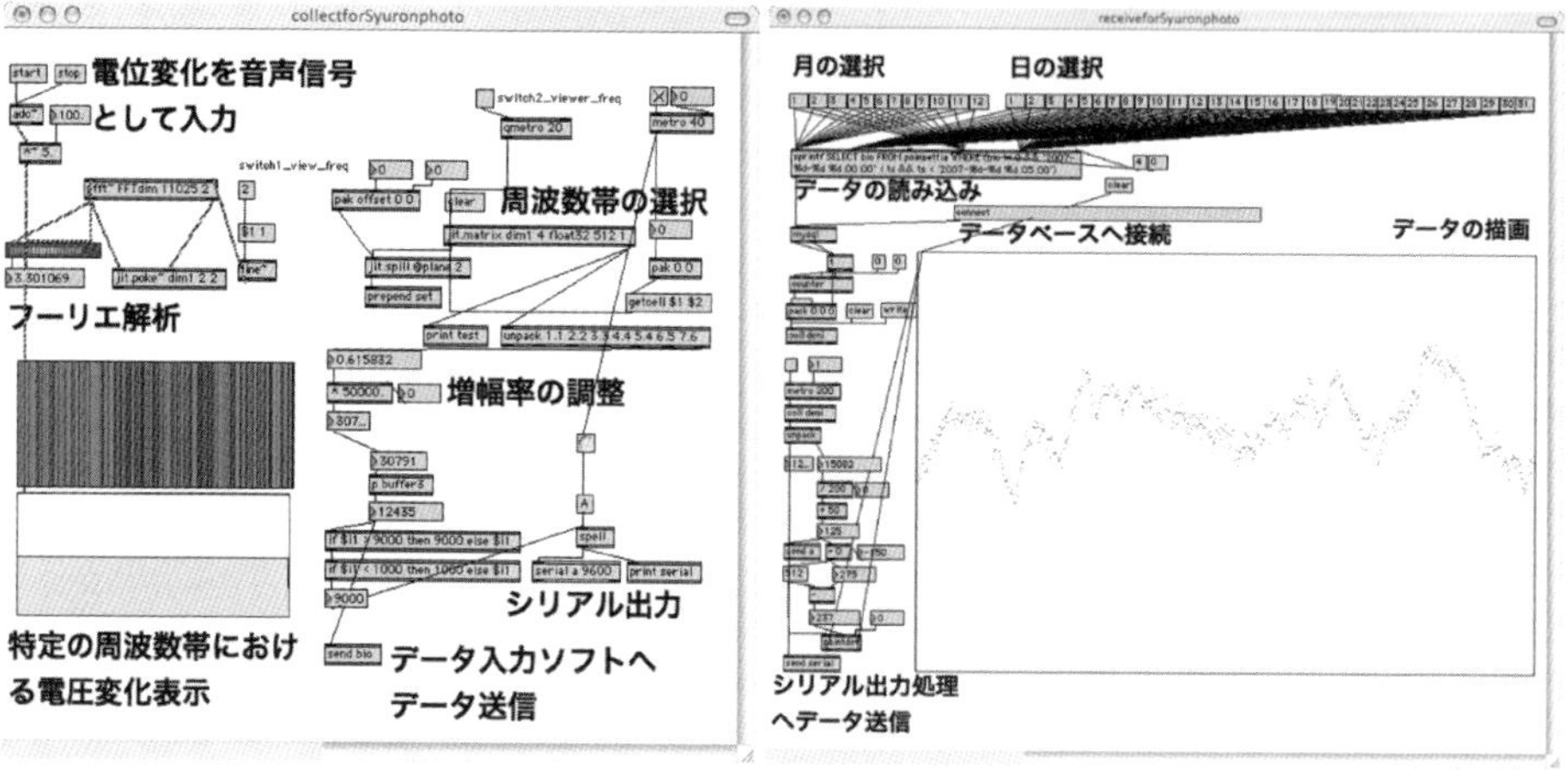

I/O-PLANT（栗林賢＋坂本雄祐／慶應義塾大学 田中浩也研究室）

「I/O-Plant」は、植物を用いたインタラクティヴシステムの構築支援環境である。

“I/O-Plant” は、I/Oデバイス、解析ソフトウェア、データベースシステムに、これらを用いて実現されるインタラクションのデザインパターンと利用可能な植物のシステムカタログを加えた5つで構成される。I/Oデバイスは、計測キットや育成キットの入出力によって、植物電位の計測や植物育成装置の制御を行う。計測キットは、脳波用針電極、生け花用剣山、オペアンプ、各種センサ、無線モジュールで構成される。育成キットは、LEDライト、水ポンプ、ヒーター等で構成される。解析ソフトウェアは、Psocマイクロコントローラ版とMAX/MSPで開発したPC版の二種類のソフトウェアを用意する。デバイスをプロダクトへ組み込んで独立して利用したい場合はPsoc版のみを利用する。解析と計測の精度向上を必要とする場合は、Psoc版で計測・増幅した信号をPCに入力し、PC版で周波数解析やデータベースシステムとの連携を行う。

“I/O-Plant” を用いることで実現できるデザインをパターンとしてまとめたのが次ページの図である。

1. **(Input)** 植物がコンピュータを動かす入力インタフェイスになる。ユーザが植物に接触や光などの意図的な刺激を与えることで、コンピュータを動かす。
2. **(Sensor)** 植物が環境変化を伝えるセンサになる。電位変化に基づいて、照明等のアクチュエータを制御することで、環境変化を表現する。
3. **(Communication)** 植物が装備したアクチュエータによって、人と植物という異種間のコミュニケーションを生む。例

【図6】植入出力の対応関係
【図7】植物と機械を組み合わせたハイブリッドな回路構成

入力	生体電位反応を利用した出力
光	光量/波長の変化による出力制御
温度	温度の上下に合わせて出力制御
水	雨や水やりによる出力制御
気候変化	季節ごとに出力表現変化
接触	接触刺激による出力制御
接近	接近刺激による出力制御
振動	歩行者や地震による出力変化
場所の移動	周囲の環境変化による出力変化
光/水/栄養	生長・健康状態による出力変化
入力	形態・パターンとして出力
光	生長/生長方向変化/葉の開閉
障害物設置	生長方向変化
オーキシン	細胞伸長/茎の伸長
エチレン	肥大化/屈地性喪失
攻撃	揮発性物質の放出
交配	新しい形態/新しい花模様
光の波長変化	形態変化/生長速度変化

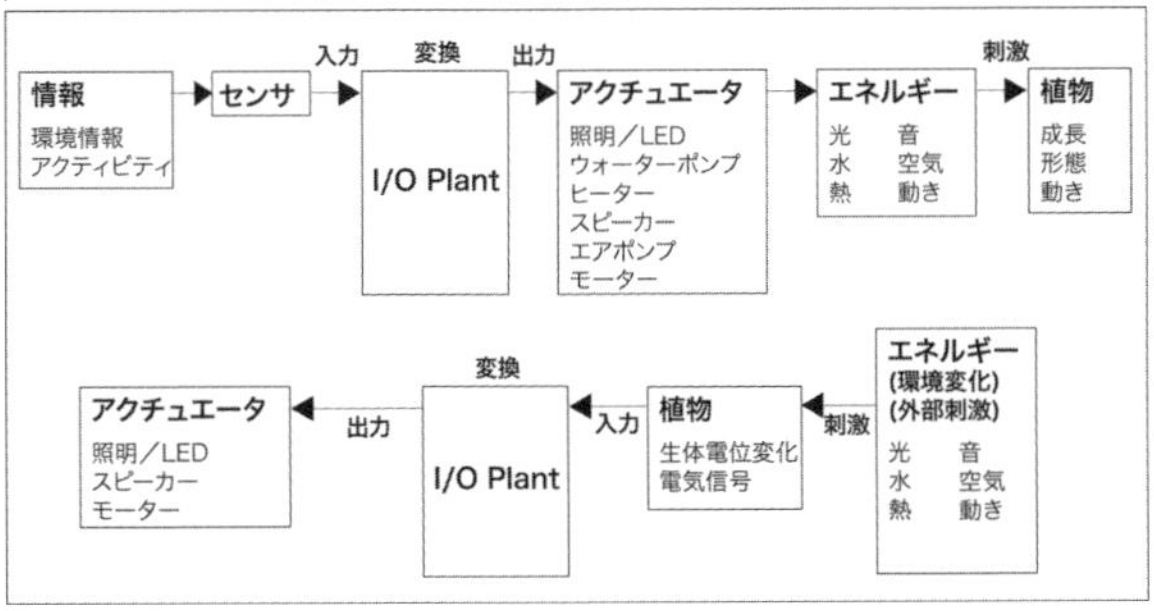

Interactive Flower Arrangement

Interactive Flower Arrangement は、アレンジした花の電位反応を照明として出力するフラワーベースである。電極化した剣山に生けた花全体をセンサとして扱うことができる。環境変化や人とのインタラクションによる生体電位変化を元にして花器に組み込んだフルカラー LED の色が変化する。計測した植物電位と基準電位との差が大きくなるにつれて、光の色が青から緑、緑から赤へと次第に変化する。これにより、フラワーアレンジメントを通したインタラクティヴな空間演出を可能にする。

【図11・12】
I/O-Plant を用いて開発した
プロダクト群

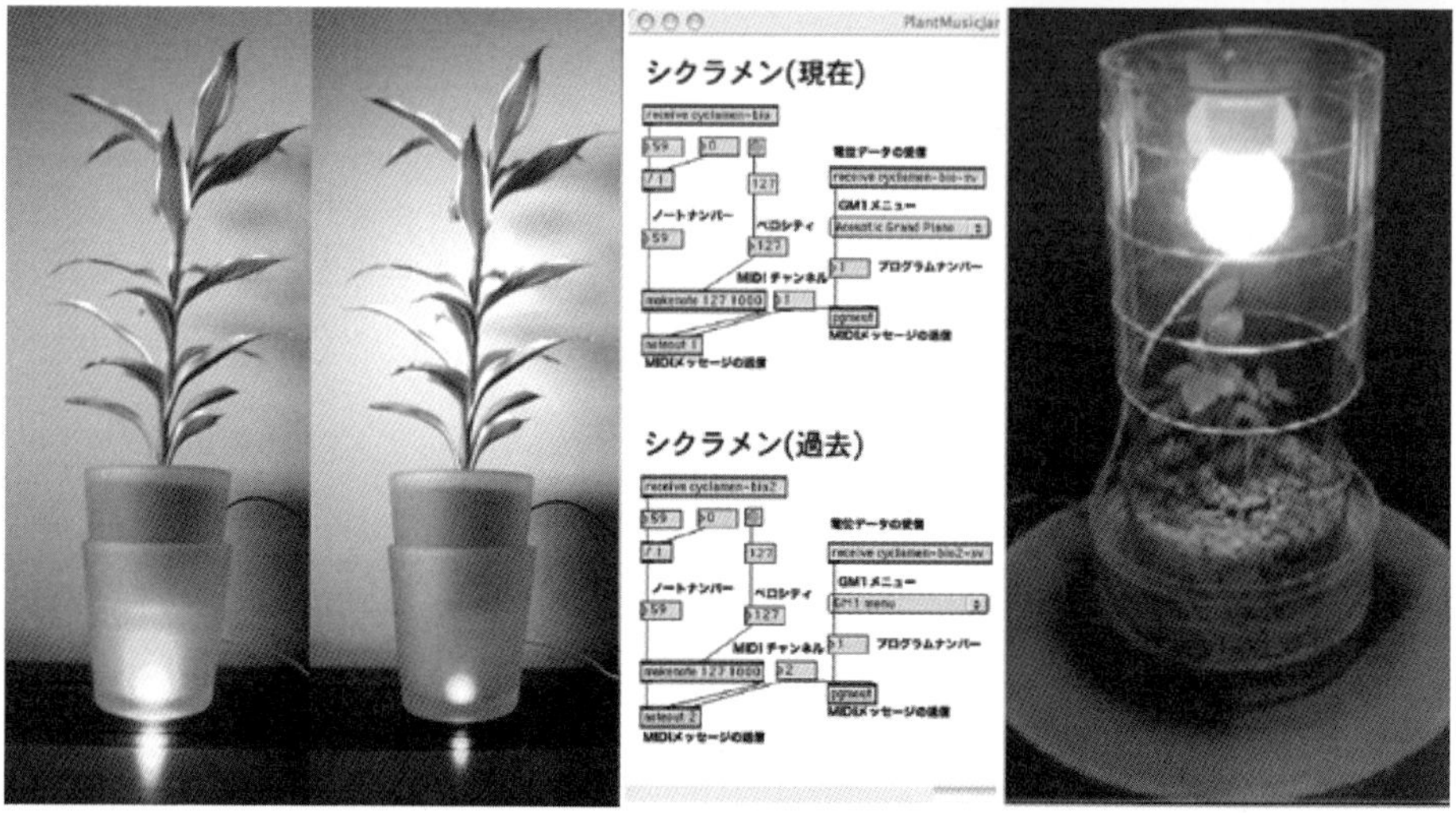

以下は、“I/O-Plant” を用いたアプリケーションとして、主に日用品やプロダクトデザインのような小型のものに展開してみたシリーズである。

Plantio

Plantioは、環境変化や外部刺激に対する植物の反応を光の変化を通して表現するインタラクティヴな植木鉢である。 環境変化、植物の生長、場所の移動、水やり、人の接近や接触、周囲での人の動き等による電位変化に基づいてLEDの色と光幅が変化する。ユーザは光の変化を通して植物の生体反応を感じることができる。

Pocket Plantio

Pocket Plantio は、場所の移動に伴う電位反応の変化を表すPlantio の携帯版である。植物は温度や湿度や振動といった周囲の変化に敏感であるため、移動によって光の色が変化する。計測した植物電位と基準電位との差が大きくなるにつれて、フルカラー LED の色が青から緑、緑から赤へと次第に変化する。ユーザ同士でそれぞれの植物の反応を見せ合うことを通して、他のユーザとのコミュニケーションを創出する。

【図10】I/O-Plant で構成できる「回路」のデザインパターン

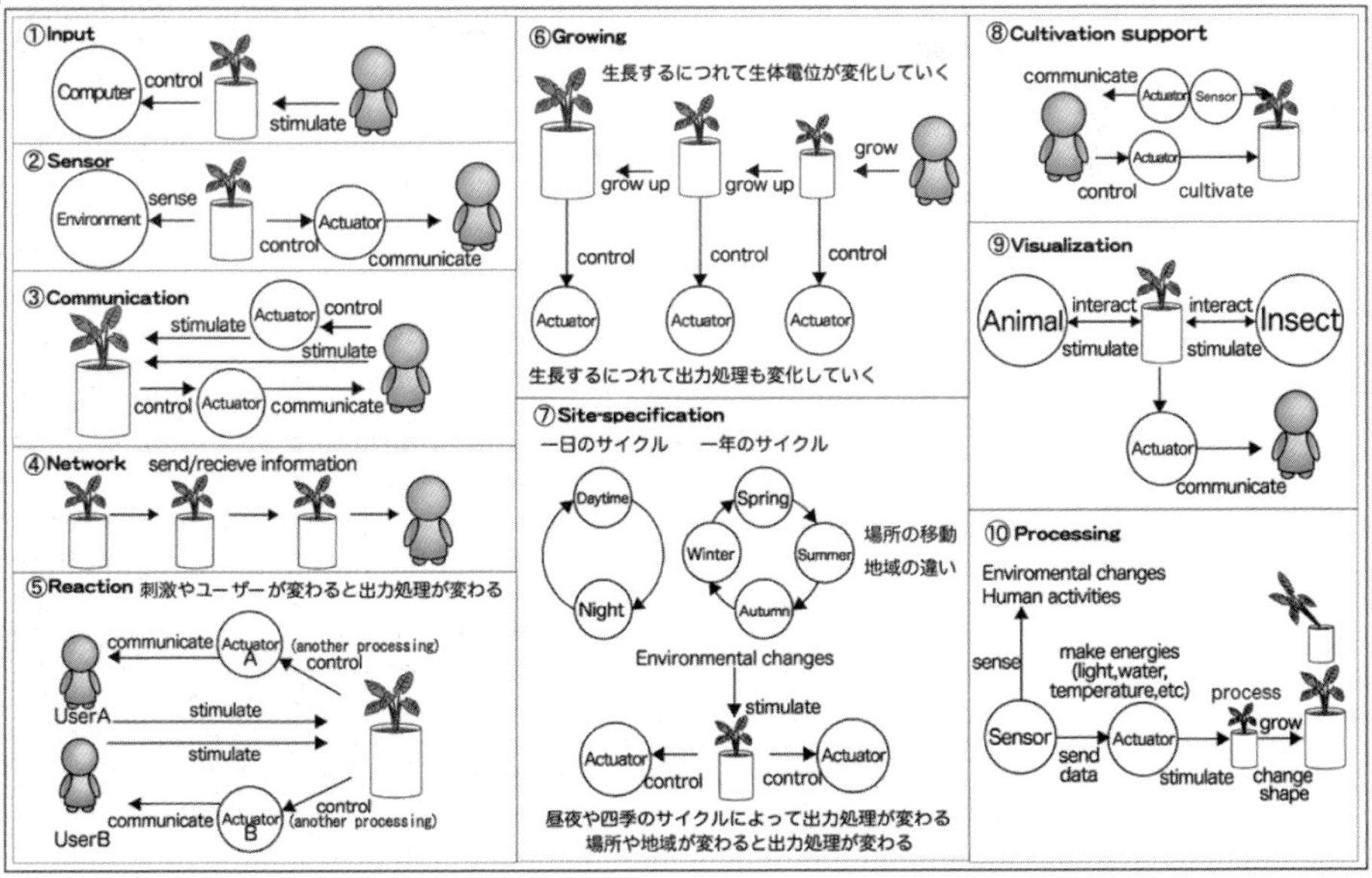

容する第三フェーズがあるとするならば、「人間以外の生物（植物や動物など）」がノードとなり、生命的な活動情報をネットワーク上に常時供給するようなものになるのではないだろうか。私たちはそのようなビジョンに基づき、植物が、ある電位パターンを発生させたときに人間にメールを送信するシステムなども開発している。

生きた植物を「計算モジュール」として用いて、そこから新たな時間表現を作り出そうとする私たちのやり方は、たとえば「有機的な曲線」と言われるように「モチーフ」として植物を位置づけることとも、反復や繰り返しといった「装飾パターン」として植物を捉えるのとも、樹木から発想された「ツリー構造」のように植物を「モデル」として捉えるのとも異なる。さらにいえば、「植物のような××」や「植物的」というような、概念上のメタファーやアナロジーで植物を捉えることからは最も遠い。植物は生物である。まずは「そのもの」と長期間向き合い、「生きたまま、その生命(活動)情報を取り出す」ことに挑戦する。その上で、取り出した生命(活動)情報を用いて何が作れるかを考えたい。

(株)グリーン・ワイズでは、物理的な温室全体を、生命情報を浴びるような場としてリデザインする計画も同時に進行中である。実世界と情報世界を統合する新たな形式を発明したい。

【図13–15】GREEN WISE 実験風景

Grafted Illumination

Grafted Illumination は、植物の生体電位によって変化するイルミネーションツリーをつくるためのモジュールユニットである。街路樹への設置風景を示す。取得した電位変化データを変数として、出力ポートに接続したフルカラー LEDの色を変化させる。計測した電位と樹木の基準電位との電位差が大きくなるほど、光の色は青から緑、緑から赤へと次第に変化する。決められた点灯パターンの繰り返しではなく、その環境特有のイルミネーションを実現する。通行者はその光を見ることで樹木の反応を感じることができる。

欲しがりプランター

欲しがりプランターは、水が不足してくると、ユーザに水を要求する植木鉢である。あらかじめ水分補給が必要な状態の電位パターンを登録しておくことで、計測した植物電位パターンとの近似度を計算する。プロトタイプでは、近似度が大きいほどプランターの中に組み込まれた照明が暗くなる。照明が明るいと水が十分供給されている状態、照明が暗いと水が必要な状態を表現している。

PlantMusicJam

PlantMusicJam は、植物の生体電位変化を元に音楽を生成するシステムである。植物種や環境の違いによって異なる即興音楽演奏を実現する。また、気に入った音楽を録音し、友人と交換することができる。さらには、データベース記録機能を利用することにより、日によって異なる音楽の違いを楽しむことができる。ソフトウェアのスクリーンショットを示す。I/O Plantで計測・解析を行った電位データを受け取り、MIDIのノートナンバーに変換することで、音の高さを変化させる。基準電位の違いによってPianoやTrumpetなど音色を切り替える。

GREEN WISEプロジェクト
～IT技術と園芸の融合による新価値創出
(株)グリーン・ワイズとの共同研究（栗林賢＋根本和／慶應義塾大学 田中浩也研究室）

GREEN WISEプロジェクトでは、植物学の知見と情報技術の知見を組み合わせて、オーガニック・サイバネティクス[❖五]のための新しいプラットフォーム構築を模索することにしている。

多摩市に株式会社グリーン・ワイズの所有する温室があって、そこには、食虫植物をはじめとして、世界各国の珍しい植物が集められている。前ページに紹介した "I/O-Plant" を用いて、私たちは、この温室にある数十種類の植物群の生体電位を、1日～1ヶ月～1年にわたる長期間、観測する実験を進めている。ここで取り出した生体電位は、常時インターネット上に配信(BroadCast)することも予定しており、そのデータを用いた2次創作、3次創作や、データの新たな利活用方法が生まれることが期待される。

インターネットは、第一フェーズとして世界中の情報を繋ぐWWW（World Wide Web)、第二次フェーズとして情報を生成する人間どうしを繋ぐSNS（Social Networking Service）へと展開してきた。この次にネットワーク文化が質的に変

四　再び計算する自然、そしてガーデニング

狩猟や農耕の時代、人は【道具】をつくっていた。産業革命の時代、人はたくさんの【機械】を生み出した。いま私たちがつくっているのは、もはや【道具】でも【機械】ではない。世界を(再)構成する【計算】そのものである。【計算】という視点を用いて世界を発見し、観測し、それを再構成してまた世界に働きかけるということ。それが新しいクリエイションのかたちなのではないかと私たちは考えている。世界を記述する「計算」を、閉じられたコンピュータの画面の中から外に出して装置化し、さらに人々が中に入れるように舞台化・環境化する方法は、九〇年代の後半からコンピュータ上で行なわれてきたさまざまな実験を、音楽や、建築や、舞踏、あるいは園芸などと丁寧に結びつけていけば、今後もさまざまに試みうるはずだ。いや、本来は、それらをすべて統合した形式が構想されるべき段階に来ているのかもしれない。

もちろん、これまで述べてきた「計算」は、数の間の四則演算のような狭義の意味ではない。場の形式に外在化された「計算」は、電卓で行なうような「解を出す」という目的に基づく計算とは本質的に異なる。永遠に終わらない計算過程を、状態遷移として観測すること。それを通して、人が内省的に何かをわかろうとすること。コンピュータのアルゴリズムで言えば、無限に「解」を初期値に繰り込んでいくようなFor文やIf文が畳み込まれたループと、その連鎖・連動。そうした計算過程が同時並行的に処理され、無限に継続していく事象を、環境として構成し中に入ってみること。それとともに生活し、暮らしのなかで適宜介入すること。物理・化学・生体の挙動までをもアルゴリズムとして感じること。

このように思考を続けていると、結局、日本文化における「庭」の形式に思い当たる。庭とは、本来、多重に溢れる自然の計算過程に、適宜介入し続ける営みではなかっただろうか?

私たちは、「コンピュータライゼーション」の時代を過ぎ、「計算(コンピュテーション)」という世界観を基礎とした、新しい作庭の方法を模索しているのかもしれない[❖六]。

こうした文脈で考えてきたとき、あらゆる植物は、計算する自然のなかで計算する、多種多様な素子のように見えてくるのである。だからこそ、その素子の揺らぎを別のものに接続し、人間が感受できるさまざまな形式に変換してみたい——。

[付記]

「植物インターフェイスと栽培メディア」は、慶應義塾大学田中浩也研究室が母体となり、栗林賢(博士課程)を中心として継続されている一連の研究プロジェクトです。本稿の図版・ダイアグラム等は、栗林氏の修士論文「植物を用いたインタラクティブシステムのデザイン支援環境」からの引用です。

❖一――マーコス・ノヴァック「ネクスト・バビロン、ソフト・バビロン――(トランス)アーキテクチャーとは、戯れの場としてのアルゴリズムである」(松永太郎訳、『10+1』No.19、INAX出版、二〇〇〇)。

❖二――セス・ロイド『宇宙をプログラムする宇宙――いかにして「計算する宇宙」は複雑な世界を創ったか?』(水谷淳訳、早川書房、一九九七)。

❖三――田中浩也+久原真人「Natural Computationの景相化」(『10+1』No.48、INAX出版、二〇〇七)。

❖四――ルードヴィヒ・クラーゲス『リズムの本質』(杉浦実訳、みすず書房、一九七一)。

❖五――『Web Site Expert #19』(技術評論社、二〇〇八年七月二五日発売)。連載WSEA(Web Site Expert Academia)においても、株式会社関心空間代表取締役前田邦宏氏と筆者との対談「オーガニック・サイバネティクス」のなかで、作庭との類似性について触れている。対談はWeb上でも閲覧可能:http://gihyo.jp/design/serial/01/wsea/0023。

建築における植物というモデル

平田晃久

建築と植物との密接な関係は、おそらく建築の歴史と同じだけ古い。事実、エジプトの昔から柱頭には植物の文様が配され、私たちが柱と呼んでいるものの起源が暗示されてきたし、樹木や草花を思わせるさまざまな装飾が建築空間を覆ってきた。しかし、そもそも植物がつくる(短期的には)動かない環境の中を、さまざまな動物が動き回るという素朴な生態系のモデルを想起するだけでも、植物と建築が避けがたく結ぶ根本的な関係が分かるだろう。とはいえ、建築と植物の関係を巡る歴史的考察がこの小論の目的ではない。むしろ、前述のような、素朴だが根源的に見える植物に対する視線が、現代建築的文脈の中でどんな可能性を持ちうるのか、最近の自分の試みに照らして考えてみたいと思っている。

ところで、「環境」という言葉は現代建築にとって思いのほか本質的な言葉かもしれない。それは今日最も多く使われる言葉のうちのひとつだが、私たちはこの言葉の持つ意味を、本当に建築的に思考できているだろうか。環境問題は今日、形はどうあれ関心を持たない人はいないような話題である。それは多くの場合、地球温暖化を防ぐための CO_2 排出量の削減、ひいては省エネルギーの問題として議論される。だが、それは少なくとも建築家にとって、エネルギー

【図1】Bruno Munari, *disegnare un albero*, Anno di pubblicazione, 2004.

収支の問題だけにとどまるべきものではない。建築的思考の中心からこうした問題に応答することは本当にできないのだろうか。それは、高気密高断熱の単なる閉じた箱をつくれば良いという類のことではない。むしろそれは、人間のための場所のつくり方の本質、つまりは建築をめぐる思考の枠組みの改変を迫るものかもしれないのだ。「環境」という言葉は、モダニズム建築において「空間(Raum)」という言葉が果たしたと同じような役割を持つのかもしれない。ここで、Raumという語が、森林を切り開いてつくった(穴のような)場所から来ている事も興味深い。[❖1] それはすでに語源において、植物のつくり出す世界との断絶から出発しているからだ(もちろん、そこにネガティヴなかたちではあれ植物が介在しているのは暗示的である)。領域を囲い取るという一見透明な近代建築的手続きの中に、すでにこうした断絶が含まれているわけである。だとすればわれわれにはどのようなオルタナティヴがありうるだろうか。植物を巡る思考は、そこにある示唆を与えてくれる。

ポジティヴな無関係性

たとえば一本の樹木がつくり出す環境について想像してみる。われわれはそこに快適さを感じたり、そこで一定の時間を過ごしたりするかもしれない。樹木がつくり出す場所は人間にとって積極的な関係を取り結ぶ事の出来る環境だといえる。他方、樹木は人間の事を考えて自分自身を形づくっている訳ではない。それは、光合成のための最大の受光面積を得るために、ある意味できわめて即物的に出来た形なのだ。それは光に向かって球面上の領域を広げることの出来る形態、外に向かって次第に枝分かれするストラクチャーを持つ。先に行くにつれて分岐して次第にその数を増やす枝の総断面積は、概念的には幹におけるそれと同じになるだろう。したがって、その形は構造的にも合理的であって、その結果木は自立しているのだともいえる。

たとえばブルーノ・ムナーリはその著書『木をかこう』で、同様の話をもとに子どもでも描ける簡単な木の描き方を示している❖二[図1]。こうしたことが可能なのはそこに単純な目的に限定された、きわめて即物的な形の原理があるからだ。そこには人間に対する配慮のようなものは微塵もなく、ある合理性を見いだすことが可能な原理だけがある。

しかし、もし人が樹木のつくり出す環境に快適さを覚えるとしたら、その理由の中心にあるのはまさにこうした性質ではないだろうか。人間の活動とまったく無関係な水準で合理化される原理が、結果として人間にとって積極的な関係をとり結べる環境を生んでいるわけだ。そこには「無関係の関係」とでも呼べそうな、ポジティヴな意味での無関係性がある。それは、人の快適さを志向してつくり込まれた空間が、しばしば人を辟易させるのとはまったく対照的である。われわれはここに来て、植物をひとつの原理ととらえる視線を獲得したのかもしれない。それは建築と植物を対立項としてみる視線、人工と自然を峻別する視線とは異なっている。われわれはいま、森の中にRaumを穿つような建築の原理ではなく、植物の持つ原理と同じ水準で眺めることの出来る建築の原理はありうるか、と問うことが出来るだろう。

屋根という「植物」

マルク・アントワーヌ・ロージェによる「田野の小屋」というドローイングは、円柱の樹木起源説の絵ときとしてよく知られている[図2]。しかし、このドローイングにはもう少し別のことも暗示されているように思える。というのもこの小屋の家型のシルエットは、樹木のヴォリュームのネガとして描かれているからだ。樹木にはさまれた隙間の形が屋根だとするならば、屋根は

【図2】ロージェ「田野の小屋」
【図3】上空から見た山脈
提供：平田晃久建築設計事務所
（以下記載なき場合は同）
【図4】屋根の連なり

その本性において樹木に近いものであるということもできるだろう。屋根という人工物が、きわめて自然と近いことが示されているといってもいい。

屋根は不思議な存在である。屋根の連なりを上空から見るならば、それはきわめて山脈と似ていることが分かる［図3・4］。しかしこれは故のないことではない。自然の地形が、水が流れることによってできた形だとするならば、屋根は水を流すためにつくる形だからだ。二つの形が生成する背後に、同形の原理が逆向きに働いているのである。あるいは、こういう見方も可能だろう。自然の地形においては文字通りの水の流れが直接的に地形を生成させたのに対し、屋根の形状においては予期される潜在的な水の流れが、人の手を介して間接的にその形状を生成させたのであると。したがって見方によっては自然の地形と屋根との間にはきわめて微妙な違いしかないことになる。この意味において、屋根とはひとつの「自然」であると言えるだろう。

もうひとつの興味深い話がある。水の流れによって形成される自然の地形は、小さな谷が合流して次第に大きな谷へといたるフラクタルな樹形の秩序をなすことは、よく知られている［図5］。岩肌がむき出された地形が、樹木そのものであるような形状を見せるのをしばしば観察することができる。他方、世界中に見られるさまざまな屋根形状は枝分かれする稜線によって水を効率よく流すという点において共通している。ごく潜在的な形であることが多いとはいえ、そこには樹形の秩序が内包されている。そして時に、たとえばアメリカの高級住宅に見られるような複雑な形状の屋根において、枝分かれする樹形の秩序が顕在的なものとなる。してみれば、

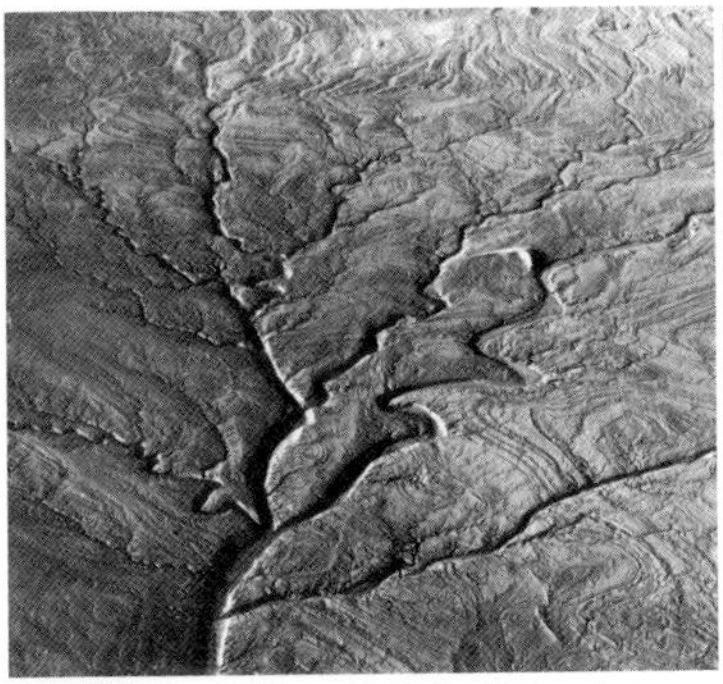

【図5】出典：William Nail, *By Nature's Design*, Chronicle Books,1993.
撮影：Pat Murphy

先ほどのロージェのドローイングはこの意味でも暗示的だったと言うことができるだろう。そこには屋根の形と並列して樹形のシルエットがはっきりと描かれているからだ。ロージェ自身が意図していたかは別としても、そこには両者の間にある深いイメージ上のつながりが示唆されていると言うべきだろう。

篠原一男は「民家は『きのこ』である」と言っている。[三] これは、民家の表面的特徴（それには当然屋根も含まれるだろう）を模倣したような、擬似的伝統主義を批判するための言葉であり、民家の内部空間に共通する性質にのみ注目すべきだとして発せられた言葉なのだが、屋根を自然に近いものだとするわれわれの視点から見返すと別の意味で興味深い。彼は「民家は正確には建築ではなく、自然の一部なのだ…（中略）…意識されていない日常的な作業の結果なのだ」[四]と述べている。篠原は意識下の営みの表われとしての民家の外観は、意識的行為としての建築とは異なり、伝統として取り上げるに足らないとするのだが、前述したように、潜在的な水の流れが人の手を介して間接的に屋根の形状を生成させるのだとするならば、それはまさに意識下の行為であり、彼の言う意味において、正しく自然の一部であることになる。

ここでわれわれは屋根という自然のつくりだす環境が、樹木がつくりだすそれと同様の水準でとらえられるという視点を獲得したと言えるだろう。「イエノイエ」はそうした視点を住宅のモデルに適用したプロジェクトである［図6・7］。複数の屋根がつくる山脈状の地形が、内部空間に独特のたわんだ広がりをつくりだす。まさに屋根のつくりだす環境の中に住まうような経験が生まれることを意図している。屋根のつくる地形のネガとして内部に広がる空間は、枝分かれする稜線を中心の柱が支える形状とも重なって、さながら一本の樹木の下にできる空間のようでもある。それはきわめて原初的な様相を持つ現代の空間である。

【図6・7】イエノイエ

この住宅のスタディーの過程では、わずかに異なる形状の屋根の模型が大量につくられたが、それらが並んだ光景は、生物の遺伝子操作現場のような不思議な様相を呈していた。

「House S」は屋根という自然に別の角度からアプローチしたプロジェクトである［図8］。この住宅の設計過程で、筆者はごくありふれた切妻屋根の形状が、人という字や分厚い本を開いて逆さに置いたときの形状に似ていることに気づいた。そこには、ひとつのものが枝分かれしてできる形の原理がある。一本のものが分岐してその間に新しい空間が派生する、ということが屋根の本性のひとつを示しているように思われた。あらかじめ囲いとられた空間を分割するのではなく、屋根が分岐して空間を派生させるという原理を透徹させることによって、かつてないような屋根の建築ができるのではないかと考えたのである。結果として倒立した樹木のような様態をもつ不思議な住居の提案が生まれた。ここでも屋根は、自ら分岐し系列的差異を生み出していく、生命や自然現象に近いものに感じられた。それにしてもこのプロジェクトも「イエノイエ」とまったく異なる仕方ではあるにせよ、まるで導かれるようにして樹形というものに近づいていくのは不思議だった。屋根という存在に内包された樹木に近い本性が自らを顕在化させたといえるかもしれない。

これら二つの屋根をめぐるプロジェクトの設計過程は、建築の設計というよりは、植物を育てるような不思議なものだった。屋根という存在をめぐって想定された一定の原理を、いわば種のようなものとして働かせながら、それを成長させるような方法がとられた。

ここで重要に思えるのは、ここでの生成原理が人間活動とは異なる位相で成立する屋根という

【図8】House S
【図9】House T

もの自身が持つ、いわば内発的な原理であるということである。樹木のつくり出す環境と人との間に成立したようなポジティヴな無関係性がここにも発生する可能性がある。種のような内発的原理をもった形を成長させて、自身とそれを取り巻く環境とを相補的に発生させる存在のあり方は、まさに植物のそれである。それは環境の中に一体化して溶けてゆくような弱い存在であると同時に、自身の原理を持った強い存在でもある。

こうした方法は一見閉じた原理を自立的に作動させる古い意味での形式主義と同じに見えるが、そうではない。むしろそれは建築の外形と内部空間の成立条件を連動させながら、それらと相補的に周辺環境を定義づける方法論である。たとえば「House S」では、有機的な家型のヴォリュームが周辺の木立とネガポジの関係を、まさに「田野の小屋」のように現出しつつ、同様の秩序が内部にまで浸透し、独特の内外の関係を発生させている。また、「イエノイエ」と同様の考え方に基づく「House T」という住宅案では、周辺のごくありふれた一定の割合の家型を含む郊外的風景が、この住宅の存在によって山脈のような本性を持った広がりとして別の見えのモードを獲得している[図9]。そしてそのことはこの住宅の内部空間と密接なつながりを持ちつつ、ありふれた風景が、その実本来は自然の地形とつながりを持った存在であることを、暗示してもいるのだ。いずれの場合も、単体の住宅の成立条件は、独特の仕方でより大きな秩序と関係づけられている。したがって、種のような原理を使った方法論は、内部空間の秩序をつくり出すだけでなく、周

【図10・11】Csh

辺環境を積極的に定義づけるのに有効だといえるだろう。内発的原理は外部とかかわるためにこそある。

「ひだ」を育てる

植物を育てるような建築的方法の例として、別の一連の試みも紹介しておきたい。ある種の海洋生物や煙のように、立体的なひだをなしながら広がる存在がつくりだす空間は魅力的だが、「Csh」というコンセプチュアルな椅子のプロジェクトを通して、筆者はそうした形態を生み出す原理を抽出し、植物を育てるようにしてある機能を持った存在をつくることを試みた［図10］。

限られた空間の中でどんどん長くなっていく一本の紐を想像すると、それは自分自身の上にフラクタルにひだをつくっていくものとして形式化できることが分かる。ここで、一本の紐が球面上に巻き付いていることを想定すると、同様の話は地球に巻き付いた赤道のような〇次のひだから始まって、野球ボールの縫い目のような一次のひだ、さらにその上に形成される二次、三次のひだというようにその長さを増やしながら複雑化する一連の系列として理解できる。さらにこうしたひだの紐が、点状の極小の球から次第に広がって、球面が大きくなるにつれて紐のひだ次数を深くしていく状況を想像すると、この紐の軌跡が立体的なひだ面になる［図11］。一本の紐の軌跡なので、この面は複雑にたわんでいても一枚の面である。したがってこの面の周りには見通せないが繋がっている不思議な広がりが発生することになる。同様の形の原理は、限られた気積の中で表面積をひたすら増やそうとする自然物にならいつでも見いだすことができる。

【図12・13】gallery. sora.

「Csh」はこの原理（さしあたりひだの原理と呼んでいる）を応用して、まるで植物を育てるようにしてひとつの椅子のようなものをつくりだす試みである。人が座る部分のひだが細かくなるように（四次のひだを想定）、主に荷重を伝達する部分のひだが大きくなるように（二次のひだを想定）、いびつにひだを成長させた結果として、椅子のようなものが出来上がる。ここでは、人が腰掛けるという外的条件が、ひだの原理という内的条件と重なり合い、ひとつの生物のような成り立ちをした物体が生成されている。確かにこれはひとつの椅子（あるいはそれ未満のもの）に過ぎないが、その成り立ちは先ほど来論じている建築のあり方と極めて近接している。その意味でこれは植物のような椅子であると同時に、建築的椅子であるとも言えるだろう。だとすれば、この同じ原理は、建築の設計そのものにも応用可能であるように思えてくる。

「gallery.sora.」は「ひだの原理」を初めて建築に応用した試みである［図12・13］。一体的に使われうるさまざまな場所を、比較的狭い敷地に積み重ねるために、従来のような典型的積層建築の方法をとらずに、ひだをなすたわんだ連続面が人のための宿りしろをつくりだすという考え方を採用した。ひだの原理とは限られた気積の中に最大の表面積をつくり出す原理なのだから、人のための場所を限られたヴォリュームの中につくり出すことにも応用できるはずなのだ。さらに言うならば、東京のような都市自体、考えようによってはひたすら表面積を増やすという生物的目標が肥大化して出来たものだと言えなくもない。東京の仮想的断面を想像すれば分かるように、建物がつくる外形に限って言えば、それらの集合は小腸の突起のようにひ

【図14】東京の仮想的断面図

だをなしているのであって、そのようにしてひたすら表面積を増大させる生命体のような様相を呈している［図14］。他方、現実都市における通常の内部空間では、人のための表面積はもっぱら積層する床によって機械的に獲得されているのだが、これは表面積を獲得する形式が外部と内部とでは断絶していることを示している。それとは対照的に、この建築においてはそうしたひだ性が建築の内部にまで浸透していると言ってよく、都市の外部空間の持つヴァイタリティーのようなものが内部に持ち込まれることになるだろう。限られた気積のなかに最大の表面積を生み出すという即物的な原理の現われとして生み出された奇妙な植物のようなものに、人はその生活をゆだねるようにして時を過ごすのである。この場合も、この建築を基礎づけている内発的な原理と、それを取り巻く外部条件あるいは環境のようなものは相補的に定義し合っているように見える。この建築の存在が外部環境としての東京の成り立ちや本性を照らし出しているように見えると同時に、それを内部に取り込んで内的な生成原理としているようにも見えるからである。

このような思考を推し進めると、ひだの原理は、どんな対象にも遺伝子のような働きとして移植可能なものとして見え始めるだろう。例えば、コーヒーカップの縁にひだ遺伝子を作用させたときのことを想像することも可能だ［図15］。「Architecture Farm」は、ひだ遺伝子の実験農場のような光景を、台湾の植生豊かな丘の上に現出させようとしたプロジェクトである［図16・17］。基礎的な形態要素（平面、チューブ、枝分かれしたチューブ等々）にひだ遺伝子を作用させ、ひとつの系統樹をつくるようにして変化のある住宅群をつくりだそうとしている。そしてそれらを与えられた敷地にそれぞれ植えることを想定した。それぞれの種は与えられた敷地条件と互いの関係性を反映しつつ、違った結果へと成長するだろう。複雑なプログラムは、ひだの図式によって大きな連続したスペースがいくつかの場所に分岐するというモデルとして読み替えられ、極めて単純な仕方で扱われる。ここでも、建築はもはや空間を囲いとる存在というよりは、周辺の環境とお互いに定義し合う、巨大な植物のような存在になっている。このとき、植物のような様相は、ある即物的な原理を押し進めた結果あらわれたものであって、表面的な形態の模倣とは異なっている。人工物の代表である建築が、建築的思考をある仕方で推し進めた結果、極めて自然に近い本性を持ったものとして、現われるのである。

「gallery.sora.」と「Architecture Farm」において、ひだの原理は限られた気積の中に、人のための宿りしろをつくりだす原理として解釈され、そのような観点から、ひとつの植物を育てるように、なかばその生成原理に寄り添いながら、なかばその生長をコントロールするように設計が行なわれた。その結果、与えられた機能的な条件はひだの図式によってより積極的に読み替えられつつも、基本的には十分に満足される。同時にひだの持つ空間的特徴、一枚の屈折したサーフェイスによってつくられる見通せない連続空間という特徴は、この原理を使う限りにおいて自動的に担保されることになる。したがってこの方法は、ある特性が必ず確保できるという信頼感と、個別の条件に寄り添えるというフレキシビリティーをあわせ持っていると言えるだろう。とはいえ、そういう設計過程はすべてが「思い通り」行くものではあり得ない。植物を育てればすぐに分かるように、それは植物の内包する原理と育てる側の意図のようなものとの対話を意味するからだ。冒頭の樹木の例で述べたように、植物の内包する原理は人間活動のことなどまったく考えていない。しかしまさにこの他者性ゆえに、人間はそこに生み出される環境に自由や快適さを感じるのだ。あるいは、樹齢数千年の

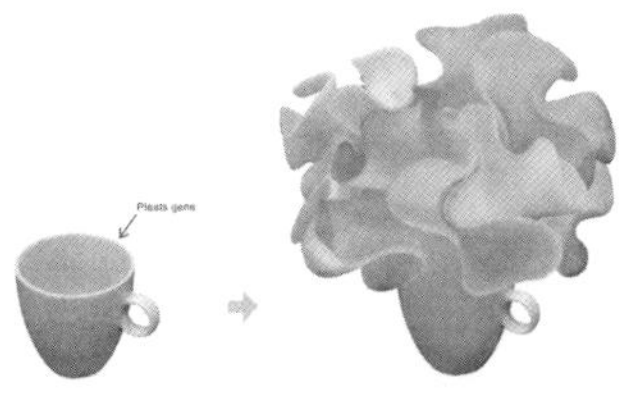

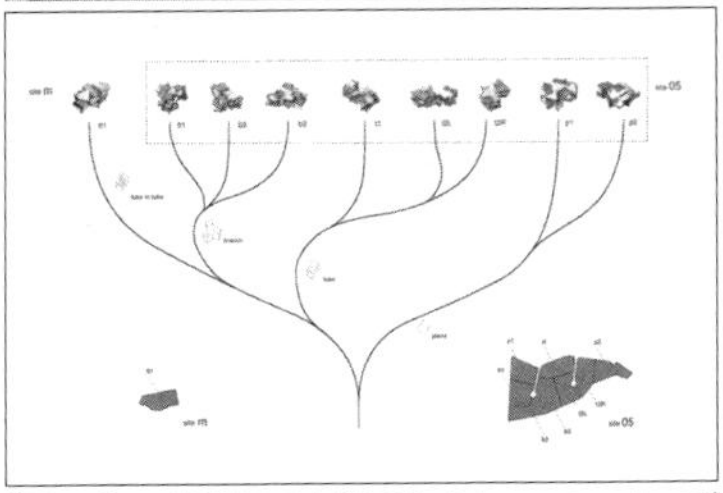

【図15】ひだ遺伝子を作用させたコーヒーカップ
【図16・17】Architecture Farm

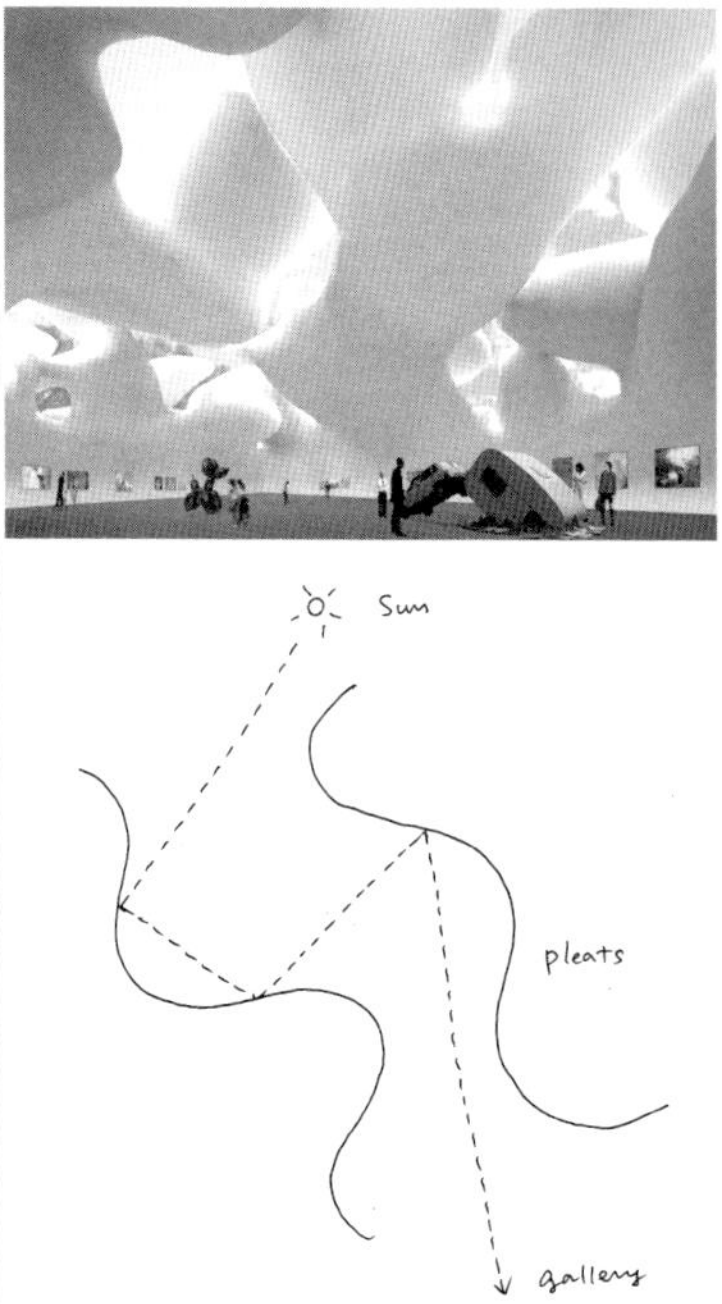

【図18・19】Pleated Sky

巨木のようなものを想像してみてもよいかもしれない。巨木たちはときに「味のある」奇妙な形をしているかもしれないが、その存在は不思議な説得力に満ちている。それは自分自身が内包している生成原理と積み重なる環境との対話の結果獲得された形だからだ。建築もこうした意味での説得力を持ち得たならば、単なる表面上の使いやすさとは異なる快適さの水準を切り開くことができるだろう。植物を育てるような設計の方法は、そこにアプローチするための試みである。

立体的な屈折によって表面積を増大させる、ひだの原理を別の形で応用することも可能である。「Pleated Sky」と題された、メキシコのプライヴェートミュージアムの提案では、ひだは現代美術のための屈折した自然光をつくり出すためだけに用いられた[図18・19]。敷地なりに建てられた壁にひだの遺伝子を作用させて、敷地全体を覆うような天蓋をつくりだす。それは直射光を遮りながら屈折させ、展示空間へととりこむ光のレセプターであり、内部空間にもうひとつの空をつくりだすだろう。敷地に一本の巨大な木を植えるようなおおらかな方法でつくられた環境は、現代美術と都市を積極的につなぐものとなるだろう。しかしここで獲得された場所の特性は、現代美術のためだけにあるという類いのものではなく、さまざまな活動を受け入れることが出来る、ある種の公園のような様相を獲得している。それは始まりからして遺跡のようであり、例えば千年後にまったく違った使われ方をしている様子を想像させるような喚起力を持っているだろう。人間活動とは次元の異なる植物のような原理を用いることによって建築が獲得するだろう、新しいタイプの公共性がそこに暗示されている。

「ガラスの箱」から出ること

ここで論じようとしている建築と植物の関係は、メタファーとしてのそれ、たとえばアール・ヌーヴォーやメタボリズムにおけるそれとは異なっている。植物はアール・ヌーヴォーのようにもはや装飾というレヴェルで捉えるべきものではなくなっているし、メタボリズムにおいてそうであったように、建築物そのものの時間的変化や更新性に主眼があるわけでもない。ここでは、植物的なるものは直喩的参照源であることをやめ、ある原理性あるいは合理性を持ったものとしてとらえられている。それは従来の意味で合理的といわれるものとは違った形状を持っているが、それは合理性のよって立つ基盤が異なることを意味しているに過ぎない。例えばひだは、ひとつの表面がひたすら表面積を増やしていく時に不可避的に現われる形であって、そこにはきわめて即物的な原理がある。それは、ある形や空間の成り立ちそのものを突き詰めた時に現われる何かであり、単純に植物の姿を写し取ったものではない。だから、このとき植物はもはやメタファーですらない。ある思考を推し進めたとき現われてくる、結果としての類似性だけがある。

とはいえ、そこにある根本的な類似性は植物と建築を巡る思考を喚起せずにはおかない。たとえば、屋根と樹木の関係を考えるだけでも、植物的なるものと建築空間の初源との間に横たわる、消し去ることの出来ない関係について、興味をそそられずにはおかないだろう。そこには単なる比喩やレトリック上の類似性以上の何かがある。

冒頭に述べたような植物のつくりだす環境とその中を動く動物というモデルを想起するなら、人を取り巻く環境をつくりだす建築というものが、原初的思考の中で植物と重なって見えるのも納得がいくだろう。ロージェのドローイング、植物と建築の始源をめぐる寓意には、二つの背反することが同時に暗示されている。そこには、自然とは異なる秩序をつくる建築という行為の、自然との不連続性が示されていると同時に、建築の成り立ちの背後にある自然（あるいは植物的なるもの）との根本的な類似性も示されている。

モダニズム建築の背後にあった空間（raum）をめぐる思考が、植物のつくりだす秩序との断絶を意味していたとしたら、もうひとつの思考は、建築のつくりだす環境と自然環境に親和的なものを見いだす視線へと向かうだろう。今日起こっている地球環境問題の根源に、植物がつくり出す秩序から独立して空間を囲いとるという発想があるのだとすると、植物と建築の類似性からスタートして、「環境」というものにもっと根本的にアプローチする可能性を探ってみる価値はありそうだ。

しかし、そもそも「環境」とは何なのか。それは単に自然から囲いとられた空間の残余ではない。たとえば単体の植物を想像するなら、その植物にとっての環境というものが、その植物自体の存在と抜きがたく一体のものとして見えてくるだろう。❖五 おそらく環境というものは、ある内発性との関係によって初めて顕在化するものなのだ。逆説的に聞こえるかもしれないが、建築の外部あるいは環境のようなものに積極的に関わろうとするなら、ある内発的な原理が必要なのだ。ここでいう原理はあくまで、自立的なシステムの内部に閉じこもるためのものではなく、外部と関わるために相補的に要請されるものである。これまで例示してきたような植物的なるものをひとつの原理としてとらえる発想には、生命体が環境と定義し合いながら存在しているような建築と環境の関係が垣間見える。そこには、モダニズムの建築において典型的であった領域を囲いとる発想法、「ガラスの箱」的発想法とは根本的に異なる、新しい建築への端緒がある。❖六 単体の建築がつくり出す秩序がより大きな秩序の存在を照らし出しつつそれに属しているような、有機的な世界像へ向かう思考の可能性があるのだ。植物のように、建築もまたさまざまな過程が積み重ねられた地面の上に生えるようにして存在できるだろうか。植物を剪定しつつ育てるように、建築を育てるような設計はあり得るだろうか。そうした方法論は人間の生活環境、場所のあり方をどのように根本的に変えるのだろうか。建築と植物の類似性を巡る思考は、単なるメタファーを超えて、われわれをそうした根源的な問いへと向かわせる。

❖一——たとえばボルノウはraumという語に関する語源学的な考察を総合して「最も初期の言語学的意味における空間とは、人間の移住する場所として、森林内に開墾してつくられた間伐地のことである。したがって空間とは、もともとは、空洞のことである」と述べている。オットー・フリードリッヒ・ボルノウ『人間と空間』(大塚恵一＋池川健司＋中村浩平訳、せりか書房、一九七八)三七頁。

❖二——ブルーノ・ムナーリ『木をかこう』(須賀敦子訳、至光社国際版絵本、一九八五)。

❖三——篠原一男『住宅論』(鹿島出版会、一九七〇)五〇頁。

❖四——ここで篠原が民家が「自然」であることの論拠として、人々がそれをつくる作業を「意識していない」からだといっているのは興味深い。民家の形の生成原理は作り手の外側にあることを暗示しているようである。だとすれば「自然」というのは作り手にとっての生成原理の外部性のことを意味していると言えなくもない。篠原は明確に意識化された制作行為として建築を位置づけようとする訳だが、この話は逆説的に、もし私たちが無意識のようなもの、はっきりとは意識されていないものを建築の方法論の中で扱おうとするならば、建築は「自然」に限りなく近接するだろうことを示している。篠原一男、前掲書、四七—四八頁。

❖五——ユクスキュルは、各々の生物の知覚と外界に及ぼしうる作用の構造づけられ方に対応して現われる「環境世界(Umwelt)」について論じている(ヤーコプ・フォン・ユクスキュル『生物から見た世界』日高敏隆＋野田保之訳、思索社、一九七三)。本人も言及しているが、これはほとんど空間や時間を先験的直感形式であるとするカントの考え方である。環境的なるものはそれを顕在化する形式によってはじめて浮かび上がる。建築設計にこうした考え方を適用しようとするときに議論をやや複雑にするのは、ここで仮設しようとしている「主体」は建築そのものである点で、作り手や、空間の体験者ではない点である。内発的な原理はこのときに要請されるのだが、そうして顕在化する環境とのかかわりを意味づける評価軸に、体験者側からの論理を取り入れざるを得ないところに建築特有の難しさがある。

❖六——原広司は「近代建築が行ったことの総体」を「ガラスの箱の中のロンシャン」と要約し、「ガラスの箱」によって表象される均質空間という幻想が近代の都市の建築を形づくってきたとしている。ここでいう「ガラスの箱」こそraum的なるもの、近代建築が自然の中に穿った穴の典型だろう。「均質空間論」(原広司『空間〈機能から様相へ〉』(岩波書店、一九八七)二二頁。

イエノイエ

イエノイエは、家型あるいは屋根というものに新しい解釈を与えることを試みた住宅のモデルである。五十嵐太郎を中心として何人かの建築家と行なった家型をテーマにした住宅研究のひとつの成果であって、2008年の横浜トリエンナーレのインフォメーションセンターとして建設される。

自然の地形に近いものとしての屋根のつくりだす環境にダイレクトに住まうことをイメージした。複数の二階建ての個室とその間をやわらかく分節する屋根の組み合わせを提案している。個室の下層はクローズドな場所であり、上層はオープンな場所である。共用空間と個室の上層が形づくる見通せない連続空間は、複数の人が共に住む一体感と互いの心地よい距離感を同時につくりだすだろう。原初の住居に戻るような懐かしさと、屋根という存在に出会う驚きをあわせもつ、新しい居住空間の提案である。

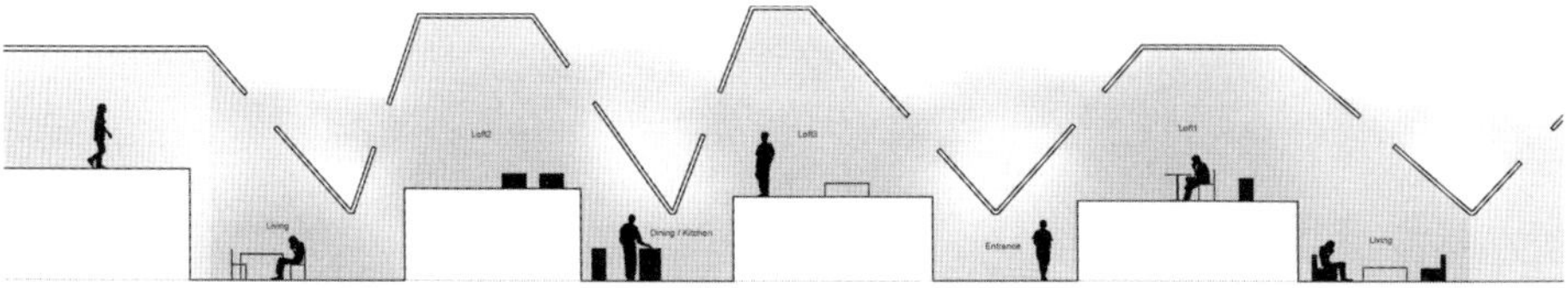

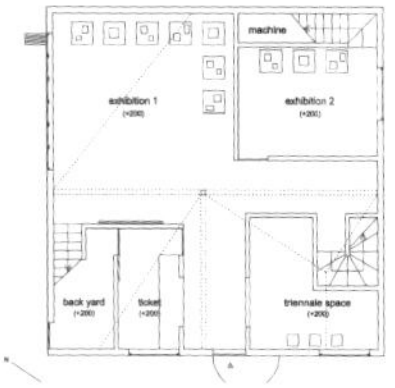

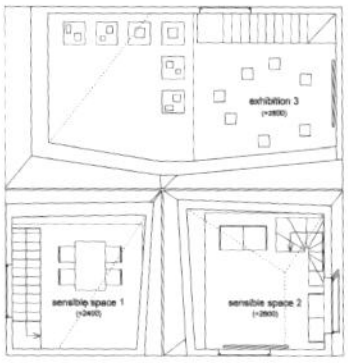

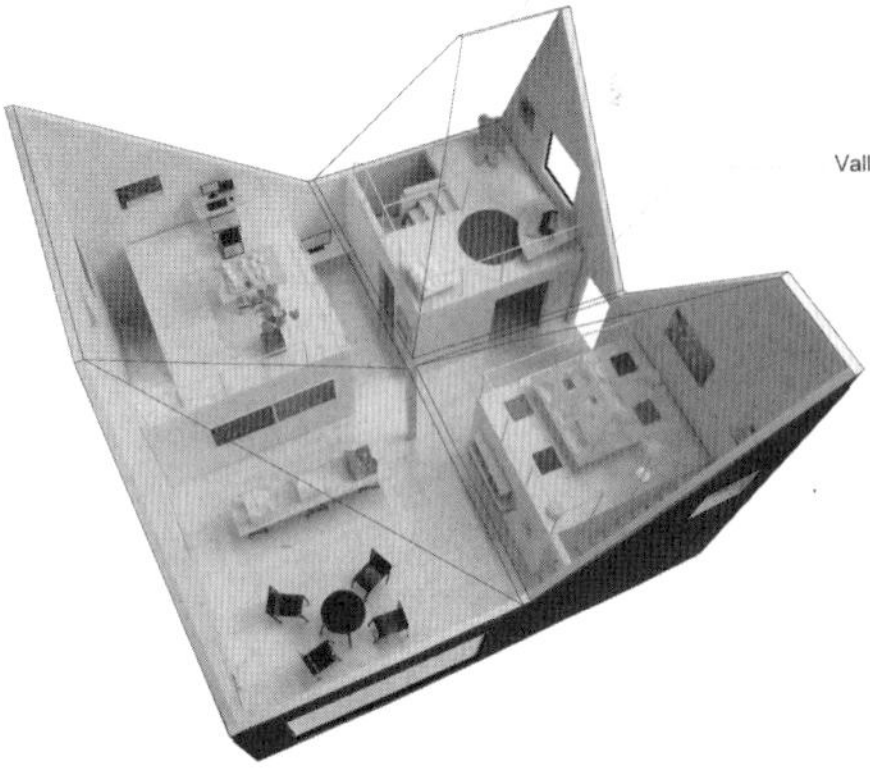

House S

軽井沢に建つ小さな住宅である。

さまざまな空間を内包しつつも、一体的に感じられるヴォリュームを、建築というよりは自然現象のようなやわらかな方法でつくることを考えた。

「分割する」のではなく、「分岐させる」こと。

全体を分割して個々のスペースを切り出すのではなく、さまざまな場所を分岐させ、派生させる。これは単純な家であると同時に、従来とは根本的に成り立ちの違う新しい建築である。「構築」というよりは「発生／発芽」に近い様態を持ち、単純な平面形からは想像もつかないような柔らかな広がりを内包する。二次曲面の干渉によってつくられる形状には、ジョイント部を鉄板で補強した曲げ合板を用いる。

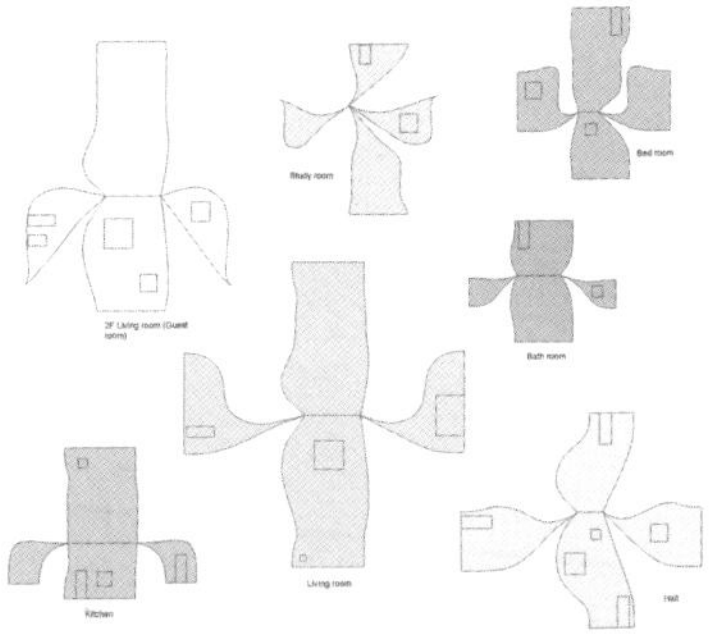

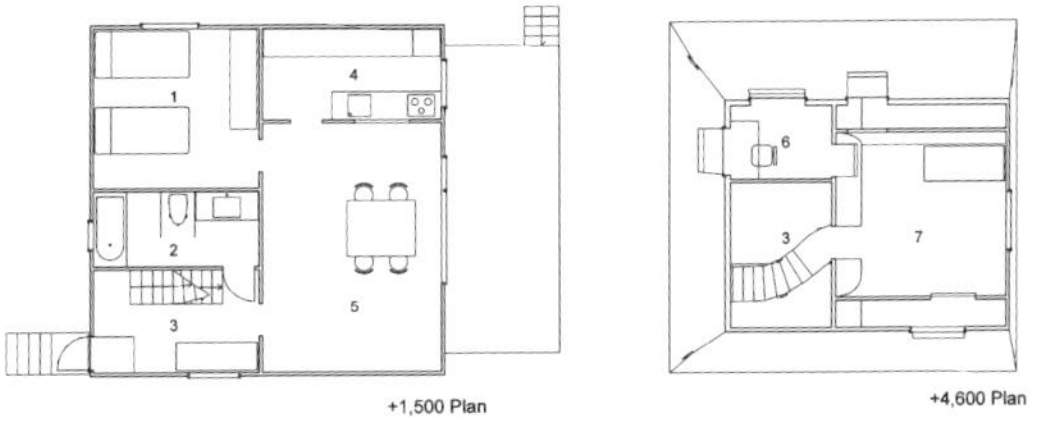

Csh

ひだの原理を種とした人工生命を育てるような方法で椅子をつくることを試みたプロジェクトである。うすい合板を断面の形にカットし積層させることによって複雑な形状を実現させようとしている。まるでひとつの植物のような、全く新しい概念の椅子が生まれることになるだろう。

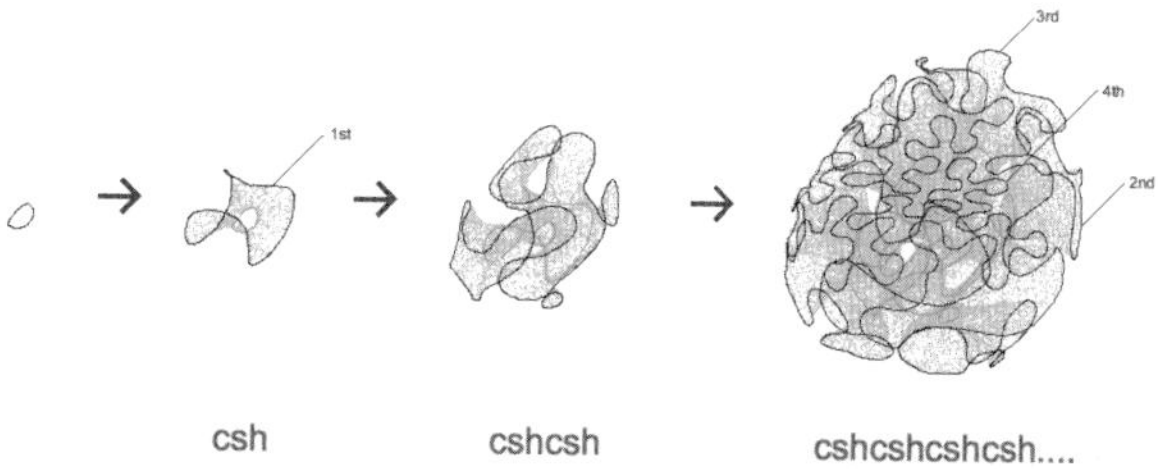

Gallery S

東京中央区に建つ住居・現代美術のギャラリー・カフェの複合体である。

比較的狭い敷地であり、床ごとに機能を割り振って積み重ねるのがありふれた方法だが、ここではそうした積層建築的発想から離れ、空間相互が立体的に折り重なるような新しい方法をめざした。

煙や、珊瑚などのある種の生物に見いだすことの出来るひだの生成原理を用いて、生命体のような建築をつくることを意図した。たった一枚の板がメタモルフォーゼすることによってできる空間は、見通せない連続空間が幾重にも折りたたまれたような精妙さを獲得している。ひだの原理を用いた連続的な空間は、異なる機能が交じり合う、生き生きとした場所になるだろう。かつてなかったような新しい積層の方法、立体化された人間たちのための場所の提案である。

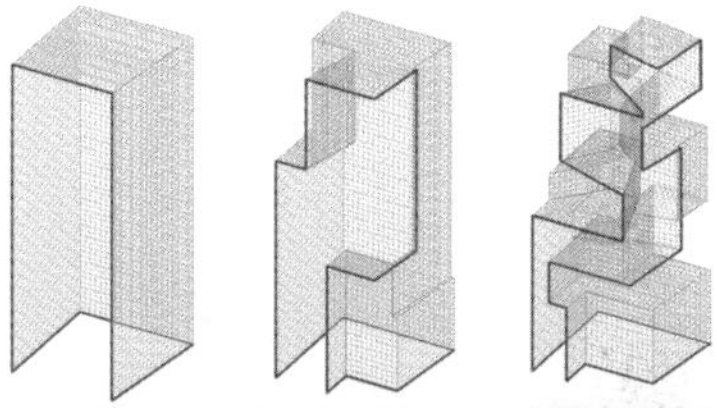

Architecture Farm

台湾北部の自然に囲まれた美しい丘に住宅群をつくるプロジェクトである。それぞれの敷地が2500m^{2}の面積を持ち、そこに延床500m^{2}の大きな住宅が建てられる。複雑なプログラムをパブリックとプライヴェートに二分するひとつの表面を考える。単純な表面がひだ化すると、内包された空間はいくつかの部分に分岐するだろう。パブリックな領域はホワイエやリビング、ファミリールームなどといったものへ、プライヴェートな領域はいくつかのベッドルームやスパといったものへと。それぞれの領域は互いにつながっているが見通せない、複雑な距離を内包した連続体を形成することになる。そこは、快適な自然環境のような、喜びに満ちた生活の場所になるだろう。

私たちは、ひだの原理の適用の仕方で、系統樹をつくるようにして住宅のヴァリエーションをつくりだした。そして、与えられた敷地条件にこれらのヴァリエーションを重ね合わせるようにして設計は行なわれた。そこにはまさに"Architecture Farm" ともいうべき光景が展開することになるだろう。

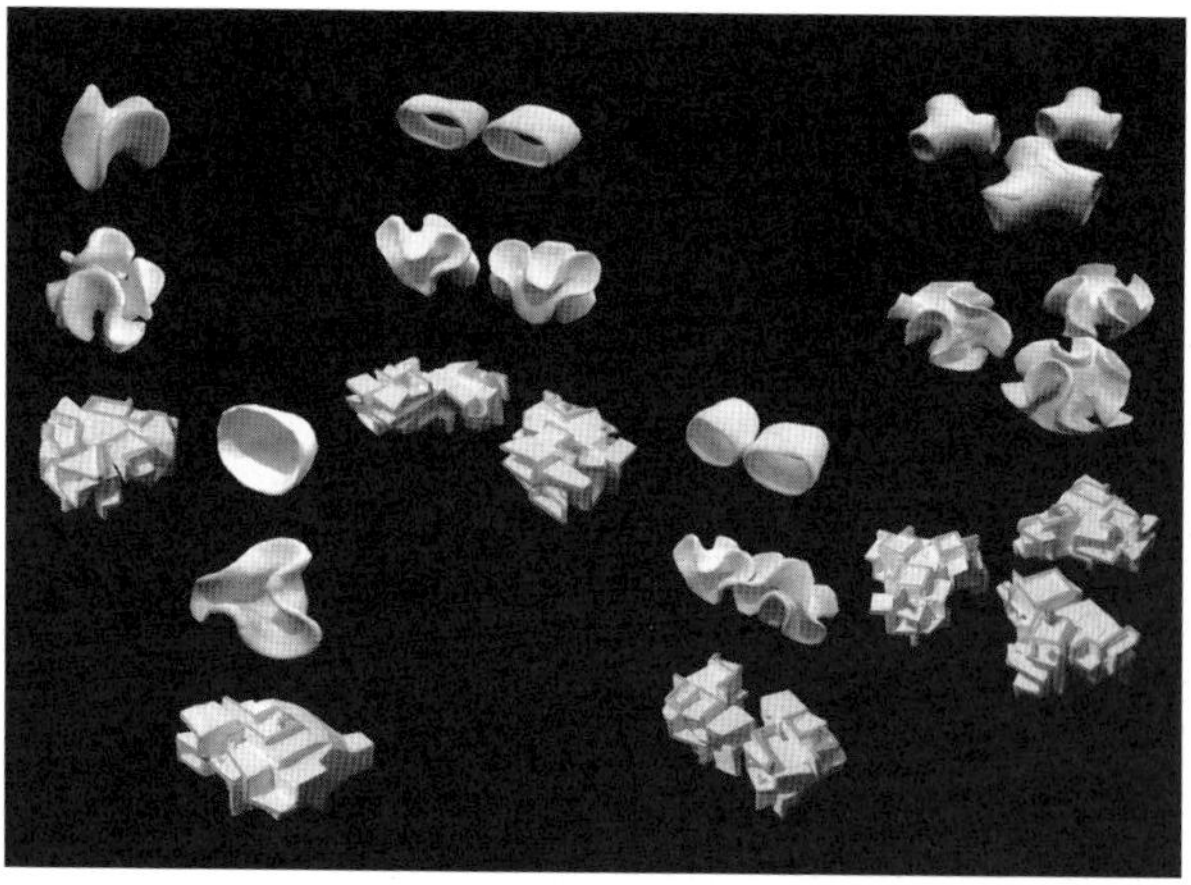

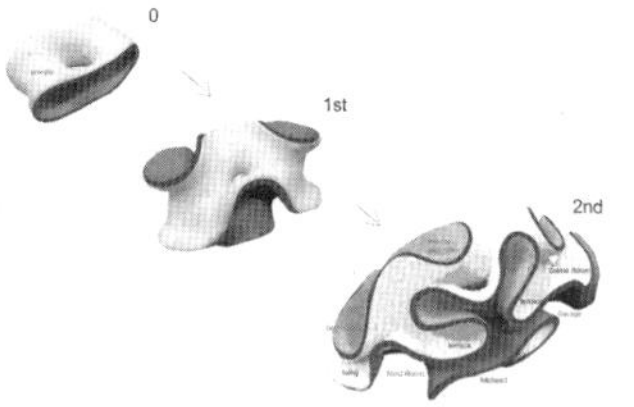

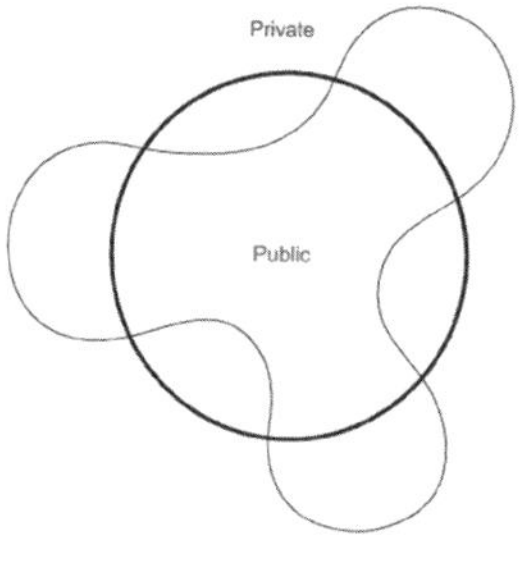

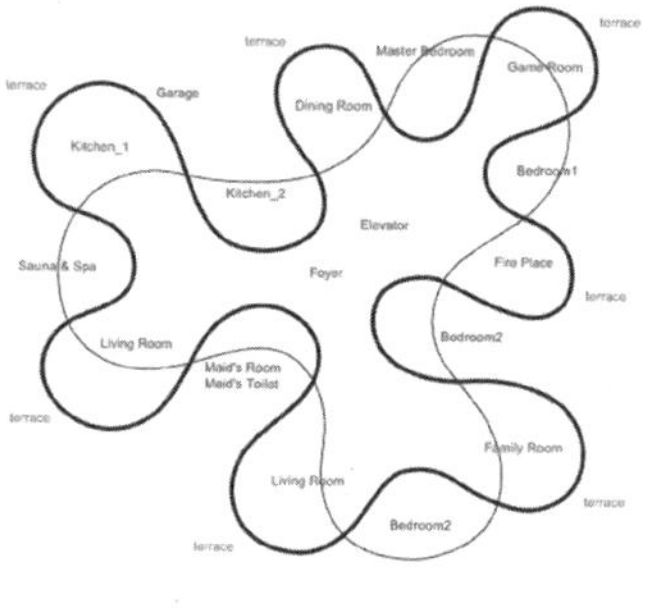

Pleated Sky

メキシコシティーにたつ、コンテンポラリーアートミュージアムである。アート作品の展示のために「新しい空」をつくることを考えた。その空の下はどんなものも飲み込めるたくましさを備えた自然環境のような場所、ホワイトキューブに替わる現代にふさわしいアートのための空間となる。ひだの原理によって、光を屈折させて内部に導く雲のような構造体が現われ、直射日光の入らない白い光に満たされた場所が生まれる。巨大な気積の中で人は、ほとんど外部にいるような不思議な感覚を覚えるだろう。さまざまな奥行きを持ったひだ状の天蓋によって、人の動きにつれて刻一刻と変化する内部空間が生み出されるだろう。

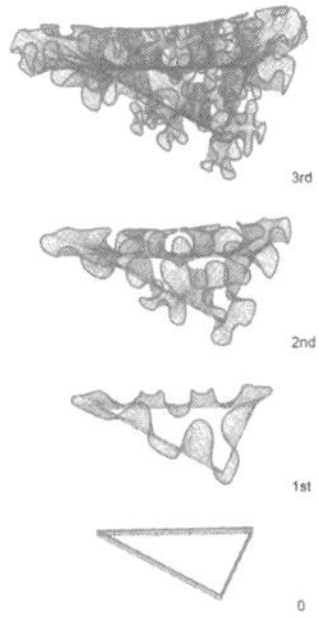

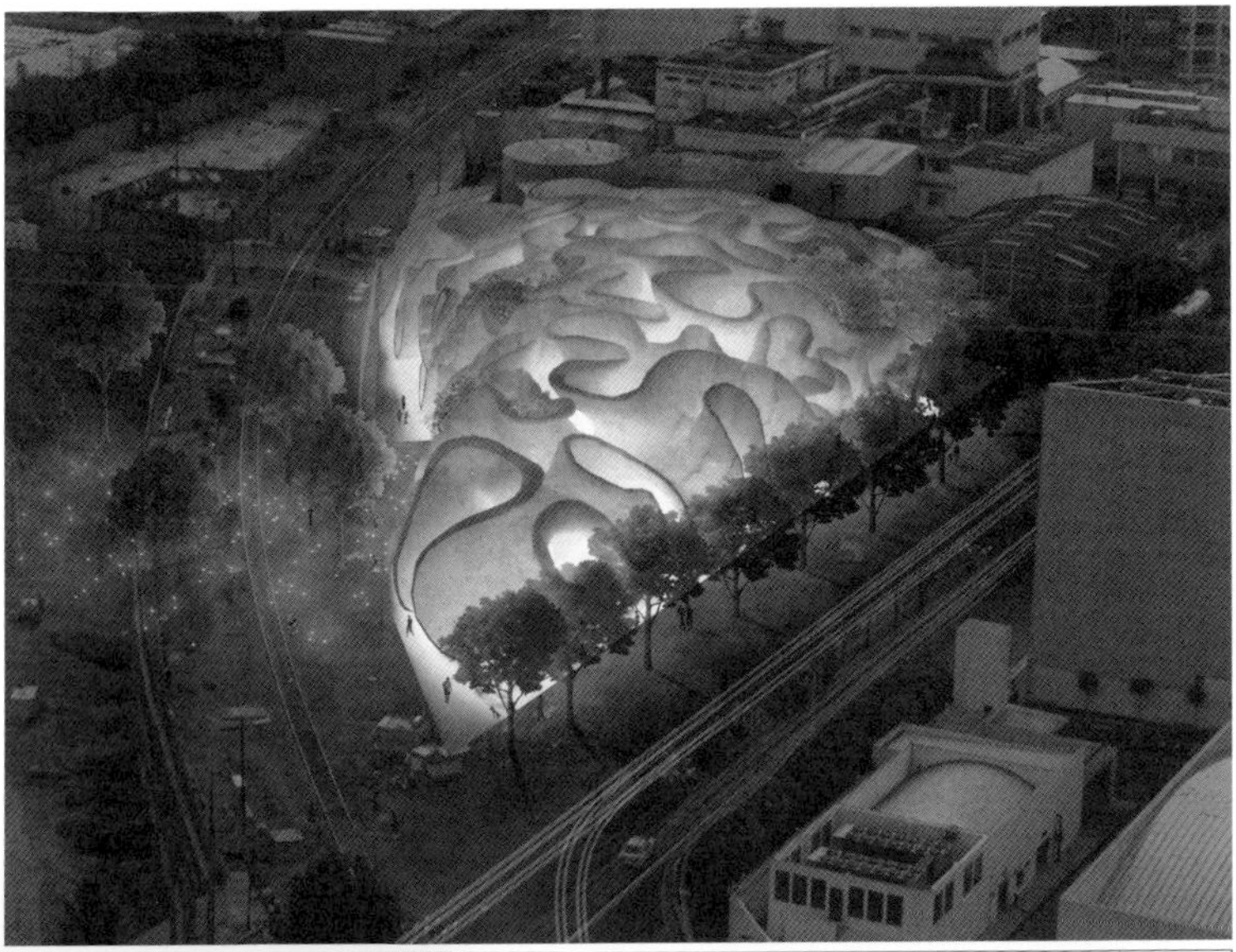

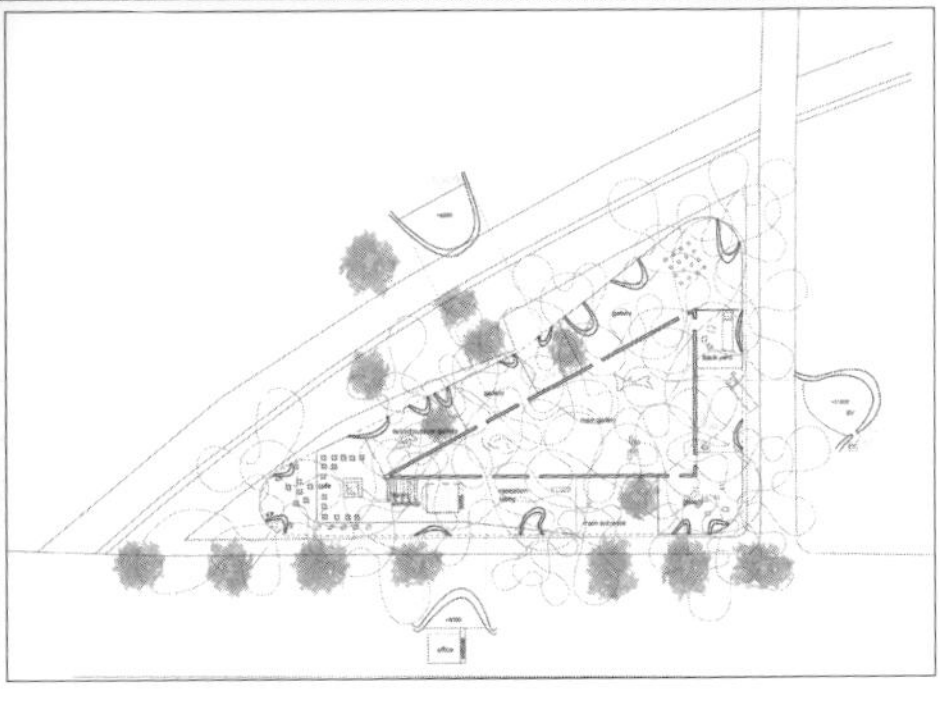

執筆者紹介

五十嵐太郎…いがらし・たろう
一九六七年生。建築史家。工学博士。東京大学工学系大学院修了。東北大学准教授。著書＝『新宗教と巨大建築』『近代の建築と神々』『終わりの建築／始まりの建築』『戦争と建築』など。共著＝『ビルディングタイプの解剖学』など。

大場秀章…おおば・ひであき
一九四三年生。理学博士。専門は植物分類学。東京農業大学農学部卒。東京大学総合研究博物館教授。著書＝『植物学と植物画』『植物は考える』『バラの誕生』など。翻訳＝『日本植物誌　シーボルト「フローラ・ヤポニカ」』など。

石上純也…いしがみ・じゅんや
一九七四年生。建築家。東京藝術大学大学院修了。石上純也建築設計事務所代表。二〇〇八年、ヴェネツィア・ビエンナーレ建築展参加作家。作品＝《table》《四角いふうせん》《リトルガーデン》《神奈川工科大学のKAIT工房》など。著書＝『small images　ちいさな図版のまとまりから建築について考えたこと』。

四方幸子…しかた・ゆきこ
NTTインターコミュニケーション・センター（ICC）特別学芸員、東京造形大学特任教授、多摩美術大学客員教授。二〇世紀–現代の横断的なアートの可能性を研究、並行して多くの展覧会やプロジェクトを国内外でキュレート。展覧会&プロジェクト＝「アモーダル・サスペンション」（山口情報芸術センター、二〇〇三）、「MobLab」（二〇〇五）、「ライト・「イン」サイト：拡張する光、変容する知覚」展（ICC、二〇〇八）など。

藤森照信…ふじもり・てるのぶ
一九四六年生。建築史家。建築家。専門は建築史、生産技術史。東京大学生産技術研究所教授。著書＝『明治の都市計画』『昭和住宅物語』『丹下健三』『人類の建築と歴史』など。作品＝《神長官守矢資料館》《タンポポハウス》《熊本県立農業大学学生寮》《高過庵》など。

山本想太郎…やまもと・そうたろう
一九六六年生。建築家。山本想太郎

設計アトリエ代表。作品＝《水戸N邸》《国分寺の家》《汐留プラザビル》《妻有田中文男文庫》など。監修＝『現代住居コンセプション』など。共訳＝ケネス・フランプトン『テクトニック・カルチャー』。

高山宏…たかやま・ひろし
一九四七年生。明治大学国際日本学部教授。建築、美術、文学、文化史、思想史、哲学、科学などを自在に横断する批評家・翻訳家。著書＝『アリス狩り』『目の中の劇場』『メデューサの知』『奇想の饗宴』『庭の奇想学』など。訳書＝タイモン・スクリーチ『定信お見通し』、同『江戸の身体を開く』、バーバラ・M・スタフォード『ボディ・クリティシズム』、同『アートフル・サイエンス』など。

土居義岳…どい・よしたけ
一九五六年生。建築史。フランス政府公認建築家。九州大学大学院・芸術工学研究院・教授。著書＝『言葉と建築』『建築と時間』『建築キーワード』『アカデミーと建築オーダー』など。翻訳＝『新古典主義・19世紀建築［1］［2］』『建築オーダーの意味』『パリ都市計画の歴史』など。

桑木野幸司…くわきの・こうじ
一九七五年生。西洋庭園史、思想史、科学史家。東京大学大学院工学系研究科博士課程・単位取得済み退学。現在、学術振興会特別研究員（千葉大学・建築史研究室）。共訳書＝ロイ・ストロング『イングランドのルネサンス庭園』。また、近年の研究成果をまとめたイタリア語の著作『Ut sapiens architectus』をOlschki社（フィレンツェ）より出版準備中。

瀧本雅志…たきもと・まさし
一九六三年生。表象文化論、哲学。東京大学大学院修了。岡山県立大学デザイン学部准教授。論文＝「ベルグソンに潜在する写真基礎論」「デザインの起源」など。共著＝『モードと身体』『表象のディスクール4イメージ』『ドゥルーズ／ガタリの現在』など。

藤崎圭一郎…ふじさき・けいいちろう
一九六三年生。デザインジャーナリスト。エディター。法政大学デザイン工学部、法政大大学院システムデザイン研究科兼任講師、金沢美術工芸大学、桑沢デザイン研究所非常勤講師。一九九〇－九二年『デザインの現場』編集長を務める。一九九三年より独立。雑誌や新聞にデザイン、建築に関する記事を執筆。

田中浩也…たなか・ひろや
一九七五年生。工学博士。専門は空間情報科学、空間認知科学、システム開発。京都大学総合人間学部卒。東京大学大学院工学研究科博士課程修了。現在、慶應義塾大学准教授。作品＝《PhotoWalker》（共作、GIS学会賞ソフトウェア部門最優秀賞ほか多数受賞）《GeoWalker》など。

平田晃久…ひらた・あきひさ
一九七一年生。建築家。京都大学大学院修了。平田晃久建築設計事務所代表。京都造形芸術大学、日本大学、東京理科大学非常勤講師。作品＝《House H》《House S》《sarugaku》《Showroom H（桝屋本店）》など。

建築と植物

五十嵐太郎■編

発行日..................2009年3月10日第二版第一刷発行

発行者..................秋山泉

発行所..................INAX出版
〒104-0031 東京都中央区京橋 3-6-18
電話 : 03-5250-6571

企画・編集+DTP...メディア・デザイン研究所

ブックデザイン.......鈴木一誌

印刷......................株式会社東陽印刷所

製本......................大口製本印刷株式会社

ISBN978-4-87275-152-9 C0052